KREISORDNUNG
des Landes Nordrhein-Westfalen

GEMEINDEORDNUNG
des Landes Nordrhein-Westfalen

Textausgabe
Stand: Februar 2018

 GREVEN VERLAG KÖLN

© Greven Verlag Köln, 2018
Gestaltung: Thomas Neuhaus, Billerbeck
Satz: Thomas Volmert, Köln
Druck und Bindung: CPI books, Leck
Alle Rechte vorbehalten
ISBN 978-3-7743-0499-4

Detaillierte Informationen über alle unsere Bücher finden Sie unter:
www.Greven-Verlag.de

Kreisordnung des Landes Nordrhein-Westfalen
Gemeindeordnung des Landes Nordrhein-Westfalen

INHALT

EINFÜHRUNG

KOMMUNALE ENTSCHEIDUNGSPROZESSE UND DIE BETEILIGUNG DER BÜRGER

1 Kommunen als Schule der Demokratie

Den Kommunen (Gemeinden, kreisfreie Städte, kreisangehörige Städte und Landkreise) kommt in unserem Bundesstaat eine wichtige Bedeutung zu. In ihnen werden wesentliche politische Entscheidungen getroffen, die die Lebensumstände der Bürger prägen. Die Kommunen übernehmen wesentliche Versorgungs-, Leistungs-, Fürsorge-, Vollzugs- und Planungsfunktionen. So werden etwa zwei Drittel aller staatlichen Investitionen auf kommunaler Ebene verwirklicht. Die Kommunalverwaltungen bilden zudem neben der Bundesverwaltung und den Länderverwaltungen eine eigene Verwaltungsebene im Bundesstaat.

Vor allem sind die Kommunen die **„Schule der Demokratie"**. Die lokale Ebene bietet vielfältige Mitwirkungsmöglichkeiten. In den Kommunen werden demokratische Verhaltensweisen und politische Fähigkeiten ausgebildet, nämlich das Erlernen von Zusammenarbeit, das Mitwirken an Entscheidungsprozessen, das Austragen von Meinungsverschiedenheiten, das Suchen nach Kompromissen und das Ausüben von Einfluss. Örtliche Lösungen bieten aufgrund ihrer geringen Distanz bessere Eingriffs- und Mitwirkungsmöglichkeiten für die Bürger; sie machen Politik anschaulich. Vor Ort sind vielfache Kontaktflächen zum Bürger gegeben, die Chance zur Einflussnahme intensiv und die Beziehungsqualität gestaltbar. Deshalb besteht hier, wo die Auswirkungen von Politik, Wirtschafts- und Gesellschaftssystem besonders anschaulich und erfahrbar sind, die Chance, Politik in größerem Umfang mit zu gestalten und die Bürger in das politisch-administrative System zu integrieren.

Trotz der grundgesetzlich garantierten kommunalen Selbstverwaltung und einer Menge eigener Entscheidungsbefugnisse unterliegt Kommunalpolitik aber immer auch staatlichen Eingriffen. Der Staat, also Bund und Länder, legt die Rahmenbedingungen der Kommunen gesetzlich fest, überträgt ihnen unter seiner Aufsicht staatliche Aufgaben und weist ihnen wichtigste Einnahmen im Rahmen der Finanz- und Steuergesetzgebung zu. Staatsrechtlich sind die Kommunen Teil der Länder und unterliegen deren Aufsichts- und Weisungsrecht. Dies war schon in der Weimarer Republik so und hat sich in der Bundesrepublik nicht geändert.

Den größten Einfluss auf die Rahmenbedingungen der Kommunen haben daher auch die Bundesländer, denn sie schaffen per Gesetz auf der Grundlage der grundgesetzlichen Garantie kommunaler Selbstverwaltung eigenständige **Kommunalverfassungen.** Zu den Kommunalverfassungen gehören jeweils verschiedene Landesgesetze. In NRW sind dies beispielsweise die Gemeindeordnung (GO), die Kreisordnung (KrO), das Kommunalwahlgesetz, das Kommunalabgabengesetz, das Gesetz über den Regionalverband Ruhrgebiet und das Gesetz über kommunale Gemeinschaftsarbeit. Die wichtigsten Regelungen finden sich in allen Bundesländern in der Gemeindeordnung und in der Kreisordnung. In ihnen werden die Rahmenbedingungen für die Ausgestaltung des Verhältnisses zwischen Kommunalvertretungen, Bürgermeistern und Landräten sowie den Bürgern festgelegt. Diese Rahmenbedingungen prägen neben den historischen Traditionen der kommunalen Selbstverwaltung und der Größe der Gemeinden die kommunalen Entscheidungsprozesse.

Im Folgenden wird die Entwicklung der Kommunalverfassung in Nordrhein-Westfalen nach dem Zweiten Weltkrieg
überblicksartig nachgezeichnet, die veränderten Rahmenbedingungen für kommunale Entscheidungsprozesse durch die
Direktwahl des Bürgermeisters und die Einführung von Bürgerbegehren und Bürgerentscheiden werden vorgestellt und es
wird ein Ausblick zum Verhältnis von Parteien, Bürgermeister
und Bürgern gegeben.

2 Entwicklung der Kommunalverfassung

Bei der Ausgestaltung der Gemeinde- und Kreisordnungen
haben die Länder in der Nachkriegszeit einerseits auf histori-
sche Vorbilder zurückgegriffen und andererseits Vorbilder der
Kommunalverfassungen der Besatzungsmächte berücksichtigt.
Insofern gab es, mit Ausnahme der nationalsozialistischen Herr-
schaft, immer schon verschiedene Kommunalverfassungstypen.

In Nordrhein-Westfalen und Niedersachsen wurde nach
dem Zweiten Weltkrieg mit der **Norddeutschen Ratsverfas-
sung** ein ganz neues Kommunalverfassungssystem eingeführt,
das bis 1994 gültig war. Die britische Besatzungsmacht hatte in
diesen Bundesländern Elemente der eigenen britischen Kommunalverfassung durchgesetzt. In der „Norddeutschen Rats-
verfassung" war der Gemeinderat (Kommunalvertretung) das
Hauptorgan der Gemeindeorganisation. Der Bürgermeister
wurde vom Rat gewählt und sollte als Ratsvorsitzender wei-
testgehend nur repräsentative Funktionen erfüllen. Der Stadtdirektor, der ebenfalls vom Rat gewählt wurde, fungierte als
Verwaltungsspitze. Damit bildeten der Stadtdirektor und der
ehrenamtliche Bürgermeister gemeinsam die sogenannte Dop-
pelspitze.

Eine wesentliche Besonderheit der Kommunalpolitik in NRW besteht darin, dass es hier 1976 zu der umfassendsten kommunalen Gebietsreform im Bundesländervergleich kam. Aus 2277 Kommunen wurden 396, eine Reduktion um 82 Prozent. Seitdem liegt die durchschnittliche Gemeindegröße in NRW bei etwa 45000 Einwohnern, während es in Baden-Württemberg nur 9500 Einwohner oder in Bayern knapp 6000 sind. Je größer Kommunen sind, desto stärker ist die Bedeutung der Parteien für die Willensbildung, so dass diese Gebietsreform zu einer stärkeren **Parteipolitisierung der Kommunalpolitik** führte und kommunale Wählergemeinschaften in NRW gegenüber den Parteien deutlich an Stimmenanteilen verloren. Die Parteipolitisierung der Kommunalpolitik wurde zudem durch eine stärkere Einbindung kommunalpolitischer Fragen in die Programmatik der Bundesparteien seit Anfang der 1970er Jahre forciert.

Ende der 1970er Jahre wurden in NRW „parlamentarische Rechte" in den Gemeinderäten und Kreistagen gestärkt durch die Schaffung von Minderheitsrechten von Fraktionen bezüglich der Einberufung des Rates, der Durchsetzung von Tagesordnungspunkten, des Akteneinsichtsrechts und der Forderung nach namentlicher und geheimer Abstimmung. Damit wurde die Rolle der Opposition in der kommunalen Vertretungskörperschaft rechtlich deutlich aufgewertet. Durch den flächendeckenden Einzug der Partei Bündnis 90/Die Grünen in die Stadträte im Jahr 1984 bekam die Parteipolitisierung der Kommunalpolitik einen zweiten Schub, da bei den Grünen von Anfang an ein konkurrenzdemokratisches Verständnis von Kommunalpolitik, das Denken in ideologischen Kategorien und die intensive Nutzung parlamentarischer Minderheitsrechte dominierte und dies auf die anderen Fraktionen abfärbte.

Neben dem Trend zur Parteipolitisierung gibt es seit Ende der 1970er Jahre eine stärker einsetzende Bürgerbeteiligung an Entscheidungsprozessen insbesondere durch Bürgerinitiativen und soziale Bewegungen. Dies führte zu Änderungen im Städtebaurecht und in der Bauleitplanung auf Bundesebene, so dass die Bürger in Form von Bürgerversammlungen nun von vornherein intensiver an Planungsprozessen beteiligt wurden. Die Einbeziehung der Bürger wurde dann seit Anfang der 1990er Jahre weiter verstärkt. Ausgehend von Ostdeutschland im Rahmen der „friedlichen Revolution" entwickelte sich ein durchgängiger Trend zur **Reform der Kommunalverfassungen** in Richtung der süddeutschen Rat-Bürgermeisterverfassung mit einem direkt gewählten hauptamtlichen Bürgermeister und der Einführung von Bürgerbegehren und Bürgerentscheiden. Das erste Bundesland nach Baden-Württemberg, in dem es schon seit 1956 diese Regelungen gab, war Schleswig-Holstein. Hier wurden 1991 als Reaktion auf die Barschel-Affäre sowohl auf Landes- als auch auf Kommunalebene Bürgerbegehren und Bürgerentscheide eingeführt. Danach wurden die Direktwahl des Bürgermeisters und Landrats sowie die Einführung von Bürgerentscheiden und Bürgerbegehren in Hessen (1993), Rheinland-Pfalz (1993), Nordrhein-Westfalen (1994), Bremen (1994, nur Bürgerbegehren), Bayern (1995), Niedersachsen (1996), dem Saarland (1997) und Hamburg (1998, nur Bürgerbegehren) in die GO und die KrO aufgenommen. Auch später noch sind in allen Flächenländern einzelne Regelungen der Kommunalverfassungen verändert worden – immer im Sinne des Ausbaus von Bürgermitbestimmung. Insgesamt sind damit auf lokaler Ebene die über 40 Jahre dominierenden repräsentativ-demokratischen Formen politischer Entscheidungsfindung durch **direktdemokratische** Formen ergänzt worden.

Heute werden die Direktwahl des Bürgermeisters, Bürgerbegehren und Bürgerentscheide kaum noch kritisiert. Anfang der 1990er Jahre war jedoch die Direktwahl des Bürgermeisters durchaus umstritten. Widerstand gab es in NRW von Seiten der SPD-Parteibasis, also vor allem aus den Reihen der Kommunalpolitiker. Die Einführung der Direktwahl des Bürgermeisters und des Landrats wurde daher auf einem SPD-Parteitag in Hagen zunächst abgelehnt. Nachdem allerdings eine Volksabstimmung 1991 in Hessen, in der 82 Prozent der Bürger für die Einführung der Direktwahl auf kommunaler Ebene votierten, deutlich machte, was die Bürger davon hielten, setzte langsam ein Umdenken ein. Zudem war den Bürgern nicht klarzumachen, warum den demokratieunerfahrenen Bürgern der neuen Bundesländer stärkere Partizipationsrechte zugestanden werden sollten als den Bürgern in NRW. Insgesamt wäre daher die konsequente Ablehnung der Direktwahl durch die Landesregierung aus Sicht der handelnden Akteure – salopp gesprochen – „politischer Selbstmord" gewesen. Insofern kam es dann 1994 zu den beschriebenen Veränderungen in der GO und der KrO von NRW. Die generelle Skepsis weiter Teile der SPD zeigte sich weiterhin bei der rechtlichen Ausgestaltung der Kompetenzen der direkt gewählten Bürgermeister, die deutlich geringer ausfielen als bei ihren Kollegen in Baden-Württemberg oder Bayern.

Die Einführung von Bürgerentscheiden und Bürgerbegehren in den Gemeindeordnungen aller Bundesländer in den 1990er Jahren war hingegen in der Regel weniger umstritten, so auch in NRW, musste aber in einigen Bundesländern erst durch Volksbegehren auf Landesebene (Bremen, Bayern) durchgesetzt werden. Auch hier gibt es einige Unterschiede in der Ausgestaltung der Rahmenbedingungen von Bürgerbegehren zwischen den Bundesländern, wobei die Regelungen in NRW (mittlerweile) zu den bürgerfreundlichsten gehören.

3 Veränderte Rahmenbedingungen kommunalpolitischen Handelns in NRW

Vergleicht man zusammenfassend die neue Kommunal-verfassung in Nordrhein-Westfalen seit 1994 mit den Kommunalverfassungen anderer Bundesländer, vor allem mit der in Baden-Württemberg, die als „Leitverfassung" das Vorbild für die beschriebenen Veränderungen war, so ähneln sich diese nur auf den ersten Blick. Im Detail gibt es nach wie vor einige Unterschiede

1. bezüglich der Wahlzeit des Bürgermeisters und der Kompetenzverteilung zwischen der Kommunalvertretung und dem Bürgermeister sowie
2. bezüglich der Durchführungsbedingungen von Bürgerbegehren und Bürgerentscheiden.

3.1 Stellung des Bürgermeisters

Die Amtszeit des direkt gewählten Bürgermeisters beträgt in NRW fünf Jahre und der Bürgermeister wird parallel zur Kommunalvertretung gewählt. In Baden-Württemberg wird der Bürgermeister für acht Jahre gewählt, immer getrennt von den Wahlen zum Kommunalparlament. Zudem kann er nicht abgewählt werden. Davon erhofft man sich eine größere Unabhängigkeit des Bürgermeisters von der Kommunalvertretung und den Parteien.

Der Bürgermeister oder Landrat ist in Nordrhein-Westfalen ebenso wie in Baden-Württemberg Vorsitzender der Kommunalvertretung und als Chef der Verwaltung zuständig für den Geschäftsgang der gesamten Verwaltung, hat also im Prinzip die Organisationshoheit in der Kommunalverwaltung. Für die allgemeinen Grundsätze, nach denen die Verwaltung geführt wird, ist in NRW allerdings der Rat zuständig. Kann sich der Bürgermeister bei der Bestimmung der Geschäftsbereiche der Beigeordneten, die wichtig sind für die Organisationshoheit des Bürgermeisters, mit dem Gemeinderat nicht einigen, sitzt auch hier im Zweifel der Gemeinderat in NRW am längeren Hebel. Das Ziel dieser Regelungen ist es, den Bürgermeister nicht zu stark werden zu lassen, während in Baden-Württemberg die Gemeindeordnung den Bürgermeister stärkt, um den Einfluss der Parteien zurückzudrängen.

Betrachtet man das Sozialprofil der Bürgermeister, so zeigt ein Vergleich zwischen Nordrhein-Westfalen und Baden-Württemberg für Kommunen über 20 000 Einwohner für das Jahr 2005 ebenfalls einige Gemeinsamkeiten und Unterschiede.

– In Nordrhein-Westfalen ist der Anteil der Bürgermeister, die in ihrem Amtsort aufgewachsen sind, mit 41 Prozent doppelt so hoch wie in Baden-Württemberg mit knapp 20 Prozent. In NRW ist damit die Ortsbindung insbesondere im Sinne einer Karriere im lokalen Parteimilieu nach wie vor außerordentlich nützlich für eine Nominierung für das Amt des Bürgermeisters.

– Berücksichtigt man die Herkunft der Bürgermeister aus den Bereichen Kommunalpolitik oder Verwaltung, so finden sich in NRW 42 Prozent Bürgermeister, die aus dem Bereich Kommunalpolitik, und 49 Prozent, die aus der Verwaltung stammen. In Baden-Württemberg dagegen dominieren die Bürgermeister aus der Verwaltung mit 62 Prozent gegenüber denen aus der Kommunalpolitik (14 Prozent).

– Bei den Bildungsabschlüssen gibt es keine großen Unterschiede zwischen den beiden Bundesländern zu konstatieren, wenn man einmal von dem höheren Anteil an promovierten Bürgermeistern in Baden-Württemberg absieht. In Baden-Württemberg hat knapp ein Drittel der Bürgermeister eine verwaltungswissenschaftliche Ausbildung absolviert, in Nordrhein-Westfalen nur knapp ein Viertel.

- Frauen im Bürgermeisteramt sind sowohl in Nordrhein-Westfalen mit 6,9 Prozent der amtierenden Verwaltungschefinnen als auch in Baden-Württemberg mit 4,6 Prozent immer noch eine seltene Erscheinung. Damit hat sich an der äußerst geringen Repräsentation von Frauen an der Gemeindespitze in beiden Bundesländern nicht viel geändert. Der Frauenanteil steigt jedoch moderat mit der Gemeindegröße. In Gemeinden mit über 50 000 Einwohnern liegt er in Baden-Württemberg bei immerhin 14,3 Prozent gegenüber 7,4 Prozent in NRW in der gleichen Gemeindegrößenklasse.
- Das Durchschnittsalter der Bürgermeister in Baden-Württemberg beträgt 52 Jahre, das der Bürgermeister in Nordrhein-Westfalen liegt zwischen 54 und 55 Jahren. Bundesweit sind 66 Prozent der Bürgermeister zwischen 45 und 60 Jahre alt.

(Grundlage sind Zahlen aus dem Jahr 2005.)

3.2 Bürgerbegehren und Bürgerentscheide

Wesentliche Unterschiede zwischen den Gemeindeordnungen zeigen sich auch bei den Regelungen zum Bürgerbegehren und Bürgerentscheid, wobei die Regelungen in NRW mittlerweile im Vergleich zu den anderen Bundesländern (mit Ausnahme von Bayern) am bürgerfreundlichsten sind.

Bundesland	Unterschriften für ein BB in Prozent der Wähler	RR-Quorum der Gemeindevertreter	BE-Quorum in Prozent der Wähler
Baden-Württemberg	5–10	Zweidrittelmehrheit	25
Bayern	3–10	einfache Mehrheit	10–20
Brandenburg	10	*	25
Hessen	3–10	*	25
Mecklenburg-Vorpommern	10 oder min. 4000 Bürger/innen	einfache Mehrheit	25
Niedersachsen	10	–	25
Nordrhein-Westfalen	3–10	Zweidrittelmehrheit	10–20
Rheinland-Pfalz	6–10	einfache Mehrheit	20
Saarland	10–15	–	30
Sachsen	5–15	Zweidrittelmehrheit	25
Sachsen-Anhalt	5–15	Zweidrittelmehrheit	25
Schleswig-Holstein	10	Zweidrittelmehrheit	20
Thüringen	6–7	–	10–20

* nur zu Gemeindefusion, Kreiszugehörigkeit oder Änderung/Auflösung von Ortsteilen
BB = Bürgerbegehren, BE = Bürgerentscheid, RR = Ratsreferenden

Ein erfolgreiches Bürgerbegehren ist in der Regel die Vorstufe zum Bürgerentscheid, wobei in den meisten Bundesländern auch ein Ratsbegehren (vom Rat initiierter Bürgerentscheid) zulässig ist. Das Bürgerbegehren besteht in NRW aus einer Abstimmungsfrage, einer Begründung, einer Kostenschätzung, Unterschriften und der Benennung von Vertretungsberechtigten. Bis zum Dezember 2011 war anstatt der Kostenschätzung ein Kostendeckungsvorschlag erforderlich. Dies führte neben dem Tatbestand, dass mitunter unzulässige Themen in Bürgerbegehren behandelt werden, dazu, dass in NRW 36 Prozent aller Bürgerbegehren seit 1994 für unzulässig erklärt wurden (bundesweit waren es „nur" 23 Prozent). Inzwischen gilt auch in NRW die vergleichbar bürgerfreundliche Regelung aus Berlin.

Die Gemeinde- und Kreisordnungen beschränken die zulässigen Gegenstände eines Bürgerbegehrens auf Angelegenheiten des eigenen Wirkungskreises, also jene Aufgaben, für die die Gemeindevertretung zuständig ist. Zudem regeln sogenannte Negativkataloge, welche Abstimmungsgegenstände ausgeschlossen sind. Dies sind in NRW die innere Organisation der Gemeindeverwaltung, der Haushalt der Kommune und die Wirtschaftspläne der kommunalen Unternehmen sowie Planfeststellungsverfahren. Seit Dezember 2011 sind allerdings Entscheidungen darüber zulässig, ob ein Bauleitplanverfahren eingeleitet wird, sodass Bürgerbegehren nun etwa zum Bau von Einkaufszentren oder zur Ausweisung von Gewerbegebieten durchgeführt werden können.

Die Dauer der Unterschriftensammlung wird bei Bürgerbegehren, die einen Beschluss der Kommunalvertretung verändern wollen, auf sechs Wochen nach Bekanntgabe des Beschlusses befristet. Die Unterschriftenlisten werden danach von der Verwaltung geprüft. Über die Zulässigkeit des Bürgerbegehrens entscheidet die Gemeindevertretung. Verfügt ein Bürgerbegehren über die notwendige Zahl an Unterschriften und ist es (in der Regel vom Rat) „zugelassen" worden, kommt es zum Bürgerentscheid.

Die erste Hürde für die Bürger liegt also darin, genügend Unterschriften zusammenzubekommen. Die benötigte Zahl der Unterschriften für Bürgerbegehren liegt in zehn Bundesländern zwischen drei und zehn Prozent, in drei Bundesländern bis zu 15 Prozent der Wahlberechtigten. Die Quoren sind abhängig von der Gemeindegröße, gemessen an Einwohnerzahl, wobei sie bei steigender Größe in der Regel abnehmen. In NRW benötigt man in den Kommunen über 500000 Einwohner Unterschriften von drei Prozent der wahlberechtigten Bürger, in Kommunen bis 500000 Einwohner von vier Prozent etc. bis zu einem Anteil von zehn Prozent in den Kommunen bis 10000 Einwohner. Es ist gerade in NRW gar nicht so selten (in 2011 16 Prozent aller Bürgerbegehren, bundesweit lag der entsprechende Anteil bei zehn Prozent), dass das Bürgerbegehren schon mit dem Errei-chen der notwendigen Zahl an Unterschriften zum Erfolg führt, weil die Kommunalvertretung sich dadurch unter Druck gesetzt fühlt und dem Bürgerbegehren zustimmt, sodass ein Bürgerent-scheid nicht mehr notwendig ist.

Kommt es allerdings zum Bürgerentscheid, was 2011 in NRW in 29 Prozent aller Bürgerbegehren der Fall war (bundes-weit 49 Prozent), muss die Mehrheit der Abstimmenden dafür stimmen **und** diese Mehrheit muss ein bestimmtes Quorum überschreiten. Dieses Zustimmungsquorum betrug lange Zeit in allen Kommunen in NRW 20 Prozent (bis ins Jahr 2000 sogar 25 Prozent), was dazu führte, dass jeder zweite Bürgerentscheid trotz einer Mehrheit unter den Abstimmenden scheiterte, da die Zahl der Bürgerentscheidbefürworter unter 20 Prozent der Wahlberechtigten lag. Seit Dezember 2011 gibt es auch in NRW eine Staffelung nach Gemeindegröße, das heißt, in Kommunen mit mehr als 50000 Einwohnern ist nur noch ein Quorum von

15 Prozent und in Städten über 100 000 Einwohner nur ein Quorum von zehn Prozent notwendig.

Bundesland	Anzahl Gemeinden	In Kraft seit	Anzahl	Anzahl	Anzahl	Anzahl pro Jahr	Anzahl pro Kommune
			BB	BE	RR		
Baden-Württemberg	396	1994	667	194	11	43,6	2,2
Bayern	2056	1995	2075	1517	401	210,2	1,9
Brandenburg	426	1993	388	137	1	25,0	1,2
Hessen	1101	1956	552	332	204	18,8	1,0
Mecklenburg-Vorpommern	418	1993	134	160	108	19,1	1,0
Niedersachsen	430	1990	211	159	88	19,1	0,6
Nordrhein-Westfalen	1110	1991	388	201	29	26,9	0,6
Rheinland-Pfalz	218	1990	192	190	163	18,5	0.4
Saarland	973	1996	280	86	2	20,4	0.4
Sachsen	52	1997	15	0	0	0,9	0,3
Sachsen-Anhalt	783	1993	89	47	28	7,8	0 1
Schleswig-Holstein	2305	1994	166	80	10	12,8	0,1
Thüringen	878	1993	155	40	0	9,3	0,1
Gesamt	11 146		5212	3143	1045		

BB = Bürgerbegehren; BE = Bürgerentscheid; RR = Ratsreferenden
Quelle: http://www.mehr-demokratie.de; um eigene Berechnungen ergänzt, Stand 2013

Günstige Rahmenbedingungen (niedrige Quoren, keine Kostendeckungsvorschläge, keine große Einschränkung von zulässigen Themen) sorgen dafür, dass Bürgerbegehren und Bürgerentscheide durchaus nicht selten vorkommen. Insofern ist es nicht verwunderlich, dass es insbesondere in Bayern und Nordrhein-Westfalen zu den meisten direktdemokratischen Verfahren gekommen ist. Für die Zukunft ist aufgrund der jüngsten Änderung der Gemeinde- und Kreisordnung im Dezember 2011 noch mit einer deutlichen Zunahme dieser Verfahren in NRW zu rechnen.

3.3 Ausblick: Neue Rollen für Parteien, Bürgermeister und Bürger

Durch die Reform der Kommunalverfassungen mit der Direktwahl der Bürgermeister und der Einführung von Bürgerbegehren bzw. Bürgerentscheiden sowie durch neue freiwillige Bürgerbeteiligungsangebote sind die Partizipationsmöglichkeiten der Bürger in den letzten zehn Jahren erheblich erweitert worden. Dies hat die Dominanz der Parteien im Rahmen kommunaler Entscheidungsprozesse nicht beseitigt, aber doch etwas eingeschränkt. Nach wie vor spielen die Parteien in Nordrhein-Westfalen eine sehr gewichtige Rolle in der Kommunalpolitik. Je größer die Kommune ist, desto größer ist dieser Einfluss. Dennoch müssen sich die Parteien vermehrt mit selbstbewussten Bürgermeistern und Bürgern auseinandersetzen und versuchen ihr Handeln stärker zu vermitteln, als dies früher der Fall war.

Die Bürgermeister und Landräte haben durch die veränderte Kommunalverfassung zwar an Macht gewonnen, verfügen aber bei Weitem nicht über die Rechte wie etwa ein Bürgermeister in Baden-Württemberg. In der Regel versuchen die Verwaltungschefs in NRW sich mit den Kommunalvertretungen zu arrangieren, was nicht immer leichtfällt, da durch den Wegfall der Fünf-Prozent-Hürde die Zahl der Parteien, die in die Kommunalvertretungen gewählt werden, stark zugenommen hat. So gibt es in den 30 Großstädten mit über 100 000 Einwohnern, in denen 50 Prozent der Bevölkerung Nordrhein-Westfalens leben, durchschnittlich knapp acht Fraktionen und Gruppierungen im Kommunalparlament. Häufig gibt es keine klaren Mehrheitsverhältnisse mehr, was die Arbeit des Bürgermeisters erschweren kann. Dennoch haben die Bürgermeister und Landräte auch in NRW insgesamt deutlich an Bedeutung gewonnen, da sie direkt vom Volk gewählt werden und immer darauf verweisen können.

Die Bürger sind die größten Gewinner der Kommunalverfassungsänderungen in Nordrhein-Westfalen. Sie können jetzt neben den Kommunalvertretungen auch den Bürgermeister bzw. Landrat direkt wählen und orientieren sich dabei immer häufiger an der Person des Kandidaten und weniger am Parteibuch. Dies stärkt die Eigenständigkeit der Bürgermeister und Landräte und erhöht zudem die Rücksichtnahme auf Bürgerinteressen seitens des Bürgermeisters oder Landrats. Es ist kein Zufall, dass die Bürgerorientierung der Verwaltung seit der Einführung der Direktwahl des Verwaltungschefs besser geworden ist. Vor allem aber können sich die Bürger im Rahmen von Bürgerbegehren und Bürgerentscheiden immer stärker einbringen. Sind bisher auch viele Verfahren an zu hohen Beteiligungsquoren und bürgerunfreundlichen Regelungen gescheitert, hat NRW mittlerweile neben Bayern die bürgerfreundlichsten Regelungen, sodass die Zahl der direktdemokratischen Verfahren sicher weiter zunehmen wird. Diese Möglichkeit ist ein ständiges Damoklesschwert für die Parteien in der Kommunalpolitik und kann dazu führen, dass sich diese stärker den Bürgerinteressen öffnen, als es bisher manchmal der Fall war.

Kritisch anzumerken ist jedoch am Schluss, dass die zunehmenden Bürgerbeteiligungsmöglichkeiten mit einer abnehmenden kommunalen Handlungsfähigkeit einhergehen, bedenkt man die vielerorts kritische Haushaltslage in den Kommunen in NRW. Zynisch könnte man es so formulieren: Je weniger es zu verteilen gibt und je mehr es zu sparen gilt, desto eher werden die Bürger an diesen Prozessen beteiligt. Man kann es aber auch positiver sehen: Bürgerengagement wird in Zeiten von Sparzwängen wieder mehr gebraucht und dies schafft auch neue Einflussmöglichkeiten. In Zeiten der Krise muss man zusammenhalten und neue Formen der Verantwortungsteilung ausprobieren.

Professor Dr. Jörg Bogumil

KREISORDNUNG (KRO NRW)
für das Land Nordrhein-Westfalen in der Fassung
der Bekanntmachung vom 14. Juli 1994

Inhaltsverzeichnis[17]

1. Teil
Grundlagen der Kreisverfassung

§ 1 Wesen der Kreise

(1) Die Kreise verwalten ihr Gebiet zum Besten der kreisangehörigen Gemeinden und ihrer Einwohner nach den Grundsätzen der gemeindlichen Selbstverwaltung.

(2) Die Kreise sind Gemeindeverbände und Gebietskörperschaften.

(3) Das Gebiet des Kreises bildet zugleich den Bezirk der unteren staatlichen Verwaltungsbehörde.

§ 2[12] Wirkungsbereich

(1) Die Kreise sind, soweit die Gesetze nicht ausdrücklich etwas anderes bestimmen, ausschließliche und eigenverantwortliche Träger der öffentlichen Verwaltung zur Wahrnehmung der auf ihr Gebiet begrenzten überörtlichen Angelegenheiten. Die Wahrnehmung örtlicher Aufgaben durch die Gemeinden bleibt unberührt. Mehrere Gemeinden können überörtliche, auf ihre Gebiete begrenzte Aufgaben durch Zweckverbände oder im Wege öffentlich-rechtlicher Vereinbarungen durchführen.

(2) Die Kreise nehmen ferner die Aufgaben wahr, die ihnen aufgrund gesetzlicher Vorschriften übertragen sind. Den Kreisen können nur durch Gesetz Pflichtaufgaben auferlegt werden. Pflichtaufgaben können den Kreisen zur Erfüllung nach Weisung übertragen werden; das Gesetz bestimmt den Umfang des Weisungsrechts, das in der Regel zu begrenzen ist. Für die gemeinsame Wahrnehmung von Pflichtaufgaben zur Erfüllung nach Weisung ist der Anwendungsbereich des Gesetzes über kommunale Gemeinschaftsarbeit nur nach Maßgabe der Absätze 5 und 6 eröffnet.

(3) Eingriffe in die Rechte der Kreise sind nur durch Gesetz zulässig. Rechtsverordnungen zur Durchführung solcher Gesetze bedürfen der Zustimmung des für die kommunale Selbstverwaltung zuständigen Ausschusses des Landtags und, sofern nicht die Landesregierung oder das für Kommunales zuständige Ministerium sie erlassen, der Zustimmung des für Kommunales zuständigen Ministeriums.

(4) Werden den Kreisen neue Pflichten auferlegt oder werden Pflichten bei der Novellierung eines Gesetzes fortgeschrieben oder erweitert, ist gleichzeitig die Aufbringung der Mittel zu regeln. Führen diese neuen Pflichten zu einer Mehrbelastung der Kreise, ist ein entsprechender Ausgleich zu schaffen.

(5) Zur Effizienzsteigerung kann ein Kreis mit einem benachbarten Kreis gemäß §§ 23 ff. des Gesetzes über kommunale Gemeinschaftsarbeit vereinbaren, dass ihm gemäß § 2 Abs. 2 Satz 3 übertragene Aufgaben von dem benachbarten Kreis übernommen oder für ihn durchgeführt werden. Satz 1 gilt auch für den Abschluss einer öffentlich-rechtlichen Vereinbarung zwischen einem Kreis und einer benachbarten kreisfreien Stadt.

(6) Absatz 5 gilt nur, soweit
- Bundesrecht oder Recht der Europäischen Gemeinschaften nicht entgegensteht, oder
- der Abschluss einer öffentlich-rechtlichen Vereinbarung nicht durch Gesetz oder Rechtsverordnung ausdrücklich eingeschränkt oder ausgeschlossen ist, oder
- durch die beabsichtigte Aufgabenverlagerung schutzwürdige Belange Dritter nicht unangemessen beeinträchtigt werden oder Gründe des öffentlichen Wohls nicht entgegenstehen.

§ 3[10] Gleichstellung von Frau und Mann

(1) Die Verwirklichung des Verfassungsgebots der Gleichberechtigung von Frau und Mann ist auch eine Aufgabe der Kreise, die zur Wahrnehmung dieser Aufgabe hauptamtlich tätige Gleichstellungsbeauftragte bestellen.

(2) Die Gleichstellungsbeauftragte wirkt bei allen Vorhaben und Maßnahmen des Kreises mit, die Belange von Frauen berühren oder Auswirkungen auf die Gleichberechtigung von Frau und Mann und die Anerkennung ihrer gleichberechtigten Stellung in der Gesellschaft haben.

(3) Die Gleichstellungsbeauftragte kann in Angelegenheiten ihres Aufgabenbereiches an den Sitzungen des Kreistages und seiner Ausschüsse teilnehmen. Ihr ist auf Wunsch das Wort zu erteilen. Sie kann die Öffentlichkeit über Angelegenheiten ihres Aufgabenbereichs unterrichten.

(4) Die Gleichstellungsbeauftragte kann in Angelegenheiten, die ihren Aufgabenbereich berühren, den Beschlussvorlagen des Landrates widersprechen; in diesem Fall hat der Landrat den Kreistag zu Beginn der Beratung auf den Widerspruch und seine wesentlichen Gründe hinzuweisen.

(5) Das Nähere zu den Absätzen 2 bis 4 regelt die Hauptsatzung.

§ 4 Geheimhaltung

Die Kreise sind verpflichtet, Angelegenheiten der zivilen Verteidigung, die auf Anordnung der zuständigen Behörde oder ihrem Wesen nach gegen die Kenntnis Unbefugter geschützt werden müssen, geheimzuhalten. Sie haben hierbei Weisungen der Landesregierung auf dem Gebiet des Geheimschutzes zu beachten.

§ 5[27, 48] Satzungen

(1) Die Kreise können ihre Angelegenheiten durch Satzung regeln, soweit Gesetze nichts anderes bestimmen. Satzungen bedürfen der Genehmigung der Aufsichtsbehörde nur, wenn dies gesetzlich ausdrücklich vorgeschrieben ist.

(2) In den Satzungen können vorsätzliche und fahrlässige Zuwiderhandlungen gegen Gebote und Verbote mit Bußgeld bedroht werden. Zuständige Verwaltungsbehörde im Sinne des § 36 Abs. 1 Nr. 1 des Gesetzes über Ordnungswidrigkeiten ist der Landrat.

(3) Jeder Kreis hat eine Hauptsatzung zu erlassen. In ihr ist mindestens zu ordnen, was nach den Vorschriften dieses Gesetzes der Hauptsatzung vorbehalten ist. Die Hauptsatzung und ihre Änderung kann der Kreistag nur mit der Mehrheit der gesetzlichen Zahl der Mitglieder beschließen.

(4) Satzungen sind öffentlich bekanntzumachen. Sie treten, wenn kein anderer Zeitpunkt bestimmt ist, mit dem Tage nach der Bekanntmachung in Kraft.

(5) Das für Kommunales zuständige Ministerium bestimmt durch Rechtsverordnung, welche Verfahrens- und Formvorschriften bei der öffentlichen Bekanntmachung von Satzungen und sonstigen ortsrechtlichen Bestimmungen einzuhalten sind, soweit nicht andere Gesetze hierüber besondere Regelungen enthalten.

(6) Die Verletzung von Verfahrens- oder Formvorschriften dieses Gesetzes kann gegen Satzungen und sonstige ortsrechtliche Bestimmungen nach Ablauf eines Jahres seit ihrer Verkündung nicht mehr geltend gemacht werden, es sei denn

a) eine vorgeschriebene Genehmigung fehlt oder ein vorgeschriebenes Anzeigeverfahren wurde nicht durchgeführt,

b) die Satzung oder die sonstige ortsrechtliche Bestimmung ist nicht ordnungsgemäß öffentlich bekanntgemacht worden,

c) der Landrat hat den Kreistagsbeschluß vorher beanstandet oder

d) der Form- oder Verfahrensmangel ist gegenüber cem
    Kreis vorher gerügt und dabei die verletzte Rechtsvor-
    schrift und die Tatsache bezeichnet worden, die den Man-
    gel ergibt.

Bei der öffentlichen Bekanntmachung der Satzung oder der
sonstigen ortsrechtlichen Bestimmung ist auf die Rechtsfolgen
nach Satz 1 hinzuweisen.

(7) Die Kreise bestimmen in ihrer Hauptsatzung die Form der
öffentlichen Bekanntmachung für die nach diesem Gesetz
oder anderen Rechtsvorschriften vorgeschriebenen sonstigen
öffentlichen Bekanntmachungen, soweit nicht andere Gesetze
hierüber besondere Regelungen enthalten. Für die Form und
den Vollzug der Bekanntmachung gilt die Rechtsverordnung
nach Absatz 5 entsprechend.

§ 6 Einrichtungen und Lasten

(1) Die Kreise schaffen innerhalb der Grenzen ihrer Leistungsfähigkeit die für die wirtschaftliche, soziale und kulturelle
Betreuung ihrer Einwohner erforderlichen öffentlichen Einrichtungen.

(2) Alle Einwohner eines Kreises sind im Rahmen des geltenden
Rechts berechtigt, die öffentlichen Einrichtungen des Kreises zu
benutzen, und verpflichtet, die Lasten zu tragen, die sich aus
ihrer Zugehörigkeit zum Kreis ergeben.

(3) Grundbesitzer und Gewerbetreibende, die nicht im Kreis
wohnen, sind in gleicher Weise berechtigt, die öffentlichen
Einrichtungen zu benutzen, die im Kreis für Grundbesitzer
und Gewerbetreibende bestehen und verpflichtet, für ihren
Grundbesitz oder Gewerbebetrieb im Gebiet des Kreises zu
den Lasten des Kreises beizutragen.

(4) Diese Vorschriften gelten entsprechend für juristische Personen und Personenvereinigungen.

§ 7 Anschluß- und Benutzungszwang

Die Kreise können bei öffentlichem Bedürfnis durch Satzung für die Grundstücke des Kreisgebiets den Anschluß an überörtliche, der Volksgesundheit dienende Einrichtungen sowie an Einrichtungen zur Versorgung mit Fernwärme (Anschlußzwang) und die Benutzung dieser Einrichtungen (Benutzungszwang) vorschreiben. Die Satzung kann Ausnahmen vom Anschluß- und Benutzungszwang zulassen. Sie kann den Zwang auch auf bestimmte Teile des Kreisgebiets und auf bestimmte Gruppen von Grundstücken oder Personen beschränken. Im Falle des Anschluß- und Benutzungszwangs für Fernwärme soll die Satzung zum Ausgleich von sozialen Härten angemessene Übergangsregelungen enthalten.

§ 8 Verwaltung

Die Verwaltung des Kreises liegt bei dem Kreistag und dem Landrat.

§ 9 Wirtschaftsführung

Die Kreise haben ihr Vermögen und ihre Einkünfte so zu verwalten, daß die Kreisfinanzen gesund bleiben. Auf die wirtschaftlichen Kräfte der kreisangehörigen Gemeinden und der Abgabepflichtigen ist Rücksicht zu nehmen.

§ 10 Aufsicht

Die Aufsicht des Landes schützt die Kreise in ihren Rechten und sichert die Erfüllung ihrer Pflichten.

§ 11 Funktionsbezeichnungen

Die Funktionsbezeichnungen dieses Gesetzes werden in weiblicher oder männlicher Form geführt.

§ 12[20] Name, Bezeichnung und Sitz

(1) Die Kreise führen ihre bisherigen Namen. Der Kreistag kann mit einer Mehrheit von drei Vierteln seiner Mitglieder den Kreisnamen ändern. Die Änderung des Kreisnamens bedarf der Genehmigung des für Kommunales zuständigen Ministeriums. Sätze 2 und 3 finden auch in den Fällen Anwendung, in denen der Kreisname durch Gesetz festgelegt wurde, wenn seit dem Inkrafttreten des Gesetzes zehn Jahre vergangen sind.

(2) Die Kreise können Bezeichnungen, die auf der Geschichte oder der heutigen Eigenart oder Bedeutung des Kreises beruhen, führen. Der Kreistag kann mit einer Mehrheit von drei Vierteln seiner Mitglieder diese Bezeichnung bestimmen und ändern. Die Bestimmung und Änderung der Bezeichnung bedarf der Genehmigung des für Kommunales zuständigen Ministeriums.

(3) Der Kreistag bestimmt den Sitz der Kreisverwaltung; der Beschluß bedarf der Genehmigung der Landesregierung.

§ 13 Siegel, Wappen und Flaggen

(1) Die Kreise führen Dienstsiegel.

(2) Die Kreise führen ihre bisherigen Wappen und Flaggen.

(3) Die Änderung und die Einführung von Dienstsiegeln, Wappen und Flaggen bedürfen der Genehmigung der Bezirksregierung.

2. Teil
Kreisgebiet

§ 14 Kreisgebiet
Das Gebiet jedes Kreises soll so bemessen sein, daß die Leistungsfähigkeit des Kreises zur Erfüllung seiner Aufgaben gesichert ist.

§ 15 Gebietsbestand
Das Gebiet des Kreises besteht aus der Gesamtheit der nach geltendem Recht zum Kreis gehörenden Gemeinden.

§ 16 Gebietsänderung
(1) Aus Gründen des öffentlichen Wohles können Grenzen eines Kreises durch Eingliederung oder Ausgliederung von Gemeinden geändert, Kreise aufgelöst oder neugebildet werden.

(2) Das Verfahren zur Änderung des Gebiets eines Kreises wird durch Antrag einer unmittelbar beteiligten Gebietskörperschaft an die Aufsichtsbehörde des Kreises eingeleitet. Werden durch die beantragte Gebietsänderung die Grenzen von Kreisen verschiedener Regierungsbezirke berührt, so ist der Antrag an die obere Aufsichtsbehörde zu richten. Das Verfahren kann auch durch die Aufsichtsbehörde oder die obere Aufsichtsbehörde eingeleitet werden.

(3) Vor einer Änderung des Gebiets eines Kreises ist der Wille der unmittelbar beteiligten Gebietskörperschaften in der Weise festzustellen, daß ihren Vertretungen Gelegenheit zur Stellungnahme gegeben wird.

(4) Die Änderung der Grenzen von Kreisen bewirkt ohne weiteres die Änderung der Grenzen der Landschaftsverbände.

§ 17 Gebietsänderungsverträge

Die Kreise treffen, soweit erforderlich, über die Änderung ihres Gebiets Vereinbarungen (Gebietsänderungsverträge). Derartige Verträge bedürfen der Genehmigung der Aufsichtsbehörde. Kommt ein Gebietsänderungsvertrag nicht zustande, so bestimmt die Aufsichtsbehörde die Einzelheiten der Gebietsänderung.

§ 18 Durchführung der Gebietsänderung

Die Änderung des Gebiets eines Kreises erfolgt durch Gesetz. In diesem sind die Bestimmungen über die Gebietsänderung zu bestätigen und der Tag der Rechtswirksamkeit der Gebietsänderung festzulegen.

§ 19 Wirkungen der Gebietsänderung

(1) Der Ausspruch der Änderung des Gebiets eines Kreises und die Bestätigung des Gebietsänderungsvertrags begründen Rechte und Pflichten der Beteiligten. Sie bewirken den Übergang, die Beschränkung oder Aufhebung von dinglichen Rechten, sofern der Gebietsänderungsvertrag derartiges vorsieht. Die Aufsichtsbehörde ersucht die zuständigen Behörden um die Berichtigung des Grundbuchs, des Wasserbuchs und anderer öffentlicher Bücher. Sie kann Unschädlichkeitszeugnisse ausstellen.

(2) Rechtshandlungen, die aus Anlaß der Änderung des Gebiets eines Kreises erforderlich sind, sind frei von öffentlichen Abgaben sowie von Gebühren und Auslagen, soweit diese auf Landesrecht beruhen.

3. Teil
Einwohner und Bürger

§ 20 Einwohner
Einwohner des Kreises sind die Einwohner der kreisangehörigen Gemeinden.

§ 21 Anregungen und Beschwerden
(1) Jeder hat das Recht, sich einzeln oder in Gemeinschaft mit anderen schriftlich mit Anregungen oder Beschwerden in Angelegenheiten des Kreises an den Kreistag zu wenden. Die Zuständigkeiten der Ausschüsse und des Landrats werden hierdurch nicht berührt. Die Erledigung von Anregungen und Beschwerden kann der Kreistag einem Ausschuß übertragen. Der Antragsteller ist über die Stellungnahme zu den Anregungen und Beschwerden zu unterrichten.
(2) Die näheren Einzelheiten regelt die Hauptsatzung.

§ 22[6] Einwohnerantrag
(1) Einwohner, die seit mindestens drei Monaten im Kreis wohnen und das 14. Lebensjahr vollendet haben, können beantragen, daß der Kreistag über eine bestimmte Angelegenheit, für die er gesetzlich zuständig ist, berät und entscheidet.
(2) Der Antrag muß schriftlich eingereicht werden. Er muß ein bestimmtes Begehren und eine Begründung enthalten. Er muß bis zu drei Personen benennen, die berechtigt sind, die Unterzeichnenden zu vertreten. Die Verwaltung ist in den Grenzen ihrer Verwaltungskraft ihren Einwohnern bei der Einleitung eines Einwohnerantrages behilflich.
(3) Ein Einwohnerantrag muß von mindestens 4 vom Hundert der Einwohner unterzeichnet sein, höchstens jedoch von 8000 Einwohnern.

(4) Jede Liste mit Unterzeichnungen muß den vollen Wortlaut des Antrags enthalten. Eintragungen, welche die Person des Unterzeichners nach Namen, Vornamen, Geburtsdatum und Anschrift nicht zweifelsfrei erkennen lassen, sind ungültig. Die Angaben werden vom Kreis geprüft.

(5) Der Antrag ist nur zulässig, wenn nicht in derselben Angelegenheit innerhalb der letzten zwölf Monate bereits ein Antrag gestellt wurde.

(6) Die Voraussetzungen der Absätze 1 bis 5 müssen im Zeitpunkt des Eingangs des Antrags beim Kreis erfüllt sein.

(7) Der Kreistag stellt unverzüglich fest, ob der Einwohnerantrag zulässig ist. Er hat unverzüglich darüber zu beraten und zu entscheiden, spätestens innerhalb von vier Monaten nach seinem Eingang. Den Vertretern des Einwohnerantrags soll Gelegenheit gegeben werden, den Antrag in der Kreistagssitzung zu erläutern.

(8) Das für Kommunales zuständige Ministerium kann durch Rechtsverordnung das Nähere über die Durchführung des Einwohnerantrags regeln.

§ 23[21] Bürgerbegehren und Bürgerentscheid

(1) Die Bürger der kreisangehörigen Gemeinden können beantragen (Bürgerbegehren), daß sie anstelle des Kreistags über eine Angelegenheit des Kreises selbst entscheiden (Bürgerentscheid). Der Kreistag kann mit einer Mehrheit von zwei Dritteln der gesetzlichen Zahl der Mitglieder beschließen, dass über eine Angelegenheit des Kreises ein Bürgerentscheid stattfindet (Kreistagsbürgerentscheid). Absatz 2 Satz 1 sowie die Absätze 5, 7, 8 und 9 gelten entsprechend.

(2) Das Bürgerbegehren muss schriftlich eingereicht werden und die zur Entscheidung zu bringende Frage sowie eine Begründung enthalten. Es muss bis zu drei Bürger der zum

Kreis gehörenden Gemeinden benennen, die berechtigt sind, die Unterzeichnenden zu vertreten (Vertretungsberechtigte). Bürger, die beabsichtigen, ein Bürgerbegehren durchzuführen, teilen dies der Verwaltung schriftlich mit. Die Verwaltung ist in den Grenzen ihrer Verwaltungskraft ihren Bürgern bei der Einleitung eines Bürgerbegehrens behilflich. Sie teilt den Vertretungsberechtigten schriftlich eine Einschätzung der mit der Durchführung der verlangten Maßnahme verbundenen Kosten (Kostenschätzung) mit. Die Kostenschätzung der Verwaltung ist bei der Sammlung der Unterschriften nach Absatz 4 anzugeben.

(3) Richtet sich ein Bürgerbegehren gegen einen Beschluß des Kreistags, muß es innerhalb von sechs Wochen nach der Bekanntmachung des Beschlusses eingereicht sein. Gegen den Beschluß, der nicht der Bekanntmachung bedarf, beträgt die Frist drei Monate nach dem Sitzungstag. Nach der schriftlichen Mitteilung nach Absatz 2 Satz 3 ist der Ablauf der Fristen aus Satz 1 und Satz 2 bis zur Mitteilung der Verwaltung nach Absatz 2 Satz 5 gehemmt.

(4) Ein Bürgerbegehren muss in einem Kreis

bis 200 000 Einwohner   von 5 %,
mit mehr als 200 000 Einwohnern,
aber nicht mehr als als 500 000 Einwohnern   von 4 %,
mit mehr als 500 000 Einwohnern   von 3 %

der Bürger der kreisangehörigen Gemeinden unterzeichnet sein. Die Angaben werden vom Kreis geprüft. Im übrigen gilt § 22 Abs. 4 entsprechend.

(5) Ein Bürgerbegehren ist unzulässig über

1. die innere Organisation der Kreisverwaltung,
2. die Rechtsverhältnisse der Mitglieder des Kreistages, der Mitglieder der Ausschüsse sowie der Bediensteten des Kreises,

3. die Haushaltssatzung, die Eröffnungsbilanz, den Jahresabschluss und den Gesamtabschluss des Kreises (einschließlich der Wirtschaftspläne und des Jahresabschlusses der Eigenbetriebe) sowie die kommunalen Abgaben und die privatrechtlichen Entgelte,
4. Angelegenheiten, die im Rahmen eines Planfeststellungsverfahrens oder eines förmlichen Verwaltungsverfahrens mit Öffentlichkeitsbeteiligung oder eines abfallrechtlichen, immissionsschutzrechtlichen, wasserrechtlichen oder vergleichbaren Zulassungsverfahrens zu entscheiden sind.

Ein Bürgerbegehren darf nur Angelegenheiten zum Gegenstand haben, über die innerhalb der letzten zwei Jahre nicht bereits ein Bürgerentscheid durchgeführt worden ist.

(6) Der Kreistag stellt unverzüglich fest, ob das Bürgerbegehren zulässig ist. Gegen die ablehnende Entscheidung des Kreistages können nur die Vertreter des Bürgerbegehrens nach Absatz 2 Satz 2 einen Rechtsbehelf einlegen. Entspricht der Kreistag dem zulässigen Bürgerbegehren nicht, so ist innerhalb von drei Monaten ein Bürgerentscheid durchzuführen. Entspricht der Kreistag dem Bürgerbegehren, so unterbleibt der Bürgerentscheid. Den Vertretern des Bürgerbegehrens soll Gelegenheit gegeben werden, den Antrag in der Sitzung des Kreistags zu erläutern. Ist die Zulässigkeit des Bürgerbegehrens festgestellt, darf bis zur Feststellung des Ergebnisses des Bürgerentscheids eine dem Begehren entgegenstehende Entscheidung der Kreisorgane nicht mehr getroffen oder mit dem Vollzug einer derartigen Entscheidung nicht mehr begonnen werden, es sei denn, zu diesem Zeitpunkt haben rechtliche Verpflichtungen des Kreises hierzu bestanden (Sperrwirkung des zulässigen Bürgerbegehrens).

(7) Bei einem Bürgerentscheid kann über die gestellte Frage nur mit Ja oder Nein abgestimmt werden. Die Frage ist in dem Sinne

entschieden, in dem sie von der Mehrheit der gültigen Stimmen beantwortet wurde, sofern diese Mehrheit in Kreisen mit

bis zu 200 000 Einwohnern	mindestens 20 Prozent,
über 200 000	
bis zu 500 000 Einwohnern	mindestens 15 Prozent,
mehr als 500 000 Einwohnern	mindestens 10 Prozent

der Bürger beträgt.

Bei Stimmengleichheit gilt die Frage als mit Nein beantwortet. Sollen an einem Tag mehrere Bürgerentscheide stattfinden, hat der Kreistag eine Stichfrage für den Fall zu beschließen, dass die gleichzeitig zur Abstimmung gestellten Fragen in einer miteinander nicht zu vereinbarenden Weise beantwortet werden (Stichentscheid). Es gilt dann diejenige Entscheidung, für die sich im Stichentscheid die Mehrheit der gültigen Stimmen ausspricht. Bei Stimmengleichheit im Stichentscheid gilt der Bürgerentscheid, dessen Frage mit der höchsten Stimmenzahl mehrheitlich beantwortet worden ist.

(8) Der Bürgerentscheid hat die Wirkung eines Kreistagsbeschlusses. Vor Ablauf von zwei Jahren kann er nur auf Initiative des Kreistags durch einen neuen Bürgerentscheid abgeändert werden.

(9) Das für Kommunales zuständige Ministerium kann durch Rechtsverordnung das Nähere über die Durchführung des Bürgerbegehrens und des Bürgerentscheids regeln.

§ 24 Ehrenamtliche Tätigkeit und Ehrenamt

Einwohner und Bürger der kreisangehörigen Gemeinden sind zur ehrenamtlichen Tätigkeit und zur Übernahme und Ausübung von Ehrenämtern für den Kreis unter den gleichen Voraussetzungen und mit den gleichen Folgen verpflichtet wie in der Gemeinde, in der sie Einwohner oder Bürger sind. § 34 der Gemeindeordnung findet keine Anwendung.

4. Teil
Kreistag

§ 25[8] Allgemeines
(1) Der Kreistag besteht aus den Kreistagsmitgliedern, die von den Bürgern der kreisangehörigen Gemeinden gewählt werden (Kreistagsmitglieder) und dem Landrat (Mitglied kraft Gesetzes).
(2) Vorsitzender des Kreistags ist der Landrat. Ihm obliegt die repräsentative Vertretung des Kreises. Der Landrat hat im Kreistag Stimmrecht. In den Fällen der §§ 26 Abs. 1 Buchstabe i), 26 Abs. 2, 32 Abs. 1 Satz 3, 33 Abs. 1 Satz 2, 35 Abs. 3, 38 Abs. 2, 41 Abs. 3, 5 und 7, 45 Abs. 1, 48 Abs. 1 Satz 2 und 51 Absatz 4 Satz 2 und 3 stimmt er nicht mit.

§ 26[4, 44, 46] Zuständigkeiten des Kreistags
(1) Der Kreistag ist für alle Angelegenheiten der Kreisverwaltung zuständig, soweit dieses Gesetz oder andere Gesetze nichts anderes bestimmen. Der Kreistag ist insbesondere nicht zuständig, soweit der Landrat Aufgaben als untere staatliche Verwaltungsbehörde, als Kreispolizeibehörde sowie als Teil des Schulamts wahrnimmt. Die Entscheidung über folgende Angelegenheiten kann der Kreistag nicht übertragen:
a) die Aufstellung allgemeiner Grundsätze, nach denen die Verwaltung geführt werden soll,
b) die Wahl der Mitglieder der Ausschüsse und ihrer Vertreter,
c) die Wahl der Beigeordneten,
d) die Bestellung des allgemeinen Vertreters des Landrats und des Kämmerers,
e) die Änderung des Gebiets des Kreises, die Bestimmung des Namens und der Bezeichnung des Kreises und des Sitzes der Kreisverwaltung sowie die Änderung und Einführung

von Dienstsiegeln, Wappen und Flaggen, soweit nicht in diesem Gesetz etwas anderes bestimmt ist,

f)   den Erlaß, die Änderung, die Aufhebung von Satzungen und sonstigen ortsrechtlichen Bestimmungen,

g)   den Erlass der Haushaltssatzung und des Stellenplans, die Aufstellung eines Haushaltssicherungskonzeptes, die Zustimmung zu überplanmäßigen und außerplanmäßigen Aufwendungen und Auszahlungen und überplanmäßigen und außerplanmäßigen Verpflichtungsermächtigungen, die Festlegung von Wertgrenzen für die Veranschlagung und Abrechnung einzelner Investitionsmaßnahmen,

h)   die Festsetzung allgemein geltender öffentlicher Abgaben und privatrechtlicher Entgelte sowie der Kreisumlage,

i)   die Feststellung des Jahresabschlusses und die Entlastung sowie die Bestätigung des Gesamtabschlusses,

j)   den Erwerb von Vermögensgegenständen, soweit es sich nicht um Geschäfte der laufenden Verwaltung handelt,

k)   die teilweise oder vollständige Veräußerung oder Verpachtung von Eigenbetrieben, die teilweise oder vollständige Veräußerung einer unmittelbaren oder mittelbaren Beteiligung an einer Gesellschaft oder anderen Vereinigungen des privaten Rechts, die Veräußerung eines Geschäftsanteils an einer eingetragenen Kreditgenossenschaft sowie den Abschluss von anderen Rechtsgeschäften im Sinne des § 111 Abs. 1 und 2 Gemeindeordnung,

l)   die Errichtung, Übernahme, Erweiterung, Einschränkung und Auflösung von Anstalten des öffentlichen Rechts gemäß § 114a der Gemeindeordnung, öffentlichen Einrichtungen und Eigenbetrieben, die Bildung oder Auflösung eines gemeinsamen Kommunalunternehmens gemäß § 27 Abs. 1 bis 3 und 6 des Gesetzes über kommunale Gemeinschaftsarbeit, die Änderung der Unternehmenssatzung eines gemeinsamen Kommunalunternehmens sowie der Austritt aus einem gemeinsamen Kommunalunternehmen, die erstmalige unmittelbare oder mittelbare Beteiligung sowie die Erhöhung einer unmittelbaren oder mittelbaren Beteiligung an einer Gesellschaft oder anderen Vereinigungen in privater Rechtsform, den Erwerb eines Geschäftsanteils an einer eingetragenen Kreditgenossenschaft,

m) die Umwandlung der Rechtsform von Anstalten des öffentlichen Rechts gem. § 114a der Gemeindeordnung, öffentlichen Einrichtungen und Eigenbetrieben sowie die Umwandlung der Rechtsform von Gesellschaften, an denen der Kreis beteiligt ist, soweit der Einfluß des Kreises geltend gemacht werden kann,

n) die Umwandlung des Zwecks, die Zusammenlegung und die Aufhebung von Stiftungen einschließlich des Verbleibs des Stiftungsvermögens,

o) die Übernahme von Bürgschaften, den Abschluß von Gewährverträgen und die Bestellung sonstiger Sicherheiten für andere sowie solche Rechtsgeschäfte, die den vorgenannten wirtschaftlich gleichkommen,

p) die Bestellung und Abberufung der Leitung und der Prüfer der örtlichen Rechnungsprüfung sowie die Erweiterung der Aufgaben der örtlichen Rechnungsprüfung über die Pflichtaufgaben hinaus,

q) die Genehmigung von Verträgen des Kreises mit Kreistags- und Ausschußmitgliedern, mit dem Landrat und den leitenden Dienstkräften des Kreises nach näherer Bestimmung der Hauptsatzung,

r) die Übernahme neuer Aufgaben, für die keine gesetzliche Verpflichtung besteht,

s) alle Angelegenheiten, in denen das Gesetz die Zuständigkeit des Kreistags ausdrücklich vorschreibt,

t) die Festlegung strategischer Ziele unter Berücksichtigung der Ressourcen.

Im Übrigen kann der Kreistag die Entscheidungen über bestimmte Angelegenheiten auf Ausschüsse oder den Landrat übertragen. Er kann ferner Ausschüsse ermächtigen, in Angelegenheiten ihres Aufgabenbereichs die Entscheidung dem Landrat zu übertragen. Geschäfte der laufenden Verwaltung gelten im Namen des Kreistages als auf den Landrat übertragen, soweit nicht der Kreistag sich oder einem Ausschuss für einen bestimmten Kreis von Geschäften oder für einen Einzelfall die Entscheidung vorbehält.

(2) Der Kreistag überwacht die Durchführung seiner Beschlüsse sowie den Ablauf der Verwaltungsangelegenheiten. Auch kann der Kreistag vom Landrat Einsicht in die Akten durch einen von ihm bestimmten Ausschuß oder einzelne von ihm beauftragte Mitglieder fordern. In Einzelfällen muß auf Verlangen von mindestens einem Fünftel der Kreistagsmitglieder oder einer Fraktion auch einem einzelnen, von den Antragstellern zu benennenden Kreistagsmitglied Akteneinsicht gewährt werden. Ausschussvorsitzende können vom Landrat jederzeit Auskunft und Akteneinsicht über die Angelegenheiten verlangen, die zum Aufgabenbereich ihres Ausschusses gehören. Dritte sind von der Teilnahme an der Akteneinsicht ausgeschlossen. Akteneinsicht darf einem Kreistagsmitglied nicht gewährt werden, das wegen Interessenwiderstreits von der Beratung und Entscheidung der Angelegenheit ausgeschlossen ist.

(3) Über wichtige Anordnungen der Aufsichtsbehörde und Anordnungen, bei denen die Aufsichtsbehörden dies bestimmen, ist der Kreistag vom Landrat zu unterrichten.

(4) Der Landrat ist verpflichtet, einem Kreistagsmitglied auf Verlangen Auskunft zu erteilen oder zu einem Tagesordnungs-

punkt Stellung zu nehmen. Jedem Kreistagsmitglied ist vom Landrat auf Verlangen Akteneinsicht zu gewähren, soweit die Akten im Zusammenhang mit der Vorbereitung oder der Kontrolle von Beschlüssen des Kreistages oder des Ausschusses stehen, dem es angehört. Dritte sind von der Teilnahme an der Akteneinsicht ausgeschlossen. Die Akteneinsicht darf nur verweigert werden, soweit ihr schutzwürdige Belange Betroffener oder Dritter entgegenstehen. Die ablehnende Entscheidung ist schriftlich zu begründen. Akteneinsicht darf einem Kreistagsmitglied nicht gewährt werden, das wegen Interessenwiderstreits von der Beratung und Entscheidung der Angelegenheit ausgeschlossen ist.

(5) Für die Vertretung der Kreise in Organen von juristischen Personen oder Personenvereinigungen gilt § 113 der Gemeindeordnung entsprechend. Vertreter des Kreises, die Mitgliedschaftsrechte in Organen, Beiräten oder Ausschüssen von juristischen Personen oder Personenvereinigungen wahrnehmen, werden vom Kreistag bestellt oder vorgeschlagen. Ist mehr als ein Vertreter des Kreises zu benennen, muss der Landrat oder der von ihm vorgeschlagene Bedienstete des Kreises dazuzählen. Die Vertreter des Kreises sind an die Beschlüsse des Kreistags gebunden. Sie haben ihr Amt auf Beschluß des Kreistags jederzeit niederzulegen. Die Sätze 1 bis 5 gelten nur, soweit durch Gesetz nichts anderes bestimmt ist.

(6) Absatz 5 gilt entsprechend, wenn dem Kreis das Recht eingeräumt wird, Mitglieder des Vorstandes, des Aufsichtsrates oder eines gleichartigen Organs zu bestellen oder vorzuschlagen.

(7) Werden die vom Kreis bestellten oder vorgeschlagenen Personen aus dieser Tätigkeit haftbar gemacht, so hat ihnen der Kreis den Schaden zu ersetzen, es sei denn, daß sie ihn vorsätzlich oder grob fahrlässig herbeigeführt haben. Auch in

diesem Fall ist der Kreis schadensersatzpflichtig, wenn die vom Kreis bestellten Personen nach Weisung des Kreistags gehandelt haben.

§ 27[25] Wahl der Kreistagsmitglieder

(1) Die Kreistagsmitglieder werden in allgemeiner, unmittelbarer, freier, gleicher und geheimer Wahl auf die Dauer von fünf Jahren gewählt. Die näheren Vorschriften trifft das Kommunalwahlgesetz.

(2) Nach Ablauf der Wahlperiode üben die bisherigen Kreistagsmitglieder ihre Tätigkeit bis zur ersten Sitzung des neugewählten Kreistags weiter aus.

§ 28[17] Rechte und Pflichten der Kreistagsmitglieder

(1) Die Kreistagsmitglieder sind verpflichtet, in ihrer Tätigkeit ausschließlich nach dem Gesetz und ihrer freien, nur durch Rücksicht auf das öffentliche Wohl bestimmten Überzeugung zu handeln; sie sind an Aufträge nicht gebunden.

(2) Für die Tätigkeit als Kreistagsmitglied oder als Mitglied eines Ausschusses gelten die Vorschriften der §§ 30 bis 32 Gemeindeordnung mit folgenden Maßgaben entsprechend:

1. Die Pflicht zur Verschwiegenheit kann ihnen gegenüber nicht vom Landrat angeordnet werden;

2. die Genehmigung, als Zeuge auszusagen, erteilt bei Kreistagsmitgliedern der Kreistag und bei Ausschußmitgliedern der Ausschuß;

3. die Offenbarungspflicht über Ausschließungsgründe besteht bei Kreistagsmitgliedern gegenüber dem Landrat, bei Ausschußmitgliedern gegenüber dem Ausschußvorsitzenden vor Eintritt in die Verhandlung;

4. über Ausschließungsgründe entscheidet bei Kreistagsmitgliedern der Kreistag und bei Ausschußmitgliedern der Ausschuß;
5. ein Verstoß gegen die Offenbarungspflicht wird vom Kreistag bzw. vom Ausschuß durch Beschluß festgestellt;
6. sachkundige Bürger und sachkundige Einwohner als Mitglieder von Ausschüssen können Ansprüche anderer gegen den Kreis nur dann nicht geltend machen, wenn diese in Zusammenhang mit ihren Aufgaben stehen; ob diese Voraussetzungen vorliegen, entscheidet der Ausschuß.

Die Kreistagsmitglieder und Mitglieder der Ausschüsse müssen gegenüber dem Landrat Auskunft über ihre wirtschaftlichen und persönlichen Verhältnisse geben, soweit das für die Ausübung ihrer Tätigkeit von Bedeutung sein kann. Die näheren Einzelheiten regelt der Kreistag. Name, Anschrift, der ausgeübte Beruf sowie andere vergütete und ehrenamtliche Tätigkeiten können veröffentlicht werden. Die Auskünfte sind vertraulich zu behandeln. Nach Ablauf der Wahlperiode sind die gespeicherten Daten der ausgeschiedenen Kreistagsmitglieder zu löschen.

(3) Erleidet der Kreis infolge eines Beschlusses des Kreistags einen Schaden, so haften die Kreistagsmitglieder, wenn sie
a) in vorsätzlicher und grob fahrlässiger Verletzung ihrer Pflicht gehandelt haben,
b) bei der Beschlußfassung mitgewirkt haben, obwohl sie nach dem Gesetz hiervon ausgeschlossen waren, und ihnen der Ausschließungsgrund bekannt war,
c) der Bewilligung von Ausgaben zugestimmt haben, für die das Gesetz oder die Haushaltssatzung eine Ermächtigung nicht vorsieht, wenn nicht gleichzeitig die erforderlichen Deckungsmittel bereitgestellt werden.

§ 29[27, 46] Freistellung

(1) Niemand darf gehindert werden, sich um ein Mandat als Mitglied des Kreistags oder eines Ausschusses zu bewerben, es anzunehmen oder auszuüben. Benachteiligungen am Arbeitsplatz in Zusammenhang mit der Bewerbung, der Annahme oder der Ausübung eines Mandats sind unzulässig. Entgegenstehende Vereinbarungen sind nichtig. Kündigungen oder Entlassungen aus Anlaß der Bewerbung, Annahme oder Ausübung eines Mandats sind unzulässig.

(2) Die Kreistagsmitglieder und Mitglieder der Ausschüsse sind für die Zeit der Ausübung des Mandats von ihrer Verpflichtung zur Arbeit freizustellen. Zur Ausübung des Mandats gehören Tätigkeiten, die mit dem Mandat in unmittelbarem Zusammenhang stehen oder auf Veranlassung des Kreistages oder des Ausschusses erfolgen. Auf Veranlassung des Kreistages erfolgt auch eine Tätigkeit als vom Kreistag entsandter Vertreter des Kreises in Organen und Gremien von juristischen Personen oder Vereinigungen des privaten und öffentlichen Rechts sowie als Stellvertreter des Landrats. Bei Mandatsträgern, die innerhalb eines vorgegebenen Arbeitszeitrahmens über Lage und Dauer der individuellen Arbeitszeit selbst entscheiden können, ist die Zeit der Ausübung des Mandats innerhalb dieses Arbeitszeitrahmens zur Hälfte auf ihre Arbeitszeit anzurechnen. Der Anspruch auf Ersatz des Verdienstausfalls nach § 30 ist in diesem Fall auf diese Hälfte beschränkt.

(3) Zur Teilnahme an kommunalpolitischen Bildungsveranstaltungen, die der Ausübung ihres Mandats förderlich sind, haben Kreistagsmitglieder oder Mitglieder von Ausschüssen des Kreistages einen Anspruch auf Urlaub an bis zu acht Arbeitstagen in jeder Wahlperiode, jedoch an nicht mehr als vier aufeinanderfolgenden Arbeitstagen im Jahr. Für die Zeit des Urlaubs besteht nach diesem Gesetz kein Anspruch auf

Lohn oder Gehalt; weitergehende Vorschriften bleiben unberührt. Der Verdienstausfall und die Kinderbetreuungskosten sind nach Maßgabe der Regelungen des § 30 Absatz 1 bis 4 zu ersetzen.

Sind Kreistagsmitglieder oder Mitglieder von Ausschüssen des Kreistages zugleich auch Ratsmitglieder, Mitglieder von Bezirksvertretungen oder Mitglieder von Ausschüssen einer Gemeinde, so besteht der Anspruch auf Urlaub in jeder Wahlperiode nur einmal.

Der Arbeitgeber bzw. Dienstherr darf den Urlaub zu dem von dem Beschäftigten mitgeteilten Zeitpunkt ablehnen, wenn zwingende betriebliche Belange oder Urlaubsanträge anderer Beschäftigter entgegenstehen.

§ 30[27, 46] Entschädigung der Kreistagsmitglieder

(1) Ein Kreistagsmitglied im Kreistag oder ein Mitglied in einem Ausschuss hat Anspruch auf Ersatz des Verdienstausfalles, der ihm durch die Mandatsausübung entsteht, soweit sie während der Arbeitszeit erforderlich ist. Entgangener Verdienst aus Nebentätigkeiten und Verdienst, der außerhalb der Arbeitszeit hätte erzielt werden können, bleibt außer Betracht.

(2) Als Ersatz des Verdienstausfalls wird mindestens ein in einer Rechtsverordnung nach Absatz 7 festzulegender Regelstundensatz gezahlt, es sei denn, daß ersichtlich keine finanziellen Nachteile entstanden sind. In der Hauptsatzung kann ein höherer Regelstundensatz festgelegt werden. Darüber hinaus wird in folgenden Fällen eine höhere Entschädigung gezahlt:

1. Abhängig Erwerbstätigen wird auf Antrag anstelle des Regelstundensatzes der tatsächlich entstandene und nachgewiesene Verdienstausfall ersetzt;
2. Selbständige erhalten auf Antrag anstelle des Regelstundensatzes eine Verdienstausfallpauschale je Stunde, die im

Einzelfall auf der Grundlage des glaubhaft gemachten Einkommens nach billigem Ermessen festgesetzt wird.

In der Rechtsverordnung nach Absatz 7 ist ein einheitlicher Höchstbetrag festzulegen, der bei dem Ersatz des Verdienstausfalls je Stunde nicht überschritten werden darf.

(3) Personen, die

1. einen Haushalt mit
   a) mindestens zwei Personen, von denen mindestens eine ein Kind unter 14 Jahren oder eine anerkannt pflegebedürftige Person nach § 14 SGB XI ist, oder
   b) mindestens drei Personen

führen und

2. nicht oder weniger als 20 Stunden je Woche erwerbstätig sind,

erhalten für die mandatsbedingte Abwesenheit vom Haushalt den Regelstundensatz nach Absatz 2 Satz 1. Absatz 2 Satz 3 gilt entsprechend. Statt des Regelstundensatzes werden auf Antrag die notwendigen Kosten für eine Vertretung im Haushalt ersetzt.

(4) Ist während der mandatsbedingten Abwesenheit vom Haushalt eine entgeltliche Kinderbetreuung notwendig, werden die nachgewiesenen Kosten auf Antrag erstattet. Kinderbetreuungskosten werden nicht für Zeiträume erstattet, für die Entschädigung nach Absatz 2 oder 3 geleistet wird. Die Hauptsatzung kann die näheren Einzelheiten regeln.

(5) Unabhängig von einem Anspruch auf Verdienstausfall besteht ein Anspruch auf angemessene Aufwandsentschädigung nach folgenden Maßgaben:

1. Einem Kreistagsmitglied kann die Aufwandsentschädigung teilweise als Sitzungsgeld für Kreistags-, Ausschuss- und Fraktionssitzungen gezahlt werden.

2. Ein Ausschussmitglied, das nicht Kreistagsmitglied ist (sachkundiger Bürger), erhält ein Sitzungsgeld für die im Rahmen
   seiner Mandatsausübung erforderliche Teilnahme an Aus-
   schuss- und Fraktionssitzungen.
3. Ein stellvertretendes Ausschussmitglied, das nicht Kreistagsmitglied ist, erhält unabhängig vom Eintritt des Vertretungsfalles für die im Rahmen seiner Mandatsausübung
   erforderliche Teilnahme an Fraktionssitzungen ein Sitzungsgeld.

(6) Fraktionssitzungen sind auch Sitzungen von Teilen einer
Fraktion (Fraktionsvorstand, Fraktionsarbeitskreise). Die Zahl
der ersatzpflichtigen Fraktionssitzungen pro Jahr ist in der
Hauptsatzung zu beschränken.

(7) Das für Kommunales zuständige Ministerium bestimmt
durch Rechtsverordnung

1. die Höhe des Regelstundensatzes und des Höchstbetrages
   nach Absatz 2,
2. die Höhe der monatlichen Aufwandsentschädigung sowie
   die Höhe der Sitzungsgelder,
3. die Fahrtkostenerstattung und den Ersatz von Auslagen
   neben der Aufwandsentschädigung.

Die Höhe der Aufwandsentschädigung und der Sitzungsgelder
ist zu Beginn und mit Ablauf der Hälfte der Wahlperiode anzupassen. Grundlage dafür ist die Preisentwicklung ausgewählter Waren und Leistungen im Preisindex für die Lebenshaltung
aller privaten Haushalte seit dem Zeitpunkt der vorangegangenen Anpassung der Höhe der Aufwandsentschädigung und
der Sitzungsgelder. Die Höhe des Regelstundensatzes und des
Höchstbetrages wird zu Beginn und zur Mitte der Wahlperiode
im Hinblick auf ihre Angemessenheit überprüft.

§ 31[31] Aufwandsentschädigung

Neben den Entschädigungen, die den Kreistagsmitgliedern nach § 30 zustehen, erhalten

1. Stellvertreter des Landrats nach § 46 Absatz 1,
2. Vorsitzende von Ausschüssen des Kreistags mit Ausnahme des Wahlprüfungsausschusses,
3. Fraktionsvorsitzende – bei Fraktionen mit mindestens acht Mitgliedern auch ein stellvertretender Vorsitzender, mit mindestens 16 Mitgliedern auch zwei und mit mindestens 24 Mitgliedern auch drei stellvertretende Vorsitzende –

eine vom für Kommunales zuständigen Ministerium durch Rechtsverordnung festzusetzende angemessene Aufwandsentschädigung. In der Hauptsatzung können weitere Ausschüsse von der Regelung in Satz 1 Nummer 2 ausgenommen werden. Eine Aufwandsentschädigung ist nicht zu gewähren, wenn das Kreistagsmitglied hauptberuflich tätiger Mitarbeiter einer Fraktion ist.

§ 32[18] Einberufung des Kreistags

(1) Der Kreistag wird von dem Landrat einberufen. Nach Beginn der Wahlperiode muss die erste Sitzung innerhalb von sechs Wochen stattfinden; im Übrigen soll der Kreistag zusammentreten, so oft es die Geschäftslage erfordert, mindestens jedoch alle drei Monate. Der Kreistag ist unverzüglich einzuberufen, wenn ein Fünftel der Kreistagsmitglieder oder eine Fraktion unter Angabe der zur Beratung zu stellenden Gegenstände es verlangen.

(2) Die Ladungsfrist, die Form der Einberufung und die Geschäftsführung des Kreistags sind durch die Geschäftsordnung zu regeln, soweit hierüber nicht in diesem Gesetz Vorschriften getroffen sind. Der Kreistag regelt in der

Geschäftsordnung Inhalt und Umfang des Fragerechts der Kreistagsmitglieder.

(3) Kommt der Landrat seiner Verpflichtung zur Einberufung des Kreistags nicht nach, so veranlaßt die Aufsichtsbehörde die Einberufung.

§ 33 Tagesordnung und Öffentlichkeit der Kreistagssitzungen

(1) Der Landrat setzt die Tagesordnung fest. Er hat dabei Vorschläge aufzunehmen, die ihm innerhalb einer in der Geschäftsordnung zu bestimmenden Frist von einem Fünftel der Kreistagsmitglieder oder einer Fraktion vorgelegt werden. Fragestunden für Einwohner kann er in die Tagesordnung aufnehmen, wenn Einzelheiten hierüber in der Geschäftsordnung geregelt sind. Zeit und Ort der Sitzung sowie die Tagesordnung sind von ihm öffentlich bekanntzumachen. Die Tagesordnung kann in der Sitzung durch Beschluß des Kreistags erweitert werden, wenn es sich um Angelegenheiten handelt, die keinen Aufschub dulden oder die von äußerster Dringlichkeit sind.

(2) Die Sitzungen des Kreistags sind öffentlich. Durch die Geschäftsordnung kann die Öffentlichkeit für Angelegenheiten einer bestimmten Art ausgeschlossen werden. Auf Antrag eines Kreistagsmitglieds oder auf Vorschlag des Landrats kann für einzelne Angelegenheiten die Öffentlichkeit ausgeschlossen werden. Anträge und Vorschläge auf Ausschluß der Öffentlichkeit dürfen nur in nichtöffentlicher Sitzung begründet und beraten werden. Falls dem Antrag oder dem Vorschlag stattgegeben wird, ist die Öffentlichkeit in geeigneter Weise zu unterrichten, daß in nichtöffentlicher Sitzung weiter verhandelt wird.

(3) Personenbezogene Daten dürfen offenbart werden, soweit nicht schützenswerte Interessen Einzelner oder Belange des

öffentlichen Wohls überwiegen; erforderlichenfalls ist die Öffentlichkeit auszuschließen.

(4) Mitglieder der Ausschüsse können nach Maßgabe der Geschäftsordnung an den nichtöffentlichen Sitzungen des Kreistags als Zuhörer teilnehmen. Die Teilnahme als Zuhörer begründet keinen Anspruch auf Ersatz des Verdienstausfalls und auf Zahlung von Sitzungsgeld.

§ 34 Beschlußfähigkeit des Kreistags

(1) Der Kreistag ist beschlußfähig, wenn mehr als die Hälfte der gesetzlichen Mitgliederzahl anwesend ist. Er gilt als beschlußfähig, solange seine Beschlußunfähigkeit nicht festgestellt ist.

(2) Ist eine Angelegenheit wegen Beschlußunfähigkeit des Kreistags zurückgestellt worden und wird der Kreistag zur Beratung über denselben Gegenstand einberufen, so ist er ohne Rücksicht auf die Zahl der Erschienenen beschlußfähig. Bei der zweiten Ladung muß auf diese Bestimmung ausdrücklich hingewiesen werden.

§ 35[5] Abstimmungen

(1) Beschlüsse werden mit Stimmenmehrheit gefaßt, soweit das Gesetz nichts anderes vorschreibt. Bei Stimmengleichheit gilt ein Antrag als abgelehnt. Bei der Beschlußfassung wird offen abgestimmt. Auf Antrag einer in der Geschäftsordnung zu bestimmenden Zahl von Mitgliedern des Kreistages ist namentlich abzustimmen. Auf Antrag mindestens eines Fünftels der Mitglieder des Kreistages ist geheim abzustimmen. Zum selben Tagesordnungspunkt hat ein Antrag auf geheime Abstimmung Vorrang gegenüber einem Antrag auf namentliche Abstimmung. Die Geschäftsordnung kann weitere Regelungen treffen.

(2) Wahlen werden, wenn das Gesetz nichts anderes bestimmt oder wenn niemand widerspricht, durch offene Abstimmung, sonst durch Abgabe von Stimmzetteln vollzogen. Gewählt ist die vorgeschlagene Person, die mehr als die Hälfte der gültigen Stimmen erreicht hat. Nein-Stimmen gelten als gültige Stimmen. Erreicht niemand mehr als die Hälfte der Stimmen, so findet zwischen den Personen, welche die beiden höchsten Stimmenzahlen erreicht haben, eine engere Wahl statt. Gewählt ist, wer in dieser engeren Wahl die meisten Stimmen auf sich vereinigt. Bei Stimmengleichheit entscheidet das Los.

(3) Haben sich die Kreistagsmitglieder zur Besetzung der Ausschüsse auf einen einheitlichen Wahlvorschlag geeinigt, ist der einstimmige Beschluß der Kreistagsmitglieder über die Annahme dieses Wahlvorschlags ausreichend. Kommt ein einheitlicher Wahlvorschlag nicht zustande, so wird nach den Grundsätzen der Verhältniswahl in einem Wahlgang abgestimmt. Dabei sind die Wahlstellen auf die Wahlvorschläge der Fraktionen und Gruppen des Kreistages entsprechend dem Verhältnis der Stimmenzahlen, die auf die einzelnen Wahlvorschläge entfallen, zur Gesamtzahl der abgegebenen gültigen Stimmen zu verteilen. Jedem Wahlvorschlag werden zunächst so viele Sitze zugeteilt, wie sich für ihn ganze Zahlen ergeben. Sind danach noch Sitze zu vergeben, so sind sie in der Reihenfolge der höchsten Zahlenbruchteile zuzuteilen. Bei gleichen Zahlenbruchteilen entscheidet das Los. Scheidet jemand vorzeitig aus dem Ausschuß aus, wählen die Kreistagsmitglieder auf Vorschlag der Fraktion oder Gruppe, welcher das ausgeschiedene Mitglied bei seiner Wahl angehörte, einen Nachfolger.

(4) Hat der Kreistag zwei oder mehr Vertreter oder Mitglieder im Sinne des § 26 Abs. 5 und 6 zu bestellen oder vorzuschlagen, die nicht hauptberuflich tätig sind, ist das Verfahren nach Absatz 3 entsprechend anzuwenden. Dies gilt ebenso,

wenn zwei oder mehr Personen vorzeitig aus dem Gremium ausgeschieden sind, für das sie bestellt oder vorgeschlagen worden waren und für diese mehrere Nachfolger zu wählen sind. Scheidet eine Person vorzeitig aus dem Gremium aus, für das sie bestellt oder vorgeschlagen war, wählt der Kreistag den Nachfolger für die restliche Zeit nach Absatz 2.

(5) Bei Beschlüssen und Wahlen zählen Stimmenthaltungen und ungültige Stimmen zur Feststellung der Beschlußfähigkeit, nicht aber zur Berechnung der Mehrheit mit.

(6) Ein Mitglied, in dessen Person ein Ausschließungsgrund nach § 31 Gemeindeordnung besteht, kann an der Beratung und Abstimmung nicht teilnehmen.

§ 36 Ordnung in den Sitzungen

(1) Der Landrat leitet die Verhandlungen, eröffnet und schließt die Sitzungen, sorgt für die Aufrechterhaltung der Ordnung und übt das Hausrecht aus.

(2) In der Geschäftsordnung kann bestimmt werden, in welchen Fällen durch Beschluß des Kreistags einem Kreistagsmitglied bei Verstößen gegen die Ordnung die auf den Sitzungstag entfallenden Entschädigungen ganz oder teilweise entzogen werden und es für eine oder mehrere Sitzungen ausgeschlossen wird.

(3) Enthält die Geschäftsordnung eine Bestimmung gemäß Absatz 2, so kann der Landrat, falls er es für erforderlich hält, den sofortigen Ausschluß des Kreistagsmitglieds aus der Sitzung verhängen und durchführen. Der Kreistag beschließt in der nächsten Sitzung über die Berechtigung dieser Maßnahme.

§ 37[28, 48] Niederschrift der Kreistagsbeschlüsse

(1) Über die im Kreistag gefaßten Beschlüsse ist eine Niederschrift aufzunehmen. Diese wird vom Landrat und einem vom Kreistag zu bestellenden Schriftführer unterzeichnet.

(2) Der wesentliche Inhalt der Beschlüsse soll in öffentlicher Sitzung oder in anderer geeigneter Weise der Öffentlichkeit zugänglich gemacht werden, soweit nicht im Einzelfall etwas anderes beschlossen wird.

§ 38[17] Behandlung der Kreistagsbeschlüsse

(1) Beschlüsse, die die Durchführung der Geschäftsordnung betreffen, führt der Landrat aus. Wenn er persönlich beteiligt ist, handelt der Stellvertreter.

(2) Beschlüsse, die die Geltendmachung von Ansprüchen des Kreises gegen den Landrat oder die Amtsführung des Landrates betreffen, führt der allgemeine Vertreter aus.

§ 39 Widerspruch und Beanstandung

(1) Der Landrat kann einem Beschluß des Kreistags spätestens am dritten Tage nach der Beschlußfassung unter schriftlicher Begründung widersprechen, wenn er der Auffassung ist, daß der Beschluß das Wohl des Kreises gefährdet. Der Widerspruch hat aufschiebende Wirkung. Über die Angelegenheit ist in einer neuen Sitzung des Kreistags, die frühestens am dritten Tage und spätestens vier Wochen nach dem Widerspruch stattzufinden hat, erneut zu beschließen. Ein weiterer Widerspruch ist unzulässig.

(2) Verletzt ein Beschluß des Kreistags das geltende Recht, so hat der Landrat den Beschluß zu beanstanden. Die Beanstandung ist dem Kreistag mit Begründung schriftlich mitzuteilen. Sie hat aufschiebende Wirkung. Verbleibt der Kreistag bei seinem Beschluß, so hat der Landrat unverzüglich die Entschei-

dung der Aufsichtsbehörde einzuholen. Die aufschiebende Wirkung bleibt bestehen.

(3) Die Verletzung eines Mitwirkungsverbots nach § 28 Abs. 2 Satz 1 in Verbindung mit § 31 der Gemeindeordnung kann gegen einen Beschluß des Kreistags oder eines Ausschusses, dem eine Angelegenheit zur Entscheidung übertragen ist, nach Ablauf eines Jahres seit der Beschlußfassung oder, wenn eine öffentliche Bekanntmachung erforderlich ist, ein Jahr nach dieser nicht mehr geltend gemacht werden, es sei denn, daß der Landrat den Beschluß vorher beanstandet hat oder die Verletzung des Mitwirkungsverbots vorher gegenüber dem Kreis gerügt und dabei die Tatsache bezeichnet worden ist, die die Verletzung ergibt.

(4) Verletzt der Beschluss eines Ausschusses, dem eine Angelegenheit zur Entscheidung übertragen ist, das geltende Recht, so findet Absatz 2 Satz 1 bis 3 entsprechende Anwendung. Verbleibt der Ausschuss bei seinem Beschluss, so hat der Kreistag über die Angelegenheit zu beschließen.

§ 40[24, 46] Fraktionen

(1) Fraktionen sind freiwillige Vereinigungen von Kreistagsmitgliedern, die sich auf der Grundlage grundsätzlicher politischer Übereinstimmung zu möglichst gleichgerichtetem Wirken zusammengeschlossen haben. Eine Fraktion besteht aus mindestens zwei Kreistagsmitgliedern. In Kreistagen mit mehr als 50 Kreistagsmitgliedern muss eine Kreistagsfraktion aus mindestens drei Mitgliedern und bei mehr als 74 Kreistagsmitgliedern aus mindestens vier Mitgliedern bestehen.

(2) Die Fraktionen wirken bei der Willensbildung und Entscheidungsfindung in der Vertretung mit; sie können insoweit ihre Auffassung öffentlich darstellen. Ihre innere Ordnung muß demokratischen und rechtsstaatlichen Grundsätzen entspre-

chen. Sie geben sich ein Statut, in dem das Abstimmungsverfahren, die Aufnahme und der Ausschluß aus der Fraktion geregelt werden.

(3) Der Kreis gewährt den Fraktionen und Gruppen aus Haushaltsmitteln Zuwendungen zu den sächlichen und personellen Aufwendungen für die Geschäftsführung. Die Zuwendungen an die Fraktionen und Gruppen sind in einer besonderen Anlage zum Haushaltsplan darzustellen. Über die Verwendung der Zuwendungen ist ein Nachweis in einfacher Form zu führen, der unmittelbar dem Landrat zuzuleiten ist.

Eine Gruppe erhält mindestens 90 Prozent einer proportionalen Ausstattung, die dem Verhältnis ihrer Mitgliederzahl zu der sich nach Absatz 1 Satz 2 und 3 ergebenden Mindestgröße einer Kreistagsfraktion entspricht. Maßstab für die Berechnung der proportionalen Ausstattung sind diejenigen Zuwendungen, welche die kleinste Kreistagsfraktion nach Absatz 1 Satz 2 und 3 erhält oder erhalten würde. Die Höhe der proportionalen Ausstattung ergibt sich rechnerisch, indem die Zahl der Gruppenmitglieder durch die Zahl der Mitglieder der kleinstmöglichen Fraktion dividiert wird.

Einem Kreistagsmitglied, das keiner Fraktion oder Gruppe angehört, stellt der Kreis in angemessenem Umfang Sachmittel und Kommunikationsmittel zum Zwecke seiner Vorbereitung auf die Kreistagssitzung zur Verfügung. Der Kreistag kann stattdessen beschließen, dass ein Kreistagsmitglied aus Haushaltsmitteln finanzielle Zuwendungen erhält, die die Hälfte des Betrages nicht übersteigen dürfen, die eine Gruppe mit zwei Mitgliedern im Kreistag erhielte. In diesem Fall ist nach den Sätzen 2 und 3 zu verfahren.

(4) Ein hauptberuflich tätiger Mitarbeiter der Fraktion kann Kreistagsmitglied sein. Nähere Einzelheiten über die Bildung der Fraktionen, ihre Rechte und Pflichten sowie den Umgang

mit personenbezogenen Daten regelt die Geschäftsordnung. Die Geschäftsordnung bestimmt auch, ob eine Fraktion ein Kreistagsmitglied, das keiner Fraktion angehört, als Hospitant aufnehmen kann. Bei der Festsetzung der Mindeststärke einer Fraktion zählen Hospitanten nicht mit.

(5) Soweit personenbezogene Daten an Kreistagsmitglieder übermittelt werden dürfen, ist ihre Übermittlung auch an Mitarbeiter einer Fraktion oder Gruppe oder eines einzelnen Kreistagsmitgliedes nach Absatz 3 Satz 4 zulässig, wenn diese zur Verschwiegenheit verpflichtet sind.

§ 41[24] Bildung von Ausschüssen

(1) Der Kreistag kann Ausschüsse bilden. In jedem Kreis muss ein Hauptausschuss und ein Rechnungsprüfungsausschuss gebildet werden.

(2) Der Kreistag kann für die Arbeit der Ausschüsse allgemeine Richtlinien aufstellen.

(3) Der Kreistag regelt mit der Mehrheit der Stimmen der Kreistagsmitglieder die Zusammensetzung der Ausschüsse und ihre Befugnisse. Soweit er stellvertretende Ausschußmitglieder bestellt, ist die Reihenfolge der Vertretung zu regeln. Der Landrat hat das Recht, mit beratender Stimme an den Sitzungen der Ausschüsse teilzunehmen; ihm ist auf Verlangen jederzeit das Wort zu erteilen. An nichtöffentlichen Sitzungen eines Ausschusses können die stellvertretenden Ausschußmitglieder sowie alle Kreistagsmitglieder als Zuhörer teilnehmen, ebenso die Mitglieder anderer Ausschüsse, soweit deren Aufgabenbereich durch den Beratungsgegenstand berührt wird. Die Teilnahme als Zuhörer begründet keinen Anspruch auf Ersatz des Verdienstausfalls und auf Zahlung von Sitzungsgeld; § 30 Absatz 5 Nummer 3 bleibt unberührt. Wird in einer Ausschußsitzung ein Antrag beraten, den ein Kreistagsmitglied gestellt

hat, das dem Ausschuß nicht angehört, so kann es sich an der Beratung beteiligen. Fraktionen, die in einem Ausschuß nicht vertreten sind, sind berechtigt, für diesen Ausschuß ein Kreistagsmitglied oder einen sachkundigen Bürger, der dem Kreistag angehören kann, zu benennen. Das benannte Kreistagsmitglied oder der benannte sachkundige Bürger wird vom Kreistag zum Mitglied des Ausschusses bestellt. Sie wirken in dem Ausschuß mit beratender Stimme mit. Bei der Zusammensetzung und der Berechnung der Beschlußfähigkeit des Ausschusses werden sie nicht mitgezählt. Ein Kreistagsmitglied hat das Recht, mindestens einem der Ausschüsse als Mitglied mit beratender Stimme anzugehören. Die Sätze 8 und 10 gelten entsprechend.

(4) Auf die Ausschußmitglieder und das Verfahren in den Ausschüssen finden die für den Kreistag geltenden Vorschriften entsprechende Anwendung. Der Ausschußvorsitzende setzt die Tagesordnung im Benehmen mit dem Landrat fest. Auf Verlangen des Landrates ist der Ausschussvorsitzende verpflichtet, einen Gegenstand in die Tagesordnung aufzunehmen. Der Ausschussvorsitzende ist in gleicher Weise verpflichtet, wenn eine Fraktion dies beantragt. Abweichend von § 33 Abs. 1 Satz 4 brauchen Zeit und Ort der Ausschußsitzung sowie die Tagesordnung nicht öffentlich bekanntgemacht zu werden; der Landrat soll die Öffentlichkeit hierüber vorher in geeigneter Weise unterrichten.

(5) Zu Mitgliedern der Ausschüsse können neben Kreistagsmitgliedern auch sachkundige Bürger der kreisangehörigen Gemeinden, die dem Kreistag angehören können, bestellt werden. Zur Übernahme der Tätigkeit als sachkundiger Bürger ist niemand verpflichtet. Die Zahl der sachkundigen Bürger darf die der Kreistagsmitglieder in den einzelnen Ausschüssen nicht erreichen. Gesetzliche Bestimmungen über eine

andere Zusammensetzung bestimmter Ausschüsse bleiben unberührt. Die Ausschüsse sind nur beschlußfähig, wenn die Zahl der anwesenden Kreistagsmitglieder die Zahl der anwesenden sachkundigen Bürger übersteigt; sie gelten auch insoweit als beschlußfähig, solange ihre Beschlußunfähigkeit nicht festgestellt ist. Die Ausschüsse können Vertreter derjenigen Bevölkerungsgruppen, die von ihrer Entscheidung vorwiegend betroffen werden und Sachverständige zu den Beratungen hinzuziehen.

(6) Als Mitglieder mit beratender Stimme können den Ausschüssen volljährige sachkundige Einwohner angehören, die in entsprechender Anwendung des § 35 Abs. 3 zu wählen sind. Im übrigen gilt Absatz 5 Satz 1 und 2 entsprechend.

(7) Haben sich die Fraktionen über die Verteilung der Ausschußvorsitze geeinigt und wird dieser Einigung nicht von einem Fünftel der Kreistagsmitglieder widersprochen, so bestimmen die Fraktionen die Ausschußvorsitzenden aus der Mitte der den Ausschüssen angehörenden stimmberechtigten Kreistagsmitglieder. Soweit eine Einigung nicht zustande kommt, werden den Fraktionen die Ausschußvorsitze in der Reihenfolge der Höchstzahlen zugeteilt, die sich durch Teilung der Mitgliederzahlen der Fraktionen durch 1, 2, 3 usw. ergeben; mehrere Fraktionen können sich zusammenschließen. Bei gleichen Höchstzahlen entscheidet das Los, das der Landrat zu ziehen hat. Die Fraktionen benennen die Ausschüsse, deren Vorsitz sie beanspruchen, in der Reihenfolge der Höchstzahlen und bestimmen die Vorsitzenden. Scheidet ein Ausschußvorsitzender während der Wahlperiode aus, bestimmt die Fraktion, der er angehört, ein Kreistagsmitglied zum Nachfolger. Die Sätze 1 bis 5 gelten für stellvertretende Vorsitzende entsprechend.

(8) Werden Ausschüsse während der Wahlperiode neu gebildet, aufgelöst oder ihre Aufgabe wesentlich verändert, ist das Verfahren nach Absatz 7 zu wiederholen.

(9) Über die Beschlüsse der Ausschüsse ist eine Niederschrift aufzunehmen. Diese ist dem Landrat und den Ausschußmitgliedern zuzuleiten.

§ 41a Hauptausschuss

(1) Der Hauptausschuss hat die Arbeiten aller Ausschüsse aufeinander abzustimmen.

(2) Im Rahmen der vom Kreistag festgelegten allgemeinen Richtlinien entscheidet der Hauptausschuss über die Planung der Verwaltungsaufgaben von besonderer Bedeutung. Zu diesem Zweck hat der Landrat den Hauptausschuss regelmäßig und frühzeitig über solche Planungsvorhaben zu unterrichten.

(3) Dem Hauptausschuss können nur Kreistagsmitglieder angehören. Den Vorsitz im Hauptausschuss führt der Landrat. Er hat Stimmrecht im Hauptausschuss. Der Hauptausschuss wählt aus seiner Mitte einen oder mehrere Vertreter des Vorsitzenden.

§ 41b Dringliche Entscheidungen

(1) Der Hauptausschuss entscheidet in Angelegenheiten, die der Beschlussfassung des Kreistags unterliegen, falls eine Einberufung des Kreistags nicht rechtzeitig möglich ist. Ist auch die Einberufung des Hauptausschusses nicht rechtzeitig möglich und kann die Entscheidung nicht aufgeschoben werden, weil sonst erhebliche Nachteile oder Gefahren entstehen können, kann der Landrat, im Falle seiner Verhinderung der allgemeine Vertreter, mit einem Kreistagsmitglied entscheiden. Diese Entscheidungen sind dem Kreistag in der nächsten Sitzung zur Genehmigung vorzulegen. Er kann die Dringlichkeits-

entscheidung aufheben, soweit nicht schon Rechte anderer durch die Ausführung des Beschlusses entstanden sind.

(2) Ist die Einberufung eines Ausschusses, dem eine Angelegenheit zur Entscheidung übertragen ist, nicht rechtzeitig möglich, kann der Landrat, im Falle seiner Verhinderung der allgemeine Vertreter, mit dem Ausschussvorsitzenden oder einem anderen dem Ausschuss angehörenden Kreistagsmitglied entscheiden. Die Entscheidung ist dem Ausschuss in der nächsten Sitzung zur Genehmigung vorzulegen. Absatz 1 Satz 4 gilt entsprechend.

5. Teil
Landrat

§ 42 Aufgaben und Stellung des Landrats

(1) Der Landrat ist kommunaler Wahlbeamter. Der Landrat ist verantwortlich für die Leitung und Beaufsichtigung des Geschäftsgangs der gesamten Verwaltung. Er leitet und verteilt die Geschäfte. Dabei kann er sich bestimmte Aufgaben vorbehalten und die Bearbeitung einzelner Angelegenheiten selbst übernehmen.

(2) Der Landrat bereitet die Beschlüsse des Kreistags und der Ausschüsse vor. Er führt diese Beschlüsse und Entscheidungen nach § 41b Absatz 1 Satz 2 und Absatz 2 Satz 1 sowie Weisungen, die im Rahmen des § 2 Absatz 2 Satz 3 und des § 64 ergehen, unter der Kontrolle des Kreistags und in Verantwortung ihm gegenüber durch. Der Landrat entscheidet ferner in Angelegenheiten, die ihm vom Kreistag oder von den Ausschüssen zur Entscheidung übertragen sind.

(3) Dem Landrat obliegt die Erledigung aller Aufgaben, die ihm aufgrund gesetzlicher Vorschriften übertragen sind.

(4) Der Landrat hat den Kreistag über alle wichtigen Angelegenheiten der Kreisverwaltung zu unterrichten.

(5) Unbeschadet der dem Kreistag und seinen Ausschüssen zustehenden Entscheidungsbefugnisse ist der Landrat der gesetzliche Vertreter des Kreises in Rechts- und Verwaltungsgeschäften. § 26 Absatz 5 und 6, §§ 43, 52 Absatz 3 bleiben unberührt.

§ 43[24, 46] Abgabe von Erklärungen

(1) Erklärungen, durch welche der Kreis verpflichtet werden soll, bedürfen der Schriftform. Sie sind vom Landrat oder seinem allgemeinen Vertreter zu unterzeichnen, soweit nicht dieses Gesetz etwas anderes bestimmt.

(2) Absatz 1 gilt nicht für Geschäfte der laufenden Verwaltung.

(3) Geschäfte, die ein für ein bestimmtes Geschäft oder einen Kreis von Geschäften ausdrücklich Bevollmächtigter abschließt, bedürfen nicht der Form des Absatzes 1, wenn die Vollmacht in der Form dieses Absatzes erteilt ist.

(4) Erklärungen, die nicht den Formvorschriften dieses Gesetzes entsprechen, binden den Kreis nicht.

§ 44[3, 29, 47] Wahl des Landrats

(1) Der Landrat wird von den Bürgern der kreisangehörigen Gemeinden in allgemeiner, unmittelbarer, freier, gleicher und geheimer Wahl auf die Dauer von fünf Jahren nach den Grundsätzen der Mehrheitswahl zugleich mit dem Kreistag gewählt. Scheidet der Landrat durch Tod, Eintritt in den Ruhestand oder aus sonstigen Gründen vor Ablauf seiner Amtszeit aus dem Amt aus oder ist die Wahl eines Landrats aus anderen Gründen während der Wahlperiode des Kreistages erforderlich, so findet die Wahl des Nachfolgers spätestens sechs Monate nach

Ausscheiden des Landrats aus dem Amt statt. Die näheren Vorschriften trifft das Kommunalwahlgesetz.

(2) Wählbar ist, wer am Wahltag Deutscher im Sinne von Artikel 116 Abs. 1 des Grundgesetzes ist oder wer die Staatsangehörigkeit eines Mitgliedstaates der Europäischen Union besitzt und eine Wohnung in der Bundesrepublik Deutschland innehat, das 23. Lebensjahr vollendet hat und nicht vom Wahlrecht ausgeschlossen ist sowie die Gewähr dafür bietet, daß er jederzeit für die freiheitlich demokratische Grundordnung im Sinne des Grundgesetzes eintritt. Nicht wählbar ist, wer am Wahltag infolge Richterspruchs in der Bundesrepublik Deutschland die Wählbarkeit oder die Fähigkeit zur Bekleidung öffentlicher Ämter nicht besitzt.

(3) Für die dienstrechtliche Stellung gelten die beamtenrechtlichen Vorschriften.

(4) Endet das Beamtenverhältnis des Landrates vor Ablauf seiner Amtszeit, wird der Nachfolger bis zum Ende der nächsten Wahlperiode des Kreistages gewählt, es sei denn, die Amtszeit des Nachfolgers beginnt innerhalb der ersten zwei Jahre der Wahlperiode des Kreistages. In diesem Fall endet sie mit dem Ende der laufenden Wahlperiode.

(5) Eine Wahl findet nach Ablauf des 51. Monats nach der allgemeinen Kommunalwahl nicht mehr statt.

§ 45[19] Abwahl des Landrats

(1) Der Landrat kann von den Bürgern der kreisangehörigen Gemeinden vor Ablauf seiner Amtszeit abgewählt werden. Zur Einleitung des Abwahlverfahrens bedarf es

1. eines von mindestens der Hälfte der gesetzlichen Zahl der Kreistagsmitglieder gestellten Antrags und eines mit einer Mehrheit von zwei Dritteln der gesetzlichen Zahl der Kreistagsmitglieder zu fassenden Beschlusses. Zwischen dem

Eingang des Antrags und dem Beschluss des Kreistags muss eine Frist von mindestens zwei Wochen liegen. Über den Antrag auf Einleitung des Abwahlverfahrens ist ohne Aussprache namentlich abzustimmen;
oder

2. eines von mindestens 15 Prozent der wahlberechtigten Bürger der kreisangehörigen Gemeinden gestellten Antrags.

Der Landrat ist abgewählt, wenn sich für die Abwahl eine Mehrheit der abgegebenen gültigen Stimmen der wahlberechtigten Bürger ergibt, sofern diese Mehrheit mindestens 25 Prozent der Wahlberechtigten beträgt. Für das weitere Verfahren gelten die Vorschriften des Kommunalwahlgesetzes entsprechend. Der Landrat scheidet mit dem Ablauf des Tages, an dem der Wahlausschuss die Abwahl feststellt, aus seinem Amt. Die Aufsichtsbehörde kann für die Dauer des Abwahlverfahrens das Ruhen der Amtsgeschäfte des Landrats anordnen, wenn zwei Drittel der gesetzlichen Zahl der Kreistagsmitglieder dies beantragen.

(2) Der Landrat kann binnen einer Woche

1. nach dem Beschluss gemäß Absatz 1 Satz 2 Nummer 1 oder

2. nach Feststellung der Zulässigkeit des Antrags nach Absatz 1 Satz 2 Nummer 2 durch den Kreistag

auf die Entscheidung der Bürger über seine Abwahl verzichten. Der Verzicht ist schriftlich gegenüber dem Stellvertreter zu erklären. Mit dem Ablauf des Tages, an dem dieser Verzicht dem Stellvertreter zugeht, gilt die Abwahl als erfolgt.

(3) Der Antrag nach Absatz 1 Satz 2 Nummer 2 ist schriftlich beim Kreistag einzureichen und muss das Begehren zweifelsfrei erkennen lassen. Er muss bis zu drei Bürger benennen, die berechtigt sind, die Unterzeichnenden zu vertreten. § 22 Absatz 4 gilt entsprechend. Die Unterzeichnenden müssen

an dem von ihnen anzugebenden Tag ihrer Unterschrift wahlberechtigt sein. Die Unterschriften dürfen bei Eingang des
Antrags nicht älter als vier Monate sein. Nach Antragseingang
eingereichte Unterschriftslisten werden nicht mehr berücksichtigt. Der Kreistag stellt unverzüglich fest, ob der Antrag zulässig
ist. Gegen die ablehnende Entscheidung des Kreistages können
nur die Vertreter des Antrags nach Satz 2 Klage erheben.

§ 46[24] Wahl der Stellvertreter des Landrats

(1) Der Kreistag wählt für die Dauer seiner Wahlperiode aus
seiner Mitte ohne Aussprache zwei Stellvertreter des Landrats. Er kann weitere Stellvertreter wählen. Sie vertreten den
Landrat bei der Leitung der Kreistagssitzungen und bei der
Repräsentation.

(2) Bei der Wahl der Stellvertreter des Landrats wird nach
den Grundsätzen der Verhältniswahl in einem Wahlgang
geheim abgestimmt. Dabei ist die Reihenfolge der Stellvertreter nach der Reihenfolge der Höchstzahlen zu verteilen,
die sich durch Teilung der auf die Wahlvorschläge der Fraktionen und Gruppen entfallenden Stimmenzahlen durch 1, 2, 3
usw. ergeben. Erster Stellvertreter ist, wer an erster Stelle
des Wahlvorschlags steht, auf den die erste Höchstzahl entfällt, zweiter Stellvertreter, wer an vorderster noch nicht in
Anspruch genommener Stelle des Wahlvorschlags steht, auf
den die zweite Höchstzahl entfällt, dritter Stellvertreter, wer
an vorderster noch nicht in Anspruch genommener Stelle des
Wahlvorschlags steht, auf den die dritte Höchstzahl entfällt
usw. Zwischen Wahlvorschlägen mit gleichen Höchstzahlen
findet eine Stichwahl statt; bei Stimmengleichheit entscheidet das vom Landrat zu ziehende Los. Nimmt ein gewählter
Bewerber die Wahl nicht an, so ist gewählt, wer an nächster
Stelle desselben Wahlvorschlags steht. Ist ein Wahlvorschlag

erschöpft, tritt an seine Stelle der Wahlvorschlag mit der nächsten Höchstzahl. Scheidet ein Stellvertreter während der Wahlperiode aus, ist der Nachfolger für den Rest der Wahlperiode ohne Aussprache in geheimer Abstimmung nach § 35 Abs. 2 zu wählen.

(3) Der Landrat wird vom Vorsitzenden (Stellvertreter oder Altersvorsitzender) in einer Sitzung des Kreistages vereidigt und in sein Amt eingeführt. Die Stellvertreter sowie die übrigen Kreistagsmitglieder werden von dem Landrat eingeführt und in feierlicher Form zur gesetzmäßigen und gewissenhaften Wahrnehmung ihrer Aufgaben verpflichtet.

(4) Der Kreistag kann die Stellvertreter des Landrats abberufen. Der Antrag kann nur von der Mehrheit der gesetzlichen Zahl der Mitglieder gestellt werden. Zwischen dem Eingang des Antrags und der Sitzung des Kreistags muß eine Frist von wenigstens zwei Tagen liegen. Über den Antrag ist ohne Aussprache abzustimmen. Der Beschluß über die Abberufung bedarf einer Mehrheit von zwei Dritteln der gesetzlichen Zahl der Mitglieder. Der Nachfolger ist innerhalb einer Frist von zwei Wochen ohne Aussprache in geheimer Abstimmung nach § 35 Abs. 2 zu wählen.

(5) Wenn der Landrat verhindert ist, leitet der Altersvorsitzende die Sitzung bei der Wahl der Stellvertreter des Landrats sowie bei Entscheidungen, die vorher getroffen werden müssen. Dies gilt auch für die Abberufung der Stellvertreter des Landrates.

§ 47 Bestellung des allgemeinen Vertreters

(1) Der Kreistag bestellt einen Beigeordneten zum allgemeinen Vertreter des Landrats. Die übrigen Beigeordneten sind zur allgemeinen Vertretung des Landrats nur berufen, wenn der zur allgemeinen Vertretung bestellte Beigeordnete verhindert ist.

Die Reihenfolge bestimmt der Kreistag. Ist ein Beigeordneter nicht vorhanden, so bestellt der Kreistag den allgemeinen Vertreter. Die Bestellung bedarf der Bestätigung der Bezirksregierung.

(2) Die Beigeordneten vertreten den Landrat in ihrem Arbeitsgebiet.

(3) Der Landrat kann andere Bedienstete mit der auftragsweisen Erledigung bestimmter Angelegenheiten betrauen. Er kann die Befugnis auf Beigeordnete für deren Arbeitsgebiet übertragen.

(4) Die Kreise sollen einen Beigeordneten oder einen Beamten des Kreises zum Kämmerer bestellen.

§ 48 Teilnahme an Sitzungen

(1) Der Landrat und die Beigeordneten nehmen an den Sitzungen des Kreistags teil. Der Landrat ist berechtigt und auf Verlangen eines Fünftels der Kreistagsmitglieder oder einer Fraktion verpflichtet, zu einem Punkt der Tagesordnung vor dem Kreistag Stellung zu nehmen. Auch Beigeordnete sind hierzu verpflichtet, falls es der Kreistag oder der Landrat verlangt.

(2) Der Landrat und die Beigeordneten sind berechtigt und auf Verlangen eines Ausschusses in Angelegenheiten ihres Geschäftsbereichs verpflichtet, an dessen Sitzungen teilzunehmen. Absatz 1 Satz 2 gilt entsprechend.

6. Teil
Verwaltungsvorstand und Kreisbedienstete

§ 49 Verwaltungsvorstand

(1) Sind Beigeordnete bestellt, bilden sie zusammen mit dem Landrat und Kämmerer den Verwaltungsvorstand. Der Landrat führt den Vorsitz.

(2) Der Verwaltungsvorstand wirkt insbesondere mit bei

1. den Grundsätzen der Organisation und der Verwaltungsführung,
2. der Planung von Verwaltungsaufgaben mit besonderer Bedeutung,
3. der Aufstellung des Haushaltsplans, unbeschadet der Rechte des Kämmerers,
4. den Grundsätzen der Personalführung und Personalverwaltung und
5. der Konzeption der Kosten- und Leistungsrechnung.

(3) Der Landrat ist verpflichtet, zur Erhaltung der Einheitlichkeit der Verwaltungsführung regelmäßig den Verwaltungsvorstand zur gemeinsamen Beratung einzuberufen. Die Mitglieder des Verwaltungsvorstandes sind verpflichtet, sich im Interesse der Einheitlichkeit der Verwaltungsführung gegenseitig zu unterrichten und zu beraten.

(4) Bei Meinungsverschiedenheiten entscheidet der Landrat. Die Beigeordneten sind berechtigt, ihre abweichenden Meinungen in Angelegenheiten ihres Geschäftsbereichs dem Hauptausschuss vorzutragen. Dieses haben sie dem Landrat vorab mitzuteilen.

§ 50 Wahl der Beigeordneten

(1) Die Zahl der Beigeordneten wird durch die Hauptsatzung festgelegt. Die Beigeordneten sind kommunale Wahlbeamte. Sie werden vom Kreistag für die Dauer von acht Jahren gewählt.

(2) Die Wahl oder Wiederwahl darf frühestens sechs Monate vor Freiwerden der Stelle erfolgen. Die Stellen der Beigeordneten sind auszuschreiben, bei Wiederwahl kann hiervon abgesehen werden.

(3) Die Beigeordneten müssen die für ihr Amt erforderlichen fachlichen Voraussetzungen erfüllen und eine ausreichende Erfahrung für dieses Amt nachweisen. Mindestens einer der Beigeordneten muss die Befähigung zum Richteramt oder zum höheren Verwaltungsdienst besitzen.

(4) Die Beigeordneten dürfen untereinander nicht Angehörige sein.

(5) Die Beigeordneten sind verpflichtet, eine erste und zweite Wiederwahl anzunehmen, wenn sie spätestens drei Monate vor Ablauf der Amtszeit wiedergewählt werden. Lehnt ein Beigeordneter die Weiterführung des Amtes ohne wichtigen Grund ab, so ist er mit Ablauf der Amtszeit zu entlassen. Ob ein wichtiger Grund vorliegt, entscheidet der Kreistag. Ein wichtiger Grund liegt vor, wenn die Anstellungsbedingungen gegenüber denen der davor liegenden Amtszeit verschlechtert werden.

(6) Die Beigeordneten werden vom Landrat vereidigt.

(7) Der Kreistag kann Beigeordnete abberufen. Der Antrag kann nur von der Mehrheit der gesetzlichen Zahl der Mitglieder gestellt werden. Zwischen dem Eingang des Antrags und der Sitzung des Kreistags muss eine Frist von mindestens sechs Wochen liegen. Über den Antrag ist ohne Aussprache abzustimmen. Der Beschluss über die Abberufung bedarf einer Mehrheit von zwei Dritteln der gesetzlichen Zahl der Mitglieder. Ein Nachfolger ist innerhalb einer Frist von sechs Monaten zu wählen.

§ 51 Geschäftsverteilung und Dienstaufsicht

(1) Der Kreistag kann die Geschäftskreise der Beigeordneten im Einvernehmen mit dem Landrat festlegen. Kommt ein Einvernehmen nicht zu Stande, kann der Kreistag den Geschäftskreis der Beigeordneten mit der Mehrheit der gesetzlichen Zahl der Kreistagsmitglieder festlegen. Bei Entscheidungen des Kreistags nach Satz 1 und 2 stimmt der Landrat nicht mit. Erfolgt keine Entscheidung nach Satz 1 oder 2 gilt § 42 Absatz 1 Satz 3 und 4.

(2) Ausgenommen von Absatz 1 bleiben die dem Landrat vorbehaltenen Aufgaben als Kreispolizeibehörde, als Teil des Schulamts sowie als untere staatliche Verwaltungsbehörde, soweit er in dieser Funktion die allgemeine Aufsicht über die kreisangehörigen Gemeinden führt. Andere dem Landrat als untere staatliche Verwaltungsbehörde vorbehaltene Aufgaben können den Geschäftskreisen der Beigeordneten zugewiesen werden. Das Weisungsrecht des Landrats bleibt insoweit uneingeschränkt.

(3) Der Landrat ist Dienstvorgesetzter der Bediensteten des Kreises.

(4) Der Landrat trifft die dienstrechtlichen und arbeitsrechtlichen Entscheidungen, soweit gesetzlich nichts anderes bestimmt ist. Die Hauptsatzung kann bestimmen, dass für Bedienstete in Führungsfunktionen Entscheidungen, die das beamtenrechtliche Grundverhältnis oder das Arbeitsverhältnis eines Bediensteten zum Kreis verändern, durch den Kreistag oder den Hauptausschuss im Einvernehmen mit dem Landrat zu treffen sind, soweit gesetzlich nichts anderes bestimmt ist. Kommt ein Einvernehmen nicht zu Stande, kann der Kreistag die Entscheidung mit einer Mehrheit von zwei Dritteln der gesetzlichen Zahl der Kreistagsmitglieder treffen. Bei Entscheidungen des Kreistages nach Satz 2 und 3 stimmt der Land-

rat nicht mit. Erfolgt keine Entscheidung nach Satz 2 oder 3, gilt Satz 1. Bedienstete in Führungsfunktionen sind Leiter von Organisationseinheiten, die dem Landrat oder einem anderen Wahlbeamten oder diesem in der Führungsfunktion vergleichbaren Bediensteten unmittelbar unterstehen, mit Ausnahme von Bediensteten mit Aufgaben eines persönlichen Referenten oder Pressereferenten.

§ 52 Bedienstete des Kreises

(1) Die Bediensteten des Kreises müssen die für ihren Arbeitsbereich erforderlichen fachlichen Voraussetzungen erfüllen, insbesondere die Ablegung der vorgeschriebenen Prüfungen nachweisen.

(2) Der Stellenplan ist einzuhalten. Abweichungen sind nur zulässig, soweit sie aufgrund des Besoldungs- oder Tarifrechts zwingend erforderlich sind.

(3) Die nach geltendem Recht auszustellenden Urkunden für Beamte sowie Arbeitsverträge und sonstige schriftliche Erklärungen zur Regelung der Rechtsverhältnisse von Bediensteten bedürfen der Unterzeichnung durch den Landrat oder seinen allgemeinen Vertreter. Der Landrat kann die Unterschriftsbefugnis durch Dienstanweisung übertragen.

7. Teil
Haushaltswirtschaft,
wirtschaftliche und nichtwirtschaftliche Betätigung

§ 53[11] Haushaltswirtschaft und Prüfung

(1) Für die Haushalts- und Wirtschaftsführung gelten, soweit nicht nachstehend eine andere Regelung getroffen ist, die

Vorschriften des 8. bis 12. Teils der Gemeindeordnung und die dazu erlassenen Rechtsverordnungen entsprechend.

(2) Die überörtliche Prüfung des Kreises und seiner Sondervermögen ist Aufgabe der Gemeindeprüfungsanstalt.

(3) Jeder Kreis muss eine örtliche Rechnungsprüfung einrichten.

§ 54[13] Haushaltssatzung

Nach Zuleitung des Entwurfs der Haushaltssatzung mit ihren Anlagen an den Kreistag ist diese unverzüglich bekannt und während der Dauer des Beratungsverfahrens im Kreistag zur Einsichtnahme verfügbar zu machen. In der öffentlichen Bekanntgabe ist eine Frist von mindestens vierzehn Tagen festzulegen, in der Einwohner oder Abgabepflichtige der kreisangehörigen Gemeinden gegen den Entwurf Einwendungen erheben können und die Stelle anzugeben, bei der die Einwendungen zu erheben sind. Die Frist für die Erhebung von Einwendungen ist so festzusetzen, dass der Kreistag vor der Beschlussfassung über die Haushaltssatzung mit ihren Anlagen in öffentlicher Sitzung darüber beschließen kann.

§ 55[22] Beteiligungsrechte der kreisangehörigen Gemeinden

(1) Die Festsetzung der Kreisumlage erfolgt im Benehmen mit den kreisangehörigen Gemeinden. Das Benehmen ist sechs Wochen vor Aufstellung des Entwurfes der Haushaltssatzung einzuleiten.

(2) Stellungnahmen der kreisangehörigen Gemeinden im Rahmen der Benehmensherstellung werden dem Kreistag mit der Zuleitung des Entwurfes der Haushaltssatzung mit ihren Anlagen zur Kenntnis gegeben. Den Gemeinden ist auf Wunsch Gelegenheit zur Anhörung zu geben. Über Einwendungen

der Gemeinden beschließt der Kreistag in öffentlicher Sitzung. Der Kreis teilt ihnen das Beratungsergebnis und dessen Begründung mit.

§ 56[9] Kreisumlage

(1) Soweit die sonstigen Erträge eines Kreises die entstehenden Aufwendungen nicht decken, ist eine Umlage nach den hierfür geltenden Vorschriften von den kreisangehörigen Gemeinden zu erheben (Kreisumlage). Ist die Haushaltssatzung des Kreises bei Beginn des Haushaltsjahres noch nicht bekannt gemacht, so darf die Kreisumlage ausschließlich nach dem Umlagesatz des Vorjahres auf Grundlage der dafür festgesetzten Umlagegrundlagen erhoben werden.

(2) Die Kreisumlage ist für jedes Haushaltsjahr neu festzusetzen. Die Festsetzung der Umlagesätze bedarf der Genehmigung der Aufsichtsbehörde. Die Genehmigung kann unter Bedingungen und mit Auflagen erteilt werden. Vor der Genehmigung gibt die Aufsichtsbehörde den kreisangehörigen Gemeinden Gelegenheit zur Stellungnahme.

(3) Der Umlagesatz kann einmal im Laufe des Haushaltsjahres geändert werden. Die Änderung des Umlagesatzes wirkt auf den Beginn des Haushaltsjahres zurück. Eine Erhöhung des Umlagesatzes der Kreisumlage ist nur zulässig, wenn unter Berücksichtigung des Rücksichtnahmegebotes nach § 9 Satz 2 alle anderen Möglichkeiten, den Kreishaushalt auszugleichen, ausgeschöpft sind. Im Falle einer Erhöhung des Umlagesatzes muss der Beschluss vor dem 30. Juni des Haushaltsjahres gefasst sein.

(4) Handelt es sich um Einrichtungen des Kreises, die ausschließlich, in besonders großem oder in besonders geringem Maße einzelnen Teilen des Kreises zustatten kommen, so muß der Kreistag eine ausschließliche Belastung oder eine nach dem

Umfang näher zu bestimmende Mehr oder Minderbelastung dieser Kreisteile beschließen. Absätze 2 und 3 gelten entsprechend. Soweit es sich um Einrichtungen des Kreises handelt, die dem öffentlichen Personennahverkehr oder dem öffentlichen Schienenverkehr dienen, kann der Kreistag von einem Beschluß nach Satz 1 absehen; Absatz 1 bleibt unberührt. Differenzen zwischen Plan und Ergebnis können im übernächsten Jahr ausgeglichen werden.

(5) Nimmt der Kreis die Aufgaben der Jugendhilfe wahr, so hat er bei der Kreisumlage für kreisangehörige Gemeinden ohne eigenes Jugendamt eine einheitliche ausschließliche Belastung in Höhe der ihm durch die Aufgabe des Jugendamtes verursachten Aufwendungen festzusetzen; dies gilt auch für die Aufwendungen, die dem Kreis durch Einrichtungen der Jugendhilfe für diese Gemeinden entstehen. Differenzen zwischen Plan und Ergebnis können im übernächsten Jahr ausgeglichen werden.

(6) Der Kreis kann den infolge der Mitgliedschaft in einem Zweckverband auf Grund Regionalisierungsgesetzes NW. in einem Verkehrsverbund oder in einer Verkehrsgemeinschaft von ihm aufzubringenden Umlagebetrag in entsprechender Anwendung des Absatzes 4 auf die kreisangehörigen Gemeinden umlegen.

§ 56a[44] Ausgleichsrücklage

In der Bilanz ist eine Ausgleichsrücklage zusätzlich zur allgemeinen Rücklage als gesonderter Posten des Eigenkapitals anzusetzen. Der Ausgleichsrücklage können Jahresüberschüsse durch Beschluss des Kreistages zugeführt werden, soweit ihr Bestand nicht den Höchstbetrag von einem Drittel des Eigenkapitals erreicht hat.

§ 56b[23] Haushaltssicherungskonzept

(1) Der Kreis hat zur Sicherung seiner dauerhaften Leistungsfähigkeit ein Haushaltssicherungskonzept aufzustellen und darin den nächstmöglichen Zeitpunkt zu bestimmen, bis zu dem der Haushaltsausgleich wieder hergestellt ist. § 76 der Gemeindeordnung gilt entsprechend.

(2) Ist der Kreis überschuldet oder steht die Überschuldung innerhalb der mittelfristigen Finanzplanung bevor, so kann das Haushaltssicherungskonzept nur genehmigt werden, wenn sowohl der Haushaltsausgleich als auch die Beseitigung der Überschuldung innerhalb der Frist des § 76 Absatz 2 Satz 3 der Gemeindeordnung dargestellt wird.

§ 56c[23] Sonderumlage

Der Kreis kann eine Sonderumlage erheben, sofern im Jahresabschluss eine Inanspruchnahme des Eigenkapitals erfolgt ist. Eine Sonderumlage ist zu erheben, sofern eine Überschuldung nach § 75 Absatz 7 der Gemeindeordnung eingetreten ist. Die Sonderumlage ist nach der Inanspruchnahme der Ausgleichsrücklage und der allgemeinen Rücklage und unter Beachtung des Rücksichtnahmegebots nach § 9 Satz 2 zu bestimmen. Sie kann in Teilbeträgen festgesetzt und erhoben werden. § 55 Absatz 1 und 2 sowie § 56 Absatz 2 und 3 finden entsprechende Anwendung.

8. Teil
Aufsicht und staatliche Verwaltung im Kreis

§ 57[24] Aufsicht

(1) Aufsichtsbehörde des Kreises ist die Bezirksregierung, obere Aufsichtsbehörde das für Kommunales zuständige Ministerium

(allgemeine Aufsicht). Das für Kommunales zuständige Ministerium kann seine Befugnisse als obere Aufsichtsbehörde allgemein auf die Bezirksregierung übertragen. Die der obersten Aufsichtsbehörde gesetzlich übertragenen Befugnisse nimmt das für Kommunales zuständige Ministerium wahr.

(2) Soweit die Kreise ihre Aufgaben nach Weisung erfüllen (§ 2 Abs. 2 Satz 3) richtet sich die Aufsicht nach den hierzu erlassenen Gesetzen (Sonderaufsicht).

(3) Im übrigen gelten für die Aufsicht über die Kreise die Bestimmungen des 13. Teils der Gemeindeordnung entsprechend.

§ 58 Träger der staatlichen Verwaltung

(1) Die Aufgaben der unteren staatlichen Verwaltungsbehörde werden vom Landrat wahrgenommen.

(2) Aufgaben der unteren staatlichen Verwaltungsbehörde können durch Rechtsverordnung der Landesregierung den Bürgermeistern von kreisangehörigen Gemeinden zugewiesen werden.

§ 59[2] Der Landrat als untere staatliche Verwaltungsbehörde

(1) Der Landrat führt die allgemeine Aufsicht und die Sonderaufsicht über die kreisangehörigen Gemeinden sowie die Aufsicht über Körperschaften, Anstalten und Stiftungen, soweit Gesetze nichts anderes bestimmen.

(2) Ist an einer nach Absatz 1 zu treffenden Entscheidung der Kreis beteiligt, so entscheidet die Aufsichtsbehörde. Diese entscheidet auch darüber, ob ein solcher Fall vorliegt.

(3) Der Landrat nimmt die durch gesetzliche Vorschriften der unteren staatlichen Verwaltungsbehörde übertragenen Aufgaben wahr, soweit diese nicht anderen Stellen zugewiesen sind oder nach Gesetz oder Rechtsverordnung einer kollegialen Entscheidung bedürfen.

(4) Der Landrat hat darauf hinzuwirken, daß die im Kreis tätigen Landesbehörden in einer dem Gemeinwohl dienlichen Weise zusammenarbeiten.

§ 60 Verantwortung des Landrats

(1) Der Landrat hat bei der Wahrnehmung der Aufgaben der unteren staatlichen Verwaltungsbehörde die Richtlinien der Landesregierung zu beachten. Er hat über alle Vorgänge zu berichten, die für die Landesregierung von Bedeutung sind. Zu diesem Zweck kann er sich bei den staatlichen Verwaltungsbehörden in geeigneter Weise unterrichten; diese sind, soweit nicht gesetzliche Vorschriften entgegenstehen, zur Auskunft verpflichtet.

(2) Der Landrat untersteht der Dienstaufsicht der Bezirksregierung. Er ist in allen Angelegenheiten der unteren staatlichen Verwaltungsbehörde ausschließlich den ihm übergeordneten staatlichen Behörden verantwortlich.

§ 61 Dienstkräfte, Bereitstellung von Einrichtungen

(1) Die für die Erfüllung der Aufgaben der unteren staatlichen Verwaltungsbehörde erforderlichen Dienstkräfte und Einrichtungen sind von den Kreisen zur Verfügung zu stellen. Zur Unterstützung bei der Durchführung dieser Aufgaben können dem Landrat Landesbeamte zugeteilt werden. Diese können auch in der Selbstverwaltung des Kreises beschäftigt werden.

(2) Die vom Landrat als untere staatliche Verwaltungsbehörde festgesetzten Gebühren (einschließlich Auslagenersätze) fließen in die Kasse des Kreises.

§ 62 (weggefallen)

9. Teil
Übergangs- und Schlußvorschriften, Sondervorschriften

§ 63[2] Weiterentwicklung der kommunalen Selbstverwaltung (Experimentierklausel)
Für die Kreise findet § 129 der Gemeindeordnung entsprechende Anwendung.

§ 64 Auftragsangelegenheiten
Bis zum Erlaß neuer Vorschriften sind die den Kreisen zur Erfüllung nach Weisung übertragenen staatlichen Angelegenheiten (Auftragsangelegenheiten), unbeschadet des § 42 Absatz 2 Satz 2 und Absatz 3, nach den bisherigen Vorschriften durchzuführen.

§ 65[24] Durchführung des Gesetzes
Das für Kommunales zuständige Ministerium erläßt die zur Durchführung dieses Gesetzes erforderlichen Rechtsverordnungen. Es erläßt die erforderlichen Verwaltungsvorschriften.

§ 66[15] Inkrafttreten
Das Gesetz tritt am 17. Oktober 1994 in Kraft.

Zusatz:
(Artikel XI – § 3 – des Gesetzes zur Stärkung der kommunalen Selbstverwaltung – GO-Reformgesetz vom 9. Oktober 2007 (GV. NRW. S. 380))

§ 3 Übergangsregelung zu Artikel I, II und VII

(1) Die Änderungen der Gemeindeordnung in Artikel I Nr. 25 gelten nicht für Bürgermeister, die bei In-Kraft-Treten dieses Gesetzes im Amt sind, für die Dauer der laufenden Amtszeit.

(2) Die Änderungen der Kreisordnung in Artikel II Nr. 15 gelten nicht für Landräte, die bei In-Kraft-Treten dieses Gesetzes im Amt sind, für die Dauer der laufenden Amtszeit.

(3) Die Änderungen des Landesbeamtengesetzes in Artikel VII Nr. 2 a), b), c), d) und g) gelten nicht für Bürgermeister und Landräte, die bei In-Kraft-Treten dieses Gesetzes im Amt sind, für die Dauer der laufenden Amtszeit.

(4) Die Amtszeit der Bürgermeister und Landräte, die vom Geltungsbereich des Gesetzes zur Regelung der Wahlperiode der im Jahr 2004 gewählten kommunalen Vertretungen vom 17. Juni 2003 (GV. NRW. S. 351) erfasst werden, endet am 20. Oktober 2009.

(5) Der Wahltag für die Neuwahlen der Nachfolger der in Absatz 4 bezeichneten Bürgermeister und Landräte ist der Tag der allgemeinen Kommunalwahlen im Jahr 2009. Scheidet ein in Absatz 4 bezeichneter Bürgermeister oder Landrat vor dem 20. Oktober 2009 aus dem Amt aus oder tritt ein nach Satz 1 gewählter Nachfolger sein Amt nicht an, wird der Wahltermin für den Nachfolger von der Aufsichtsbehörde festgelegt.

Zusatz:
(Artikel 4 und 5 des Gesetzes über die Genehmigung der Kreisumlage und anderer Umlagen vom 18. September 2012 (GV. NRW. S. 427))

Artikel 4 Übergangsregelung
Die gesonderte Abrechnung nach § 56 Absatz 5 der Kreisordnung darf bereits für die Haushaltsjahre 2011 und 2012 erfolgen, sofern die Beteiligten der Abrechnung zustimmen.

Artikel 5 Inkrafttreten
Dieses Gesetz tritt am Tage nach seiner Verkündung in Kraft. Die Vorschriften sind erstmals auf das Haushaltsjahr 2013 anzuwenden.

Zusatz:
(Artikel 8 bis 11 des Ersten Gesetzes zur Weiterentwicklung des Neuen Kommunalen Finanzmanagements für Gemeinden und Gemeindeverbände im Land Nordrhein-Westfalen (1. NKF-Weiterentwicklungsgesetz – NKFWG) vom 18. September 2012 (GV. NRW. S. 432))

Artikel 8
Übergangsregelungen zu den Artikeln 1 bis 7

§ 1 Überführung der Ausgleichsrücklage
Die in der Bilanz des Jahresabschlusses des Haushaltsjahres 2012 angesetzte Ausgleichsrücklage ist mit ihrem Bestand im

Jahresabschluss des Haushaltsjahres 2012 in die Ausgleichs-rücklage nach der ab dem Haushaltsjahr 2013 geltenden Vor-schrift zu überführen. Dieses gilt entsprechend, wenn die Ausgleichsrücklage keinen Bestand mehr aufweist.

§ 2 Behandlung des Jahresergebnisses 2012

Nach der Überführung kann der in der Bilanz des Haushalts-jahres 2012 angesetzte Jahresüberschuss nach § 95 Absatz 2 der Gemeindeordnung zugeführt werden. Ein angesetzter Fehl-betrag ist zu verrechnen.

§ 3 Jahresüberschüsse der Vorjahre

Jahresüberschüsse der Vorjahre des Haushaltsjahres 2012, die der allgemeinen Rücklage zugeführt wurden, können im Jah-resabschluss des Haushaltsjahres 2012 der Ausgleichsrücklage zugeführt werden, soweit ihr Bestand nicht den Höchstbetrag von einem Drittel des Eigenkapitals erreicht hat.

§ 4 Anzeige der Jahresabschlüsse des Haushaltsjahres 2010 und der Vorjahre

Der Anzeige des Jahresabschlusses des Haushaltsjahres 2011 sind die Jahresabschlüsse des Haushaltsjahres 2010 und der Vorjahre beizufügen, soweit diese noch nicht nach § 96 Absatz 2 Satz 1 der Gemeindeordnung angezeigt worden sind. Die Jahresabschlüsse des Haushaltsjahres 2010 und der Vor-jahre können in der vom Bürgermeister nach § 95 Absatz 3 der Gemeindeordnung bestätigten Entwurfsfassung der Anzeige beigefügt werden. Der Rat ist über diese Anzeige zu unter-richten.

Artikel 9
Rückkehr zum einheitlichen Verordnungsrang

Die auf dem Artikel 7 beruhenden Teile der dort geänderten Rechtsverordnung können auf Grund der in § 133 der Gemeindeordnung enthaltenen einschlägigen Ermächtigungen durch Rechtsverordnung geändert oder aufgehoben werden.

Artikel 10
Überprüfung der Auswirkungen dieses Gesetzes

§ 1 Überprüfung

Die Vorschriften über die Haushaltswirtschaft der Gemeinden werden nach einem Erfahrungszeitraum von vier Jahren nach Inkrafttreten des Gesetzes durch die Landesregierung unter Mitwirkung der Spitzenverbände der Kommunen und der Fachverbände überprüft.

§ 2 Bericht an den Landtag

Die Landesregierung unterrichtet den Landtag über das Ergebnis der Überprüfung, insbesondere über den Änderungsbedarf bei den für die Haushaltswirtschaft der Gemeinden getroffenen gesetzlichen Regelungen.

Artikel 11
Inkrafttreten

Das Gesetz tritt am Tage nach seiner Verkündung in Kraft. Die Vorschriften sind erstmals auf das Haushaltsjahr 2013 anzuwenden. Abweichend davon wird zugelassen, dass die durch die Artikel 1 bis 7 geänderten haushaltsrechtlichen Vorschriften sowie die Überführung der Ausgleichsrücklage nach § 1 des

Artikels 8 erstmals auf den Jahresabschluss des Haushaltsjahres 2012 angewendet werden können.

Zusatz:
(Artikel 5 des Gesetzes zur Stärkung der kommunalen Demokratie vom 9. April 2013 (GV. NRW. S. 194))

Übergangsregelungen zum Kommunalwahlgesetz, zur Gemeindeordnung, zur Kreisordnung und zum Landesbeamtengesetz
Abweichend von den nach den Artikeln 1 bis 4 dieses Gesetzes zu bestimmenden Amtszeiten und Wahltagen gelten folgende Übergangsregelungen:

§ 1 Festlegung von Wahltagen
(1) Die allgemeinen Kommunalwahlen finden im Jahr 2014 in der Zeit zwischen dem 1. April und dem 15. Juli statt; sie sollen am Tag der Wahl der Abgeordneten des Europäischen Parlaments aus der Bundesrepublik Deutschland durchgeführt werden. Dieser Wahltag wird vom für Inneres zuständigen Ministerium festgelegt und bekannt gemacht (Wahlausschreibung).
(2) Die Nachfolger der bei Inkrafttreten dieses Gesetzes im Amt befindlichen Bürgermeister und Landräte, deren Amtszeit am 20. Oktober 2014 endet, werden am 28. September 2014 gewählt.
(3) Die Wahl der Nachfolger der am 30. August 2009 gewählten Bürgermeister und Landräte, deren Amtszeit mit Ablauf des 20. Oktober 2015 endet, findet am 13. September 2015 statt; ihre Amtszeit beginnt am 21. Oktober 2015. Der Wahltag wird

vom für Inneres zuständigen Ministerium bekannt gemacht (Wahlausschreibung).

(4) In der Zeit vom 13. Dezember 2014 bis zum Tag der Wahlen der Bürgermeister und Landräte am 13. September 2015 findet eine Wahl des Bürgermeisters oder Landrats nicht statt.

(5) In der Zeit vom 1. September 2019 bis zum Tag der allgemeinen Kommunalwahlen im Jahr 2020 findet eine Wahl des Bürgermeisters oder Landrats nicht statt.

§ 2[26] Ende der Wahlperiode der im Jahr 2014 gewählten Vertretungen

Die Wahlperiode der im Jahr 2014 gewählten Vertretungen endet mit Ablauf des Tages vor dem Beginn der Wahlperiode der im Jahr 2020 gewählten Vertretungen. Die Wahlperiode der im Jahr 2020 gewählten Vertretungen beginnt am 1. November 2020.

§ 3 Ende der Amtszeit der Bürgermeister und Landräte, die ab Inkrafttreten dieses Gesetzes bis einschließlich 21. Oktober 2015 ihr Amt antreten

Die Amtszeit der Bürgermeister und Landräte, die in der Zeit ab Inkrafttreten dieses Gesetzes bis einschließlich 21. Oktober 2015 ihr Amt antreten, endet mit Ablauf des Tages vor dem Beginn der Wahlperiode der im Jahr 2020 gewählten Vertretungen.

§ 4 Nachfolge der Bürgermeister und Landräte, deren Amtszeit zwischen dem 22. Oktober 2015 und dem Beginn der Wahlperiode der im Jahr 2020 gewählten Vertretungen endet

Die Nachfolger der Bürgermeister und Landräte, deren Amtszeit zwischen dem 22. Oktober 2015 und dem Beginn der

Wahlperiode der im Jahr 2020 gewählten Vertretungen endet, werden bis zum Ablauf der nächsten Wahlperiode der Vertretungen gewählt. In den Fällen, in denen die Amtszeit innerhalb der ersten drei Jahre der laufenden Wahlperiode des Rates beginnt, endet diese mit Ablauf des Tages vor dem Beginn der Wahlperiode der im Jahr 2020 gewählten Vertretungen.

§ 5[26] Einmaliges Niederlegungsrecht der Bürgermeister und Landräte

Bürgermeister und Landräte, deren Amtszeit zwischen dem Beginn der Wahlperiode der im Jahr 2014 gewählten kommunalen Vertretungen und dem 20. Oktober 2015 (einschließlich) endet und die ihre Entlassung aus dem Beamtenverhältnis auf Zeit anlässlich des Endes der Wahlperiode der kommunalen Vertretungen im Jahr 2014 verlangen, treten nach Ablauf des 22. Tages des auf das Ende der Wahlperiode folgenden Monats in den Ruhestand, sofern sie die Voraussetzungen des § 119 Absatz 4 Satz 3 LBG NRW erfüllen und die Entlassung bis zum 30. November 2013 beantragen; die Zeit bis zum regulären Ende ihrer Amtszeit wird dabei auf die Wartezeit nach § 119 Absatz 4 Satz 3 LBG NRW angerechnet und erhöht die ruhegehaltsfähige Dienstzeit.

Zusatz:
(Artikel 6 des Gesetzes zur Stärkung der kommunalen Demokratie vom 9. April 2013 (GV. NRW. S. 194))

Inkrafttreten

Dieses Gesetz tritt am Tag nach der Verkündung in Kraft. Abweichend von Satz 1 treten § 65 Absatz 6 der Gemeindeordnung und § 44 Absatz 6 der Kreisordnung am Tage nach dem Wahltag für die allgemeinen Kommunalwahlen des Jahres 2014 in Kraft.

Zusatz:
(Artikel 5 des Gesetzes zur Änderung des Kommunalwahlgesetzes und zur Änderung kommunalverfassungsrechtlicher Vorschriften vom 1. Oktober 2013 (GV. NRW. S. 564))

Übergangsregelungen

§ 1 Einteilung in Wahlbezirke zu den Kommunalwahlen 2020
Für die allgemeinen Kommunalwahlen im Jahr 2020 teilen die Wahlausschüsse der Gemeinden spätestens bis zum 29. Februar 2020, die Wahlausschüsse der Kreise spätestens bis zum 31. März 2020 das Wahlgebiet in so viele Wahlbezirke ein, wie Vertreter gemäß § 3 Absatz 2 des Kommunalwahlgesetzes in Wahlbezirken zu wählen sind.

§ 2 Wahl der Vertreter für die Vertreterversammlung und der Bewerber für die Kommunalwahlen 2020
Für die allgemeinen Kommunalwahlen 2020 sind die Vertreter für die Vertreterversammlung und die Bewerber ab dem 1. August 2019, die Bewerber für die Wahlbezirke frühestens nach der öffentlichen Bekanntgabe der Einteilung des Wahlgebietes in Wahlbezirke zu den Kommunalwahlen 2020 zu wählen.

Anmerkungen

Fn 1   GV. NW. S. 646, geändert durch Art. III d. Gesetzes zur Ein-
        führung des Kommunalwahlrechts für Unionsbürger/-innen
        v. 12. 12. 1995 (GV. NW. S. 1198), Art. IV d. Gesetzes zur
        Regelung der Zuweisungen des Landes Nordrhein-Westfalen
        an die Gemeinden und Gemeindeverbände im Haushaltsjahr
        1996 und zur Regelung des interkommunalen Ausgleichs der
        finanziellen Beteiligung der Gemeinden am Solidarbeitrag zur
        Deutschen Einheit im Haushaltsjahr 1996 und zur Änderung
        anderer Vorschriften v. 20. 3. 1996 (GV. NW. S. 124), Art. II
        d. Gesetzes zur Stärkung der wirtschaftlichen Betätigung von
        Gemeinden und Gemeindeverbänden im Bereich der Telekom-
        munikationsleistungen v. 25.11.1997 (GV. NW. S. 422), Art. IV
        des Gesetzes zur Regelung der Zuweisungen des Landes NRW
        an die Gemeinden und Gemeindeverbände im Haushaltsjahr
        1998 und zur Regelung des interkommunalen Ausgleichs der
        finanziellen Beteiligung der Gemeinden am Solidarbeitrag zur
        Deutschen Einheit im Haushaltsjahr 1998 und zur Änderung
        anderer Vorschriften v. 17.12.1997 (GV. NW. S. 458), Artikel 8
        d. Gesetzes zur Gleichstellung von Frauen und Männern ...
        v. 9.11.1999 (GV. NRW. S. 590); Artikel II des Gesetzes zur
        weiteren Stärkung der Bürgerbeteiligung in den Kommunen
        v. 28.3.2000 (GV. NRW. S. 245); geändert durch Art. 5 des
        Gesetzes v. 30.4.2002 (GV. NRW. S. 160); in Kraft getreten
        am 1. Januar 2003 (GV. NRW. S. 96); Art. III des Gesetzes vom
        3. 2. 2004 (GV. NRW. S. 96), in Kraft getreten am 21. Februar
        2004; Art. 4 des Gesetzes v. 16.11.2004 (GV. NRW. S. 644),
        in Kraft getreten am 1. Januar 2005; Artikel 19 des Dritten
        Befristungsgesetzes vom 5.4.2005 (GV. NRW. S. 306), in Kraft
        getreten am 28. April 2005; Artikel II des Gesetzes zur Stär-
        kung der kommunalen Selbstverwaltung – GO-Reformgesetz
        vom 9. Oktober 2007 (GV. NRW. S. 380), in Kraft getreten am
        17. Oktober 2007 und 20. Oktober 2009; Artikel 3 des Geset-
        zes über die Zusammenlegung der allgemeinen Kommunal-
        wahlen mit den Europawahlen vom 24. Juni 2008 (GV. NRW.
        S. 514), in Kraft getreten am 16. Juli 2008; Artikel 2 des Geset-
        zes vom 24. Mai 2011 (GV. NRW. S. 270), in Kraft getreten am

4. Juni 2011; Artikel 2 des Gesetzes vom 25. Oktober 2011 (GV. NRW. S. 539), in Kraft getreten am 22. November 2011; Artikel 2 des Gesetzes vom 13. Dezember 2011 (GV. NRW. S. 685), in Kraft getreten am 21. Dezember 2011; Artikel 1 des Gesetzes vom 18. September 2012 (GV. NRW. S. 427), in Kraft getreten am 29. September 2012; Artikel 2 des Gesetzes vom 18. September 2012 (GV. NRW. S. 432), in Kraft getreten am 29. September 2012; Artikel 2 des Gesetzes vom 18. September 2012 (GV. NRW. S. 436), in Kraft getreten am 29. September 2012; Artikel 5 des Gesetzes vom 23. Oktober 2012 (GV. NRW. S. 474), in Kraft getreten am 31. Oktober 2012; Artikel 2 des Gesetzes vom 9. April 2013 (GV. NRW. S. 194), in Kraft getreten am 27. April 2013 und 26. Mai 2014 (§ 44 Absatz 6); Artikel 4 des Gesetzes vom 1. Oktober 2013 (GV. NRW. S. 564), in Kraft getreten am 19. Oktober 2013; Artikel 2 des Gesetzes vom 19. Dezember 2013 (GV. NRW. S. 878), in Kraft getreten am 31. Dezember 2013.

Fn 2 §§ 59 Abs. 1 und 63 geändert durch Art. 4 des Gesetzes v. 16.11.2004 (GV. NRW. S. 644), in Kraft getreten am 1. Januar 2005.

Fn 3 § 44 zuletzt geändert durch Artikel 2 des Gesetzes vom 19. Dezember 2013 (GV. NRW. S. 878), in Kraft getreten am 31. Dezember 2013.

Fn 4 § 26 Abs. 1 zuletzt geändert durch Artikel 2 des Gesetzes vom 18. September 2012 (GV. NRW. S. 432), § 26 Abs. 2 zuletzt geändert durch Artikel 2 des Gesetzes vom 18. September 2012 (GV. NRW. S. 436), beide Änderungen in Kraft getreten am 29. September 2012.

Fn 5 § 35 zuletzt geändert durch Art. II d. Gesetzes v. 9. Oktober 2007 (GV. NRW. S. 380), in Kraft getreten am 17. Oktober 2007 und 20. Oktober 2009.

Fn 6 § 22 zuletzt geändert durch Artikel 2 des Gesetzes vom 18. September 2012 (GV. NRW. S. 436), in Kraft getreten am 29. September 2012.

Fn 7 § 47 Abs. 2 eingefügt durch Art. IV d. Gesetzes v. 20. 3. 1996 (GV. NW. S. 124); in Kraft getreten am 30. März 1996.

Fn 8 § 25 neu gefasst durch Art. II d. Gesetzes v. 9. Oktober 2007 (GV. NRW. S. 380), in Kraft getreten am 17. Oktober 2007.

Fn 9 § 56 zuletzt geändert durch Artikel 1 des Gesetzes vom 18. September 2012 (GV. NRW. S. 427), in Kraft getreten am 29. September 2012.

Fn 10 § 3 geändert durch Art. 8 d. Gesetzes v. 9.11.1999 (GV. NRW. S. 590); in Kraft getreten am 20. November 1999.

Fn 11 § 53 Überschrift neu gefasst und zuletzt geändert durch Art. 4 des Gesetzes v. 16.11.2004 (GV. NRW. S. 644); in Kraft getreten am 1. Januar 2005.

Fn 12 § 2 Abs. 2 Satz 4, Abs. 5 und 6 angefügt durch Art. III des Gesetzes vom 3. 2. 2004 (GV. NRW. S. 96); in Kraft getreten am 21. Februar 2004; § 2 Abs. 3 geändert durch Artikel 2 des Gesetzes vom 18. September 2012 (GV. NRW. S. 436), in Kraft getreten am 29. September 2012.

Fn 13 § 54 neu gefasst durch Art. 4 des Gesetzes v. 16.11.2004 (GV. NRW. S. 644); in Kraft getreten am 1. Januar 2005.

Fn 14 § 56a eingefügt durch Art. 4 des Gesetzes v. 16.11.2004 (GV. NRW. S. 644); in Kraft getreten am 1. Januar 2005; neu gefasst durch Artikel 2 des Gesetzes vom 18. September 2012 (GV. NRW. S. 432), in Kraft getreten am 29. September 2012.

Fn 15 § 66 Satz 2 angefügt durch Artikel 19 des Dritten Befristungs- gesetzes vom 5.4.2005 (GV. NRW. S. 306); in Kraft getreten am 28. April 2005; aufgehoben durch Artikel 4 des Gesetzes vom 23. Oktober 2012 (GV. NRW. S. 474), in Kraft getreten am 31. Oktober 2012.

Fn 16 § 49 zuletzt geändert durch Artikel II d. Gesetzes v. 9. Oktober 2007 (GV. NRW. S. 380), in Kraft getreten am 17. Oktober 2007.

Fn 17 Abkürzung im Normkopf, Inhaltsverzeichnis sowie § 28 und § 38 geändert durch Artikel II d. Gesetzes v. 9. Oktober 2007 (GV. NRW. S. 380), in Kraft getreten am 17. Oktober 2007.

Fn 18 § 32 zuletzt geändert durch Artikel 4 des Gesetzes vom 1. Oktober 2013 (GV. NRW. S. 564), in Kraft getreten am 19. Oktober 2013.

Fn 19 § 45 zuletzt geändert durch Artikel 2 des Gesetzes vom 24. Mai 2011 (GV. NRW. S. 270), in Kraft getreten am 4. Juni 2011.

Fn 20 § 12 zuletzt geändert durch Artikel 2 des Gesetzes vom 18. September 2012 (GV. NRW. S. 436), in Kraft getreten am 29. September 2012.

Fn 21 § 23 zuletzt geändert durch Artikel 2 des Gesetzes vom 18. September 2012 (GV. NRW. S. 436), in Kraft getreten am 29. September 2012.

Fn 22 § 55 geändert durch Artikel 1 des Gesetzes vom 18. September 2012 (GV. NRW. S. 427), in Kraft getreten am 29. September 2012.

Fn 23 §§ 56b und 56c eingefügt durch Artikel 1 des Gesetzes vom 18. September 2012 (GV. NRW. S. 427), in Kraft getreten am 29. September 2012.

Fn 24 § 40, § 41, § 43, § 46, § 51, § 57 und § 65 zuletzt geändert durch Artikel 2 des Gesetzes vom 18. September 2012 (GV. NRW. S. 436), in Kraft getreten am 29. September 2012.

Fn 25 § 27, § 31 und § 50 geändert durch Artikel 2 des Gesetzes vom 18. September 2012 (GV. NRW. S. 436), in Kraft getreten am 29. September 2012.

Fn 26 §§ 2 und 5 der Übergangsregelungen (Artikel 5 des Gesetzes zur Stärkung der kommunalen Demokratie vom 9. April 2013 (GV. NRW. S. 194)) geändert durch Artikel 2 des Gesetzes vom 1. Oktober 2013 (GV. NRW. S. 564), in Kraft getreten am 19. Oktober 2013.

Fn 27 § 5, § 29 und § 30 zuletzt geändert durch Artikel 2 des Gesetzes vom 19. Dezember 2013 (GV. NRW. S. 878), in Kraft getreten am 31. Dezember 2013.

Fn 28 § 37 geändert durch Artikel 2 des Gesetzes vom 19. Dezember 2013 (GV. NRW. S. 878), in Kraft getreten am 31. Dezember 2013.

Fn 29 § 44 Absatz 6 angefügt durch Artikel 2 des Gesetzes vom 9. April 2013 (GV. NRW. S. 194), in Kraft getreten am 26. Mai 2014 (s. Artikel 6 des Gesetzes vom 9. April 2013).

GEMEINDEORDNUNG
für das Land Nordrhein-Westfalen (GO NRW) in der
Fassung der Bekanntmachung vom 14. Juli 1994

Inhaltsverzeichnis[31]

6. Teil: Bürgermeister

1. Teil
Grundlagen der Gemeindeverfassung

§ 1[35] Wesen der Gemeinden

(1) Die Gemeinden sind die Grundlage des demokratischen Staatsaufbaues. Sie fördern das Wohl der Einwohner in freier Selbstverwaltung durch ihre von der Bürgerschaft gewählten Organe. Sie handeln zugleich in Verantwortung für die zukünftigen Generationen.

(2) Die Gemeinden sind Gebietskörperschaften.

§ 2 Wirkungskreis

Die Gemeinden sind in ihrem Gebiet, soweit die Gesetze nicht ausdrücklich etwas anderes bestimmen, ausschließliche und eigenverantwortliche Träger der öffentlichen Verwaltung.

§ 3[45] Aufgaben der Gemeinden

(1) Den Gemeinden können nur durch Gesetz Pflichtaufgaben auferlegt werden.

(2) Pflichtaufgaben können den Gemeinden zur Erfüllung nach Weisung übertragen werden; das Gesetz bestimmt den Umfang des Weisungsrechts, das in der Regel zu begrenzen ist. Für die gemeinsame Wahrnehmung von Pflichtaufgaben zur Erfüllung nach Weisung ist der Anwendungsbereich des Gesetzes über kommunale Gemeinschaftsarbeit nur nach Maßgabe der Absätze 5 und 6 sowie des § 4 Abs. 8 eröffnet.

(3) Eingriffe in die Rechte der Gemeinden sind nur durch Gesetz zulässig. Rechtsverordnungen zur Durchführung solcher Gesetze bedürfen der Zustimmung des für die kommunale Selbstverwaltung zuständigen Ausschusses des Landtags und, sofern nicht die Landesregierung oder das für Kommunales

zuständige Ministerium sie erlassen, der Zustimmung des für Kommunales zuständigen Ministeriums.

(4) Werden den Gemeinden neue Pflichten auferlegt oder werden Pflichten bei der Novellierung eines Gesetzes fortgeschrieben oder erweitert, ist gleichzeitig die Aufbringung der Mittel zu regeln. Führen diese neuen Pflichten zu einer Mehrbelastung der Gemeinden, ist ein entsprechender Ausgleich zu schaffen.

(5) Zur Effizienzsteigerung kann eine Gemeinde mit einer benachbarten Gemeinde gemäß §§ 23 ff. des Gesetzes über kommunale Gemeinschaftsarbeit vereinbaren, dass ihr gemäß § 3 Abs. 2 übertragene Aufgaben von der benachbarten Gemeinde übernommen oder für sie durchgeführt werden. Satz 1 gilt auch für den Abschluss einer öffentlich-rechtlichen Vereinbarung zwischen einer kreisfreien Stadt und einem benachbarten Kreis.

(6) Absatz 5 gilt nur, soweit

– Bundesrecht oder Recht der Europäischen Gemeinschaften nicht entgegensteht, oder

– der Abschluss einer öffentlich-rechtlichen Vereinbarung nicht durch Gesetz oder Rechtsverordnung ausdrücklich eingeschränkt oder ausgeschlossen ist, oder

– durch die beabsichtigte Aufgabenverlagerung schutzwürdige Belange Dritter nicht unangemessen beeinträchtigt werden oder Gründe des öffentlichen Wohls nicht entgegenstehen.

§ 4[36, 43] Zusätzliche Aufgaben kreisangehöriger Gemeinden

(1) Mittleren kreisangehörigen Städten (Absatz 2) und Großen kreisangehörigen Städten (Absatz 3) können neben den Aufgaben nach den §§ 2 und 3 zusätzliche Aufgaben durch Gesetz oder Rechtsverordnung übertragen werden.

(2) Eine kreisangehörige Gemeinde ist auf eigenen Antrag zur Mittleren kreisangehörigen Stadt zu bestimmen, wenn ihre maßgebliche Einwohnerzahl an drei aufeinanderfolgenden Stichtagen (Absatz 7) mehr als 20 000 Einwohner beträgt. Sie ist von Amts wegen zur Mittleren kreisangehörigen Stadt zu bestimmen, wenn ihre maßgebliche Einwohnerzahl an drei aufeinanderfolgenden Stichtagen (Absatz 7) mehr als 25 000 Einwohner beträgt.

(3) Eine kreisangehörige Gemeinde ist auf eigenen Antrag zur Großen kreisangehörigen Stadt zu bestimmen, wenn ihre maßgebliche Einwohnerzahl an drei aufeinanderfolgenden Stichtagen (Absatz 7) mehr als 50 000 Einwohner beträgt. Sie ist von Amts wegen zur Großen kreisangehörigen Stadt zu bestimmen, wenn ihre maßgebliche Einwohnerzahl an drei aufeinanderfolgenden Stichtagen (Absatz 7) mehr als 60 000 Einwohner beträgt.

(4) Eine Große kreisangehörige Stadt ist auf eigenen Antrag zur Mittleren kreisangehörigen Stadt zu bestimmen, wenn ihre maßgebliche Einwohnerzahl an fünf aufeinanderfolgenden Stichtagen (Absatz 7) weniger als 50 000 Einwohner beträgt. Sie ist von Amts wegen zur Mittleren kreisangehörigen Stadt zu bestimmen, wenn ihre maßgebliche Einwohnerzahl an fünf aufeinanderfolgenden Stichtagen (Absatz 7) weniger als 45 000 Einwohner beträgt.

(5) Eine Mittlere kreisangehörige Stadt oder eine Große kreisangehörige Stadt ist auf eigenen Antrag in der Rechtsverordnung (Absatz 6) zu streichen, wenn ihre maßgebliche Einwohnerzahl an fünf aufeinanderfolgenden Stichtagen (Absatz 7) weniger als 20 000 Einwohner beträgt. Sie ist von Amts wegen in der Rechtsverordnung (Absatz 6) zu streichen, wenn ihre maßgebliche Einwohnerzahl an fünf aufeinanderfolgenden Stichtagen (Absatz 7) weniger als 15 000 Einwohner beträgt.

(6) Über Anträge nach den Absätzen 2 bis 5 entscheidet das für Kommunales zuständige Ministerium. Ihnen ist zu entsprechen, wenn zwingende übergeordnete Interessen nicht entgegenstehen. Die Bestimmung kreisangehöriger Gemeinden zur Mittleren oder Großen kreisangehörigen Stadt erfolgt durch Rechtsverordnung der Landesregierung. Änderungen dieser Rechtsverordnung treten zum 1. Januar des auf die Verkündung folgenden übernächsten Kalenderjahres in Kraft.

(7) Maßgeblich ist die jeweils auf den 30. Juni und 31. Dezember eines jeden Jahres fortgeschriebene Bevölkerungszahl (Stichtage), die vom Landesbetrieb Information und Technik Nordrhein-Westfalen – Geschäftsbereich Statistik – veröffentlicht wird.

(8) Eine Gemeinde kann gemäß §§ 23 ff. des Gesetzes über kommunale Gemeinschaftsarbeit

a) mit einer oder mehreren benachbarten Gemeinden vereinbaren, eine oder mehrere Aufgaben nach Absatz 1 in der Form gemeinsam wahrzunehmen, dass eine der Gemeinden die Aufgabe übernimmt oder für die übrigen Beteiligten durchführt,

b) als Mittlere oder Große kreisangehörige Stadt mit dem Kreis vereinbaren, dass eine oder mehrere ihr nach Absatz 1 übertragene Aufgaben vom Kreis übernommen werden.

In den Fällen des Buchstaben a) muss die Summe der Einwohnerzahl der beteiligten Gemeinden die jeweilige Einwohnerzahl des Absatzes 2 Satz 1 oder des Absatzes 3 Satz 1 überschreiten (additiver Schwellenwert). Die Gemeinde gilt insoweit als Mittlere bzw. Große kreisangehörige Stadt. Die Absätze 4 und 5 gelten entsprechend. Soweit durch die Vereinbarung Aufgaben vom Kreis auf die Gemeinde übergehen, ist das Benehmen mit dem abgebenden Kreis erforderlich. Der Kreis gilt insoweit als Beteiligter im Sinne von § 29 Abs. 4 des

Gesetzes über kommunale Gemeinschaftsarbeit § 3 Abs. 6 gilt entsprechend.

§ 5 Gleichstellung von Frau und Mann

(1) Die Verwirklichung des Verfassungsgebots der Gleichberechtigung von Frau und Mann ist auch eine Aufgabe der Gemeinden. Zur Wahrnehmung dieser Aufgabe können die Gemeinden Gleichstellungsbeauftragte bestellen.

(2) In kreisangehörigen Städten und Gemeinden mit mehr als 10 000 Einwohnern sowie in kreisfreien Städten sind hauptamtlich tätige Gleichstellungsbeauftragte zu bestellen.

(3) Die Gleichstellungsbeauftragte wirkt bei allen Vorhaben und Maßnahmen der Gemeinde mit, die die Belange von Frauen berühren oder Auswirkungen auf die Gleichberechtigung von Frau und Mann und die Anerkennung ihrer gleichberechtigten Stellung in der Gesellschaft haben.

(4) Die Gleichstellungsbeauftragte kann in Angelegenheiten ihres Aufgabenbereiches an den Sitzungen des Verwaltungsvorstands, des Rates und seiner Ausschüsse teilnehmen. Ihr ist auf Wunsch das Wort zuerteilen. Sie kann die Öffentlichkeit über Angelegenheiten ihres Aufgabenbereichs unterrichten.

(5) Die Gleichstellungsbeauftragte kann in Angelegenheiten, die ihren Aufgabenbereich berühren, den Beschlussvorlagen des Bürgermeisters widersprechen; in diesem Fall hat der Bürgermeister den Rat zu Beginn der Beratung auf den Widerspruch und seine wesentlichen Gründe hinzuweisen.

(6) Das Nähere zu den Absätzen 3 bis 5 regelt die Hauptsatzung.

§ 6 Geheimhaltung

Die Gemeinden sind verpflichtet, Angelegenheiten der zivilen Verteidigung, die auf Anordnung der zuständigen Behörde oder ihrem Wesen nach gegen die Kenntnis Unbefugter geschützt werden müssen, geheimzuhalten. Sie haben hierbei Weisungen der Landesregierung auf dem Gebiet des Geheimschutzes zu beachten.

§ 7[15, 48] Satzungen

(1) Die Gemeinden können ihre Angelegenheiten durch Satzung regeln, soweit Gesetze nichts anderes bestimmen. Satzungen bedürfen der Genehmigung der Aufsichtsbehörde nur, wenn dies gesetzlich ausdrücklich vorgeschrieben ist.

(2) In den Satzungen können vorsätzliche und fahrlässige Zuwiderhandlungen gegen Gebote und Verbote mit Bußgeld bedroht werden. Zuständige Verwaltungsbehörde im Sinne des § 36 Abs. 1 Nr. 1 des Gesetzes über Ordnungswidrigkeiten ist der Bürgermeister.

(3) Jede Gemeinde hat eine Hauptsatzung zu erlassen. In ihr ist mindestens zu ordnen, was nach den Vorschriften dieses Gesetzes der Hauptsatzung vorbehalten ist. Die Hauptsatzung und ihre Änderung kann der Rat nur mit der Mehrheit der gesetzlichen Zahl der Mitglieder beschließen.

(4) Satzungen sind öffentlich bekanntzumachen. Sie treten, wenn kein anderer Zeitpunkt bestimmt ist, mit dem Tage nach der Bekanntmachung in Kraft.

(5) Das für Kommunales zuständige Ministerium bestimmt durch Rechtsverordnung, welche Verfahrens- und Formvorschriften bei der öffentlichen Bekanntmachung von Satzungen und sonstigen ortsrechtlichen Bestimmungen einzuhalten sind, soweit nicht andere Gesetze hierüber besondere Regelungen enthalten.

(6) Die Verletzung von Verfahrens- oder Formvorschriften dieses Gesetzes kann gegen Satzungen, sonstige ortsrechtliche Bestimmungen und Flächennutzungspläne nach Ablauf eines

Jahres seit ihrer Verkündung nicht mehr geltend gemacht werden, es sei denn,

a) eine vorgeschriebene Genehmigung fehlt oder ein vorgeschriebenes Anzeigeverfahren wurde nicht durchgeführt,

b) die Satzung, die sonstige ortsrechtliche Bestimmung oder der Flächennutzungsplan ist nicht ordnungsgemäß öffentlich bekanntgemacht worden,

c) der Bürgermeister hat den Ratsbeschluß vorher beanstandet oder

d) der Form- oder Verfahrensmangel ist gegenüber der Gemeinde vorher gerügt und dabei die verletzte Rechtsvorschrift und die Tatsache bezeichnet worden, die den Mangel ergibt.

Bei der öffentlichen Bekanntmachung der Satzung, der sonstigen ortsrechtlichen Bestimmung und des Flächennutzungsplans ist auf die Rechtsfolgen nach Satz 1 hinzuweisen.

(7) Die Gemeinden bestimmen in ihrer Hauptsatzung die Form der öffentlichen Bekanntmachung für die nach diesem Gesetz oder anderen Rechtsvorschriften vorgeschriebenen sonstigen öffentlichen Bekanntmachungen, soweit nicht andere Gesetze hierüber besondere Regelungen enthalten. Für die Form und den Vollzug der Bekanntmachung gilt die Rechtsverordnung nach Absatz 5 entsprechend.

§8 Gemeindliche Einrichtungen und Lasten

(1) Die Gemeinden schaffen innerhalb der Grenzen ihrer Leistungsfähigkeit die für die wirtschaftliche, soziale und kulturelle Betreuung ihrer Einwohner erforderlichen öffentlichen Einrichtungen.

(2) Alle Einwohner einer Gemeinde sind im Rahmen des geltenden Rechts berechtigt, die öffentlichen Einrichtungen der

Gemeinde zu benutzen und verpflichtet, die Lasten zu tragen, die sich aus ihrer Zugehörigkeit zu der Gemeinde ergeben.

(3) Grundbesitzer und Gewerbetreibende, die nicht in der Gemeinde wohnen, sind in gleicher Weise berechtigt, die öffentlichen Einrichtungen zu benutzen, die in der Gemeinde für Grundbesitzer und Gewerbetreibende bestehen, und verpflichtet, für ihren Grundbesitz oder Gewerbebetrieb im Gemeindegebiet zu den Gemeindelasten beizutragen.

(4) Diese Vorschriften gelten entsprechend für juristische Personen und für Personenvereinigungen.

§ 9 Anschluß- und Benutzungszwang

Die Gemeinden können bei öffentlichem Bedürfnis durch Satzung für die Grundstücke ihres Gebiets den Anschluß an Wasserleitung, Kanalisation und ähnliche der Volksgesundheit dienende Einrichtungen sowie an Einrichtungen zur Versorgung mit Fernwärme (Anschlußzwang) und die Benutzung dieser Einrichtungen und der Schlachthöfe (Benutzungszwang) vorschreiben. Die Satzung kann Ausnahmen vom Anschluß- und Benutzungszwang zulassen. Sie kann den Zwang auch auf bestimmte Teile des Gemeindegebiets und auf bestimmte Gruppen von Grundstücken oder Personen beschränken. Im Falle des Anschluß- und Benutzungszwangs für Fernwärme soll die Satzung zum Ausgleich von sozialen Härten angemessene Übergangsregelungen enthalten.

§ 10 Wirtschaftsführung

Die Gemeinden haben ihr Vermögen und ihre Einkünfte so zu verwalten, daß die Gemeindefinanzen gesund bleiben. Auf die wirtschaftliche Leistungsfähigkeit der Abgabepflichtigen ist Rücksicht zu nehmen.

§ 11 Aufsicht

Die Aufsicht des Landes schützt die Gemeinden in ihren Rechten und sichert die Erfüllung ihrer Pflichten.

§ 12 Funktionsbezeichnungen

Die Funktionsbezeichnungen dieses Gesetzes werden in weiblicher oder männlicher Form geführt.

§ 13[42] Name und Bezeichnung

(1) Die Gemeinden führen ihren bisherigen Namen. Der Rat kann mit einer Mehrheit von drei Vierteln seiner Mitglieder den Gemeindenamen ändern. Die Änderung des Gemeindenamens bedarf der Genehmigung des für Kommunales zuständigen Ministeriums. Sätze 2 und 3 finden auch in den Fä len Anwendung, in denen der Gemeindename durch Gesetz festgelegt wurde, wenn seit dem Inkrafttreten des Gesetzes zehn Jahre vergangen sind.

(2) Die Bezeichnung „Stadt" führen die Gemeinden, denen diese Bezeichnung nach dem bisherigen Recht zusteht. Sobald eine Gemeinde als Mittlere kreisangehörige Stadt zusätzliche Aufgaben wahrzunehmen hat, führt sie unabhängig von der künftigen Einwohnerentwicklung die Bezeichnung „Stadt". Eine kreisangehörige Stadt, in der die Kreisverwaltung ihren Sitz hat, ist berechtigt, die Bezeichnung „Kreisstadt" zu führen.

(3) Die Gemeinden können auch andere Bezeichnungen, die auf der Geschichte oder der heutigen Eigenart oder Bedeutung der Gemeinden beruhen, führen. Der Rat kann mit einer Mehrheit von drei Vierteln seiner Mitglieder diese Bezeichnung bestimmen und ändern. Die Bestimmung und Änderung der Bezeichnung bedarf der Genehmigung des für Kommunales zuständigen Ministeriums.

§ 14 Siegel, Wappen und Flaggen

(1) Die Gemeinden führen Dienstsiegel.

(2) Die Gemeinden führen ihre bisherigen Wappen und Flaggen.

(3) Die Änderung und die Einführung von Dienstsiegeln, Wappen und Flaggen bedürfen der Genehmigung der Aufsichtsbehörde.

2. Teil
Gemeindegebiet

§ 15 Gemeindegebiet

Das Gebiet jeder Gemeinde soll so bemessen sein, daß die örtliche Verbundenheit der Einwohner gewahrt und die Leistungsfähigkeit der Gemeinde zur Erfüllung ihrer Aufgaben gesichert ist.

§ 16 Gebietsbestand

(1) Das Gebiet der Gemeinde besteht aus den Grundstücken, die nach geltendem Recht zu ihr gehören. Grenzstreitigkeiten entscheidet die Aufsichtsbehörde.

(2) Jedes Grundstück soll zu einer Gemeinde gehören.

§ 17 Gebietsänderungen

(1) Aus Gründen des öffentlichen Wohls können Gemeindegrenzen geändert, Gemeinden aufgelöst oder neugebildet werden.

(2) Werden durch die Änderung von Gemeindegrenzen die Grenzen von Gemeindeverbänden berührt, so bewirkt die Änderung der Gemeindegrenzen unmittelbar auch die Änderung der Gemeindeverbandsgrenzen.

§ 18 Gebietsänderungsverträge

(1) Die beteiligten Gemeinden und Gemeindeverbände treffen, soweit erforderlich, Vereinbarungen über die aus Anlaß einer Gebietsänderung zu regelnden Einzelheiten (Gebietsänderungsverträge). In diese Verträge sind insbesondere die für die Auseinandersetzung, die Rechtsnachfolge und die Überleitung des Ortsrechts notwendigen Bestimmungen aufzunehmen.

(2) Gebietsänderungsverträge bedürfen der Genehmigung der Aufsichtsbehörde. Kommt ein Gebietsänderungsvertrag nicht zustande, so bestimmt die Aufsichtsbehörde die aus Anlaß der Gebietsänderung zu regelnden Einzelheiten.

§ 19[46] Verfahren bei Gebietsänderungen

(1) Die Gemeinden haben vor Aufnahme von Verhandlungen über Änderungen ihres Gebiets die Aufsichtsbehörde zu unterrichten.

(2) Vor jeder Gebietsänderung ist der Wille der betroffenen Bevölkerung in der Weise festzustellen, daß den Räten der beteiligten Gemeinden Gelegenheit zur Stellungnahme gegeben wird. Außerdem sind die Gemeindeverbände zu hören, deren Grenzen durch die Gebietsänderung berührt werden.

(3) Änderungen des Gemeindegebiets bedürfen eines Gesetzes. In Fällen von geringer Bedeutung kann die Änderung von Gemeindegrenzen durch die Bezirksregierung ausgesprochen werden, wenn die Grenzen von Regierungsbezirken berührt werden, ist das für Kommunales zuständige Ministerium zuständig. Geringe Bedeutung hat eine Grenzänderung, wenn sie nicht mehr als 10 vom Hundert des Gemeindegebiets der abgebenden Gemeinde und nicht mehr als insgesamt 200 Einwohner erfaßt. Die Sätze 2 und 3 finden auch in dem Falle Anwendung, daß eine Gemeindegrenze durch Gesetz fest-

gelegt wurde, wenn seit dem Inkrafttreten des Gesetzes zehn Jahre vergangen sind; gesetzliche Vorschriften, die die Änderung von Gemeindegrenzen bereits zu einem früheren Zeitpunkt zulassen, bleiben unberührt.

(4) In dem Gesetz oder in der Entscheidung nach Absatz 3 Satz 2 sind die Gebietsänderungsverträge oder die Bestimmungen der Aufsichtsbehörde über die Einzelheiten der Gebietsänderung zu bestätigen.

§ 20 Wirkungen der Gebietsänderung

(1) Der Ausspruch der Änderung des Gemeindegebiets und die Entscheidung über die Auseinandersetzung begründen Rechte und Pflichten der Beteiligten. Sie bewirken den Übergang, die Beschränkung oder Aufhebung von dinglichen Rechten, sofern der Gebietsänderungsvertrag oder die Entscheidung über die Auseinandersetzung derartiges vorsehen. Die Aufsichtsbehörde ersucht die zuständigen Behörden um die Berichtigung des Grundbuchs, des Wasserbuchs und anderer öffentlicher Bücher. Sie kann Unschädlichkeitszeugnisse ausstellen.

(2) Rechtshandlungen, die aus Anlaß der Änderung des Gemeindegebiets erforderlich sind, sind frei von öffentlichen Abgaben sowie von Gebühren und Auslagen, soweit diese auf Landesrecht beruhen.

3. Teil
Einwohner und Bürger

§ 21 Einwohner und Bürger
(1) Einwohner ist, wer in der Gemeinde wohnt.
(2) Bürger ist, wer zu den Gemeindewahlen wahlberechtigt ist.

§ 22[46] Pflichten der Gemeinden gegenüber ihren Einwohnern
(1) Die Gemeinden sind in den Grenzen ihrer Verwaltungskraft ihren Einwohnern bei der Einleitung von Verwaltungsverfahren behilflich, auch wenn für deren Durchführung eine andere Behörde zuständig ist. Zur Rechtsberatung sind die Gemeinden nicht verpflichtet.
(2) Die Gemeinden haben Vordrucke für Anträge, Anzeigen und Meldungen, die ihnen von anderen Behörden überlassen werden, bereitzuhalten.
(3) Soweit Anträge beim Kreis oder bei der Bezirksregierung einzureichen sind, haben die Gemeinden die Anträge entgegenzunehmen und unverzüglich an die zuständige Behörde weiterzuleiten. Die Einreichung bei der Gemeinde gilt als Antragstellung bei der zuständigen Behörde, soweit Bundesrecht nicht entgegensteht. Durch Rechtsverordnung des für Kommunales zuständigen Ministeriums können Anträge, die bei anderen Behörden zu stellen sind, in diese Regelung einbezogen werden.

§ 23 Unterrichtung der Einwohner
(1) Der Rat unterrichtet die Einwohner über die allgemein bedeutsamen Angelegenheiten der Gemeinde. Bei wichtigen Planungen und Vorhaben der Gemeinde, die unmittelbar

raum- oder entwicklungsbedeutsam sind oder das wirtschaftliche, soziale oder kulturelle Wohl ihrer Einwohner nachhaltig berühren, sollen die Einwohner möglichst frühzeitig über die Grundlagen sowie Ziele, Zwecke und Auswirkungen unterrichtet werden.

(2) Die Unterrichtung ist in der Regel so vorzunehmen, daß Gelegenheit zur Äußerung und zur Erörterung besteht. Zu diesem Zweck kann der Rat Versammlungen der Einwohner anberaumen, die auf Gemeindebezirke (Ortschaften) beschränkt werden können. Die näheren Einzelheiten, insbesondere die Beteiligung der Bezirksvertretungen in den kreisfreien Städten, sind in der Hauptsatzung zu regeln. Vorschriften über eine förmliche Beteiligung oder Anhörung bleiben unberührt.

(3) Ein Verstoß gegen die Absätze 1 und 2 berührt die Rechtmäßigkeit der Entscheidung nicht.

§ 24 Anregungen und Beschwerden

(1) Jeder hat das Recht, sich einzeln oder in Gemeinschaft mit anderen schriftlich mit Anregungen oder Beschwerden in Angelegenheiten der Gemeinde an den Rat oder die Bezirksvertretung zu wenden. Die Zuständigkeiten der Ausschüsse, der Bezirksvertretungen und des Bürgermeisters werden hierdurch nicht berührt. Die Erledigung von Anregungen und Beschwerden kann der Rat einem Ausschuß übertragen. Der Antragsteller ist über die Stellungnahme zu den Anregungen und Beschwerden zu unterrichten.

(2) Die näheren Einzelheiten regelt die Hauptsatzung.

§ 25[3] Einwohnerantrag

(1) Einwohner, die seit mindestens drei Monaten in der Gemeinde wohnen und das 14. Lebensjahr vollendet haben, können beantragen, daß der Rat über eine bestimmte Ange-

legenheit, für die er gesetzlich zuständig ist, berät und entscheidet.

(2) Der Antrag muß schriftlich eingereicht werden. Er muß ein bestimmtes Begehren und eine Begründung enthalten. Er muß bis zu drei Personen benennen, die berechtigt sind, die Unterzeichnenden zu vertreten. Die Verwaltung ist in den Grenzen ihrer Verwaltungskraft ihren Einwohnern bei der Einleitung eines Einwohnerantrages behilflich.

(3) Der Einwohnerantrag muß unterzeichnet sein,

1. in kreisangehörigen Gemeinden von mindestens 5 vom Hundert der Einwohner, höchstens jedoch von 4000 Einwohnern,

2. in kreisfreien Städten von mindestens 4 vom Hundert der Einwohner, höchstens jedoch 8000 Einwohnern.

(4) Jede Liste mit Unterzeichnungen muß den vollen Wortlaut des Antrags enthalten. Eintragungen, welche die Person des Unterzeichners nach Namen, Vornamen, Geburtsdatum und Anschrift nicht zweifelsfrei erkennen lassen, sind ungültig. Die Angaben werden von der Gemeinde geprüft.

(5) Der Antrag ist nur zulässig, wenn nicht in derselben Angelegenheit innerhalb der letzten zwölf Monate bereits ein Antrag gestellt wurde.

(6) Die Voraussetzungen der Absätze 1 bis 5 müssen im Zeitpunkt des Eingangs des Antrags bei der Gemeinde erfüllt sein.

(7) Der Rat stellt unverzüglich fest, ob der Einwohnerantrag zulässig ist. Er hat unverzüglich darüber zu beraten und zu entscheiden, spätestens innerhalb von vier Monaten nach seinem Eingang. Den Vertretern des Einwohnerantrags soll Gelegenheit gegeben werden, den Antrag in der Ratssitzung zu erläutern.

(8) In kreisfreien Städten kann ein Einwohnerantrag an eine Bezirksvertretung gerichtet werden, wenn es sich um eine

Angelegenheit handelt, für welche die Bezirksvertretung zuständig ist. Die Absätze 1 bis 7 gelten entsprechend mit der Maßgabe, daß

1. antrags- und unterzeichnungsberechtigt ist, wer im Stadtbezirk wohnt und
2. die Berechnung der erforderlichen Unterzeichnungen sich nach der Zahl der im Stadtbezirk wohnenden Einwohner richtet.

(9) Das für Kommunales zuständige Ministerium kann durch Rechtsverordnung das Nähere über die Durchführung des Einwohnerantrags regeln.

§ 26[23, 43] Bürgerbegehren und Bürgerentscheid

(1) Die Bürger können beantragen (Bürgerbegehren), daß sie an Stelle des Rates über eine Angelegenheit der Gemeinde selbst entscheiden (Bürgerentscheid). Der Rat kann mit einer Mehrheit von zwei Dritteln der gesetzlichen Zahl der Mitglieder beschließen, dass über eine Angelegenheit der Gemeinde ein Bürgerentscheid stattfindet (Ratsbürgerentscheid). Absatz 2 Satz 1 sowie die Absätze 5, 7, 8 und 10 gelten entsprechend.

(2) Das Bürgerbegehren muss schriftlich eingereicht werden und die zur Entscheidung zu bringende Frage sowie eine Begründung enthalten. Es muss bis zu drei Bürger benennen, die berechtigt sind, die Unterzeichnenden zu vertreten (Vertretungsberechtigte). Bürger, die beabsichtigen, ein Bürgerbegehren durchzuführen, teilen dies der Verwaltung schriftlich mit. Die Verwaltung ist in den Grenzen ihrer Verwaltungskraft ihren Bürgern bei der Einleitung eines Bürgerbegehrens behilflich. Sie teilt den Vertretungsberechtigten schriftlich eine Einschätzung der mit der Durchführung der verlangten Maßnahme verbundenen Kosten (Kostenschätzung) mit. Die Kostenschätzung

der Verwaltung ist bei der Sammlung der Unterschriften nach Absatz 4 anzugeben.

(3) Richtet sich ein Bürgerbegehren gegen einen Beschluß des Rates, muß es innerhalb von sechs Wochen nach der Bekanntmachung des Beschlusses eingereicht sein. Gegen einen Beschluß, der nicht der Bekanntmachung bedarf, beträgt die Frist drei Monate nach dem Sitzungstag. Nach der schriftlichen Mitteilung nach Absatz 2 Satz 3 ist der Ablauf der Fristen aus Satz 1 und Satz 2 bis zur Mitteilung der Verwaltung nach Absatz 2 Satz 5 gehemmt.

(4) Ein Bürgerbegehren muss in Gemeinden

–	bis	10 000 Einwohner von	10 %
–	bis	20 000 Einwohner von	9 %
–	bis	30 000 Einwohner von	8 %
–	bis	50 000 Einwohner von	7 %
–	bis	100 000 Einwohner von	6 %
–	bis	200 000 Einwohner von	5 %
–	bis	500 000 Einwohner von	4 %
–	über	500 000 Einwohner von	3 %

der Bürger unterzeichnet sein.

Die Angaben werden von der Gemeinde geprüft. Im übrigen gilt § 25 Abs. 4 entsprechend.

(5) Ein Bürgerbegehren ist unzulässig über

1. die innere Organisation der Gemeindeverwaltung,
2. die Rechtsverhältnisse der Mitglieder des Rates, der Bezirksvertretungen und der Ausschüsse sowie der Bediensteten der Gemeinde,
3. die Haushaltssatzung, die Eröffnungsbilanz, den Jahresabschluss und den Gesamtabschluss der Gemeinde (einschließlich der Wirtschaftspläne und des Jahresabschlusses der Eigenbetriebe) sowie die kommunalen Abgaben und die privatrechtlichen Entgelte,

4. Angelegenheiten, die im Rahmen eines Planfeststellungsverfahrens oder eines förmlichen Verwaltungsverfahrens mit Öffentlichkeitsbeteiligung oder eines abfallrechtlichen, immissionsschutzrechtlichen, wasserrechtlichen oder vergleichbaren Zulassungsverfahrens zu entscheiden sind,
5. die Aufstellung, Änderung, Ergänzung und Aufhebung von Bauleitplänen mit Ausnahme der Entscheidung über die Einleitung des Bauleitplanverfahrens.

Ein Bürgerbegehren darf nur Angelegenheiten zum Gegenstand haben, über die innerhalb der letzten zwei Jahre nicht bereits ein Bürgerentscheid durchgeführt worden ist.

(6) Der Rat stellt unverzüglich fest, ob das Bürgerbegehren zulässig ist. Gegen die ablehnende Entscheidung des Rates können nur die Vertreter des Bürgerbegehrens nach Absatz 2 Satz 2 einen Rechtsbehelf einlegen. Entspricht der Rat dem zulässigen Bürgerbegehren nicht, so ist innerhalb von drei Monaten ein Bürgerentscheid durchzuführen. Entspricht der Rat dem Bürgerbegehren, so unterbleibt der Bürgerentscheid. Den Vertretern des Bürgerbegehrens soll Gelegenheit gegeben werden, den Antrag in der Sitzung des Rates zu erläutern. Ist die Zulässigkeit des Bürgerbegehrens festgestellt, darf bis zur Feststellung des Ergebnisses des Bürgerentscheids eine dem Begehren entgegenstehende Entscheidung der Gemeindeorgane nicht mehr getroffen oder mit dem Vollzug einer derartigen Entscheidung nicht mehr begonnen werden, es sei denn, zu diesem Zeitpunkt haben rechtliche Verpflichtungen der Gemeinde hierzu bestanden (Sperrwirkung des zulässigen Bürgerbegehrens).

(7) Bei einem Bürgerentscheid kann über die gestellte Frage nur mit Ja oder Nein abgestimmt werden. Die Frage ist in dem Sinne entschieden, in dem sie von der Mehrheit der

gültigen Stimmen beantwortet wurde, sofern diese Mehrheit in Gemeinden mit

bis zu	50 000 Einwohnern mindestens	20 Prozent,
über	50 000 bis zu	
	100 000 Einwohnern mindestens	15 Prozent,
mehr als	100 000 Einwohnern mindestens	10 Prozent

der Bürger beträgt.

Bei Stimmengleichheit gilt die Frage als mit Nein beantwortet. Sollen an einem Tag mehrere Bürgerentscheide stattfinden, hat der Rat eine Stichfrage für den Fall zu beschließen, dass die gleichzeitig zur Abstimmung gestellten Fragen in einer miteinander nicht zu vereinbarenden Weise beantwortet werden (Stichentscheid). Es gilt dann diejenige Entscheidung, für die sich im Stichentscheid die Mehrheit der gültigen Stimmen ausspricht. Bei Stimmengleichheit im Stichentscheid gilt der Bürgerentscheid, dessen Frage mit der höchsten Stimmenzahl mehrheitlich beantwortet worden ist.

(8) Der Bürgerentscheid hat die Wirkung eines Ratsbeschlusses. Vor Ablauf von zwei Jahren kann er nur auf Initiative des Rates durch einen neuen Bürgerentscheid abgeändert werden.

(9) In kreisfreien Städten können Bürgerbegehren und Bürgerentscheid in einem Stadtbezirk durchgeführt werden, wenn es sich um eine Angelegenheit handelt, für welche die Bezirksvertretung zuständig ist. Die Absätze 1 bis 8 gelten entsprechend mit der Maßgabe, daß

1. das Bürgerbegehren von im Stadtbezirk wohnenden Bürgern unterzeichnet sein muss,

2. bei einem Bürgerentscheid nur die im Stadtbezirk wohnenden Bürger stimmberechtigt sind,

3. die Bezirksvertretung mit Ausnahme der Entscheidung nach Absatz 6 Satz 1 an die Stelle des Rates tritt.

(10) Das für Kommunales zuständige Ministerium kann durch Rechtsverordnung das Nähere über die Durchführung des Bürgerbegehrens und des Bürgerentscheids regeln. Dabei sind die § 32 Abs. 6, § 34a und § 41 der Kommunalwahlordnung zu berücksichtigen.

§ 27[15, 43, 48] Integration

(1) In einer Gemeinde, in der mindestens 5000 ausländische Einwohner ihre Hauptwohnung haben, ist ein Integrationsrat zu bilden.

In einer Gemeinde, in der mindestens 2000 ausländische Einwohner ihre Hauptwohnung haben, ist ein Integrationsrat zu bilden, wenn mindestens 200 Wahlberechtigte gemäß Absatz 3 Satz 1 es beantragen.

In anderen Gemeinden kann ein Integrationsrat gebildet werden. Der Integrationsrat wird gebildet, indem die Mitglieder nach Absatz 2 Satz 1 gewählt werden und die vom Rat nach Absatz 2 Satz 4 bestellten Ratsmitglieder hinzutreten. Die Zahl der nach Absatz 2 Satz 1 zu wählenden Mitglieder muss die Zahl der nach Absatz 2 Satz 4 zu bestellenden Ratsmitglieder übersteigen.

(2) In allgemeiner, unmittelbarer, freier, gleicher und geheimer Wahl werden für die Dauer der Wahlperiode des Rates die Mitglieder nach Listen oder als Einzelbewerber gewählt. Für die Mitglieder nach Listen und die Einzelbewerber können Stellvertreter gewählt werden.

Die Wahl der Mitglieder findet am Tag der Kommunalwahl statt; in den Fällen des Absatz 1 Satz 2 und 3 ist auch eine spätere Wahl zulässig.

Für den Integrationsrat bestellt der Rat aus seiner Mitte die weiteren Mitglieder. Die Bestellung von Stellvertretern ist zulässig.

Nach Ablauf der Wahlperiode üben die bisherigen Mitglieder und Ratsmitglieder im Integrationsrat ihre Tätigkeit bis zum Zusammentritt eines neugewählten Integrationsrates weiter aus, es sei denn, der Rat hat nach Absatz 1 Satz 3 beschlossen, künftig keinen Integrationsrat zu bilden.

(3) Wahlberechtigt ist, wer

1. nicht Deutscher im Sinne des Artikels 116 Absatz 1 des Grundgesetzes ist,
2. eine ausländische Staatsangehörigkeit besitzt,
3. die deutsche Staatsangehörigkeit durch Einbürgerung erhalten hat oder
4. die deutsche Staatsangehörigkeit nach § 4 Absatz 3 des Staatsangehörigkeitsgesetzes in der im Bundesgesetzblatt Teil III, Gliederungsnummer 102-1, veröffentlichten bereinigten Fassung, zuletzt geändert durch Artikel 1 des Gesetzes vom 28. August 2013 (BGBl. I S. 3458), erworben hat.

Darüber hinaus muss die Person am Wahltag

1. 16 Jahre alt sein,
2. sich seit mindestens einem Jahr im Bundesgebiet rechtmäßig aufhalten und
3. mindestens seit dem sechzehnten Tag vor der Wahl in der Gemeinde ihre Hauptwohnung haben.

Wahlberechtigte Personen nach Satz 1 Nummern 3 und 4 müssen sich bis zum zwölften Tag vor der Wahl in das Wählerverzeichnis eintragen lassen.

(4) Nicht wahlberechtigt sind Ausländer

1. auf die das Aufenthaltsgesetz in der Fassung der Bekanntmachung vom 25. Februar 2008 (BGBl. I S. 162), zuletzt geändert durch Artikel 7 des Gesetzes vom 17. Juni 2013 (BGBl. I S. 1555), nach seinem § 1 Absatz 2 Nummer 2 oder 3 keine Anwendung findet oder
2. die Asylbewerber sind.

(5) Wählbar sind mit Vollendung des 18. Lebensjahres alle wahlberechtigten Personen nach Absatz 3 Satz 1 sowie alle Bürger. Darüber hinaus muss die Person am Wahltag

1. sich seit mindestens einem Jahr im Bundesgebiet rechtmäßig aufhalten und
2. seit mindestens drei Monaten in der Gemeinde ihre Hauptwohnung haben.

(6) Bei der Feststellung der Zahl der ausländischen Einwohner nach Absatz 1 lässt die Gemeinde die in Absatz 4 bezeichneten Ausländer sowie die Personen, die neben einer ausländischen auch die deutsche Staatsangehörigkeit besitzen, außer Betracht.

(7) Für die Rechtsstellung der nach Absatz 2 Satz 1 gewählten Mitglieder gelten die §§ 30, 31, 32 Absatz 2, 33, 43 Absatz 1, 44 und 45 mit Ausnahme des Absatzes 5 Nummer 1 entsprechend. Der Integrationsrat wählt aus seiner Mitte einen Vorsitzenden und einen oder mehrere Stellvertreter.

Der Integrationsrat regelt seine inneren Angelegenheiten durch eine Geschäftsordnung.

(8) Rat und Integrationsrat sollen sich über die Themen und Aufgaben der Integration in der Gemeinde abstimmen. Der Integrationsrat kann sich darüber hinaus mit allen Angelegenheiten der Gemeinde befassen. Auf Antrag des Integrationsrates ist eine Anregung oder Stellungnahme des Integrationsrates dem Rat, einer Bezirksvertretung oder einem Ausschuss vorzulegen. Der Vorsitzende des Integrationsrates oder ein anderes vom Integrationsrat benanntes Mitglied ist berechtigt, bei der Beratung dieser Angelegenheit an der Sitzung teilzunehmen; auf sein Verlangen ist ihm dazu das Wort zu erteilen.

(9) Der Integrationsrat soll zu Fragen, die ihm vom Rat, einem Ausschuss, einer Bezirksvertretung oder vom Bürgermeister vorgelegt werden, Stellung nehmen.

(10) Dem Integrationsrat sind die zur Erledigung seiner Aufgaben erforderlichen Mittel zur Verfügung zu stellen. Der Rat kann nach Anhörung des Integrationsrates den Rahmen festlegen, innerhalb dessen der Integrationsrat über ihm vom Rat zugewiesene Haushaltsmittel entscheiden kann.

(11) Für die Wahl zum Integrationsrat nach Absatz 2 Satz 1 gelten die §§ 2, 5 Absatz 1, §§ 9 bis 13, 24 bis 27, 30, 34 bis 46, 47 Satz 1 und § 48 des Kommunalwahlgesetzes entsprechend; § 29 Kommunalwahlgesetz gilt entsprechend, soweit die Gemeinden keine abweichenden Regelungen treffen. Das für Kommunales zuständige Ministerium kann durch Rechtsverordnung das Nähere über die Wahlvorschläge sowie weitere Einzelheiten über die Vorbereitung und Durchführung der Wahl sowie über die Wahlprüfung regeln.

§ 27a Interessenvertretungen, Beauftragte

Die Gemeinde kann zur Wahrnehmung der spezifischen Interessen von Senioren, von Jugendlichen, von Menschen mit Behinderung oder anderen gesellschaftlichen Gruppen besondere Vertretungen bilden oder Beauftragte bestellen. Das Nähere kann durch Satzung geregelt werden.

§ 28 Ehrenamtliche Tätigkeit und Ehrenamt

(1) Der Einwohner ist zu einer nebenberuflichen vorübergehenden Tätigkeit für die Gemeinde verpflichtet (ehrenamtliche Tätigkeit).

(2) Der Bürger ist zur nebenberuflichen Übernahme eines auf Dauer berechneten Kreises von Verwaltungsgeschäften für die Gemeinde verpflichtet (Ehrenamt).

§ 29[35] Ablehnungsgründe

(1) Einwohner und Bürger können die Übernahme einer ehrenamtlichen Tätigkeit oder eines Ehrenamts ablehnen, ihre Ausübung verweigern oder das Ausscheiden verlangen, wenn ein wichtiger Grund vorliegt.

(2) Ob ein wichtiger Grund vorliegt, entscheidet der Rat, soweit er nicht die Entscheidung dem Bürgermeister überträgt.

(3) Der Rat kann gegen einen Bürger oder Einwohner, der ohne wichtigen Grund die Übernahme einer ehrenamtlichen Tätigkeit oder eines Ehrenamts ablehnt oder ihre Ausübung verweigert, ein Ordnungsgeld bis zu 250 Euro und für jeden Fall der Wiederholung ein Ordnungsgeld bis zu 500 Euro festsetzen. Die Ordnungsgelder werden im Verwaltungszwangsverfahren beigetrieben.

§ 30 Verschwiegenheitspflicht

(1) Der zu ehrenamtlicher Tätigkeit oder in ein Ehrenamt Berufene hat, auch nach Beendigung seiner Tätigkeit, über die ihm dabei bekannt gewordenen Angelegenheiten, deren Geheimhaltung ihrer Natur nach erforderlich, besonders vorgeschrieben, vom Rat beschlossen oder vom Bürgermeister angeordnet ist, Verschwiegenheit zu wahren. Ihrer Natur nach geheim sind insbesondere Angelegenheiten, deren Mitteilung an andere dem Gemeinwohl oder dem berechtigten Interesse einzelner Personen zuwiderlaufen würde. Er darf die Kenntnis vertraulicher Angelegenheiten nicht unbefugt verwerten.

(2) Der zu ehrenamtlicher Tätigkeit oder in ein Ehrenamt Berufene darf ohne Genehmigung über Angelegenheiten, über die er Verschwiegenheit zu wahren hat, weder vor Gericht noch außergerichtlich aussagen oder Erklärungen abgeben.

(3) Die Genehmigung, als Zeuge auszusagen, darf nur versagt werden, wenn die Aussage dem Wohle des Bundes oder eines

Landes Nachteile bereiten oder die Erfüllung öffentlicher Aufgaben ernstlich gefährden oder erheblich erschweren würde.

(4) Ist der zu ehrenamtlicher Tätigkeit oder in ein Ehrenamt Berufene Beteiligter in einem gerichtlichen Verfahren oder soll sein Vorbringen der Wahrnehmung seiner berechtigten Interessen dienen, so darf die Genehmigung auch dann, wenn die Voraussetzungen des Absatzes 3 erfüllt sind, nur versagt werden, wenn ein zwingendes öffentliches Interesse dies erfordert. Wird sie versagt, so ist der Schutz zu gewähren, den die öffentlichen Interessen zulassen.

(5) Die Genehmigung erteilt bei den vom Rat zu ehrenamtlicher Tätigkeit oder in ein Ehrenamt Berufenen der Rat, im übrigen der Bürgermeister.

(6) Wer die Pflichten nach Absatz 1 oder 2 verletzt, kann zur Verantwortung gezogen werden. Soweit die Tat nicht mit Strafe bedroht ist, gilt § 29 Abs. 3 entsprechend.

§ 31[33] Ausschließungsgründe

(1) Der zu ehrenamtlicher Tätigkeit oder in ein Ehrenamt Berufene darf weder beratend noch entscheidend mitwirken, wenn die Entscheidung einer Angelegenheit

1. ihm selbst,
2. einem seiner Angehörigen,
3. einer von ihm kraft Gesetzes oder kraft Vollmacht vertretenen natürlichen oder juristischen Person

einen unmittelbaren Vorteil oder Nachteil bringen kann. Unmittelbar ist der Vorteil oder Nachteil, wenn die Entscheidung eine natürliche oder juristische Person direkt berührt.

(2) Das Mitwirkungsverbot gilt auch, wenn der Betreffende

1. bei einer natürlichen Person, einer juristischen Person oder einer Vereinigung, der die Entscheidung einen unmittelbaren Vorteil oder Nachteil bringen kann, gegen Entgelt

beschäftigt ist und nach den tatsächlichen Umständen, insbesondere der Art seiner Beschäftigung, ein Interessenwiderstreit anzunehmen ist,

2. Mitglied des Vorstandes, des Aufsichtsrates oder eines gleichartigen Organs einer juristischen Person oder einer Vereinigung ist, der die Entscheidung einen unmittelbaren Vorteil oder Nachteil bringen kann, es sei denn, er gehört den genannten Organen als Vertreter oder auf Vorschlag der Gemeinde an,

3. in anderer als öffentlicher Eigenschaft in der Angelegenheit ein Gutachten abgegeben hat oder sonst tätig geworden ist.

(3) Die Mitwirkungsverbote der Absätze 1 und 2 gelten nicht,

1. wenn der Vorteil oder Nachteil nur darauf beruht, daß jemand einer Berufs- oder Bevölkerungsgruppe angehört, deren gemeinsame Interessen durch die Angelegenheit berührt werden,

2. bei Wahlen zu einer ehrenamtlichen Tätigkeit oder in ein Ehrenamt und für die Abberufung aus solchen Tätigkeiten,

3. bei Wahlen, Wiederwahlen und Abberufungen nach § 71, es sei denn, der Betreffende selbst steht zur Wahl,

4. bei Beschlüssen eines Kollegialorgans, durch die jemand als Vertreter der Gemeinde in Organe der in Absatz 2 Nr. 2 genannten Art entsandt oder aus ihnen abberufen wird; das gilt auch für Beschlüsse, durch die Vorschläge zur Berufung in solche Organe gemacht werden,

5. bei gleichzeitiger Mitgliedschaft in der Vertretung einer anderen Gebietskörperschaft oder deren Ausschüssen, wenn ihr durch die Entscheidung ein Vorteil oder Nachteil erwachsen kann.

(4) Wer annehmen muß, nach Absatz 1 oder 2 von der Mitwirkung ausgeschlossen zu sein, hat den Ausschließungsgrund unaufgefordert der zuständigen Stelle anzuzeigen und den Sit-

zungsraum zu verlassen; bei einer öffentlichen Sitzung kann er sich in dem für die Zuhörer bestimmten Teil des Sitzungsraumes aufhalten. Für die Entscheidung in Fällen, in denen der Ausschluß streitig bleibt, ist bei Mitgliedern eines Kollegialorgans dieses, sonst der Bürgermeister zuständig. Verstöße gegen die Offenbarungspflicht sind von dem Kollegialorgan durch Beschluß, vom Bürgermeister durch einen schriftlichen Bescheid festzustellen.

(5) Angehörige im Sinne des Absatzes 1 Nr. 2, des § 72, des § 93 Abs. 5, § 103 Abs. 7 und des § 104 Abs. 3 sind

1. der Ehegatte oder die eingetragene Lebenspartnerin oder der eingetragene Lebenspartner,
2. Verwandte und Verschwägerte gerader Linie sowie durch Annahme als Kind verbundene Personen,
3. Geschwister,
4. Kinder der Geschwister,
5. Ehegatten der Geschwister und Geschwister der Ehegatten,
6. eingetragene Lebenspartnerinnen oder Lebenspartner der Geschwister und Geschwister der eingetragenen Lebenspartnerinnen oder Lebenspartner,
7. Geschwister der Eltern.

Die unter den Nummern 1, 2, 5 und 6 genannten Personen gelten nicht als Angehörige, wenn die Ehe rechtswirksam geschieden oder aufgehoben oder die Lebenspartnerschaft aufgehoben ist.

(6) Die Mitwirkung eines wegen Befangenheit Betroffenen kann nach Beendigung der Abstimmung nur geltend gemacht werden, wenn sie für das Abstimmungsergebnis entscheidend war.

§ 32 Treupflicht

(1) Inhaber eines Ehrenamts haben eine besondere Treupflicht gegenüber der Gemeinde. Sie dürfen Ansprüche anderer gegen die Gemeinde nicht geltend machen, es sei denn, daß sie als gesetzliche Vertreter handeln.

(2) Absatz 1 gilt auch für ehrenamtlich Tätige, wenn der Auftrag mit den Aufgaben ihrer ehrenamtlichen Tätigkeit in Zusammenhang steht. Ob diese Voraussetzungen vorliegen, entscheidet bei den vom Rat zu ehrenamtlicher Tätigkeit Berufenen der Rat, im übrigen der Bürgermeister.

§ 33 Entschädigung

Der zu ehrenamtlicher Tätigkeit oder in ein Ehrenamt Berufene hat Anspruch auf Ersatz seiner Auslagen und des Verdienstausfalls. Der Verdienstausfall kann nach § 45 berechnet werden.

§ 34[35] Ehrenbürgerrecht und Ehrenbezeichnung

(1) Die Gemeinde kann Persönlichkeiten, die sich um sie besonders verdient gemacht haben, das Ehrenbürgerrecht verleihen. Sie kann langjährigen Ratsmitgliedern und Ehrenbeamten nach ihrem Ausscheiden eine Ehrenbezeichnung verleihen.

(2) Beschlüsse über die Verleihung oder die Entziehung des Ehrenbürgerrechts und über die Entziehung einer Ehrenbezeichnung fasst der Rat mit einer Mehrheit von zwei Dritteln der gesetzlichen Zahl der Mitglieder.

4. Teil
Bezirke und Ortschaften

§ 35[46] Stadtbezirke in den kreisfreien Städten

(1) Die kreisfreien Städte sind verpflichtet, das gesamte Stadtgebiet in Stadtbezirke einzuteilen.

(2) Bei der Einteilung des Stadtgebiets in Stadtbezirke soll auf die Siedlungsstruktur, die Bevölkerungsverteilung und die Ziele der Stadtentwicklung Rücksicht genommen werden. Die einzelnen Stadtbezirke sollen eine engere örtliche Gemeinschaft umfassen und nach der Fläche und nach der Einwohnerzahl so abgegrenzt werden, daß sie gleichermaßen bei der Erfüllung gemeindlicher Aufgaben beteiligt werden können; zu diesem Zweck können benachbarte Wohngebiete zu einem Stadtbezirk zusammengefaßt werden. Der Kernbereich des Stadtgebiets soll nicht auf mehrere Stadtbezirke aufgeteilt werden.

(3) Das Stadtgebiet soll in nicht weniger als drei und nicht mehr als zehn Stadtbezirke eingeteilt werden.

(4) Die näheren Einzelheiten regelt die Hauptsatzung. Stadtbezirksgrenzen können nur zum Ende der Wahlperiode des Rates geändert werden.

(5) Die Aufsichtsbehörde kann im Einzelfall zulassen, daß das Stadtgebiet in mehr als zehn Stadtbezirke eingeteilt wird, wenn dies wegen der Abgrenzungsmerkmale nach Absatz 2 erforderlich sein sollte.

§ 36[37] Bezirksvertretungen in den kreisfreien Städten

(1) Für jeden Stadtbezirk ist eine Bezirksvertretung zu wählen. Die Mitglieder der Bezirksvertretungen werden in allgemeiner, unmittelbarer, freier, gleicher und geheimer Wahl auf die Dauer von fünf Jahren gewählt. Die näheren Vorschriften trifft das

Kommunalwahlgesetz. Nach Ablauf der Wahlperiode üben die bisherigen Mitglieder der Bezirksvertretungen ihre Tätigkeit bis zum Zusammentritt der neugewählten Bezirksvertretung weiter aus.

(2) Die Bezirksvertretung besteht aus mindestens elf und höchstens neunzehn Mitgliedern einschließlich des Vorsitzenden. Der Vorsitzende führt die Bezeichnung Bezirksvorsteher. Der Rat kann beschließen, dass der Bezirksvorsteher die Bezeichnung Bezirksbürgermeister führt. Die Mitgliederzahlen können nach den Einwohnerzahlen der Stadtbezirke gestaffelt werden; die Gesamtzahl der Mitglieder muß ungerade sein. Das Nähere regelt die Hauptsatzung.

(3) Nach Beginn der Wahlperiode der Bezirksvertretung muss die erste Sitzung innerhalb von sechs Wochen stattfinden; dazu beruft der bisherige Bezirksvorsteher die Bezirksvertretung ein. Die Bezirksvertretung wählt aus ihrer Mitte ohne Aussprache den Bezirksvorsteher und einen oder mehrere Stellvertreter. § 67 Abs. 2 bis 5 findet entsprechende Anwendung. Der Bezirksvorsteher und die Stellvertreter dürfen nicht zugleich Bürgermeister oder Stellvertreter des Bürgermeisters sein.

(4) Der Bezirksvorsteher kann neben den Entschädigungen, die ihm als Mitglied der Bezirksvertretung zustehen, eine in der Hauptsatzung festzusetzende Aufwandsentschädigung erhalten. Für Stellvertreter des Bezirksvorstehers sowie für Fraktionsvorsitzende können in der Hauptsatzung entsprechende Regelungen getroffen werden. Das für Kommunales zuständige Ministerium bestimmt durch Rechtsverordnung die Höhe der Aufwandsentschädigung.

(5) Die Bezirksvertretungen dürfen keine Ausschüsse bilden. Auf die Mitglieder der Bezirksvertretungen und das Verfahren in den Bezirksvertretungen finden die für den Rat geltenden Vorschriften mit der Maßgabe entsprechende Anwendung, daß

die Geschäftsordnung des Rates besondere Regelungen für die Bezirksvertretungen enthält und in Fällen äußerster Dringlichkeit der Bezirksvorsteher mit einem Mitglied der Bezirksvertretung entscheiden kann; § 60 Abs. 1 Satz 1 findet keine Anwendung. Abweichend von § 48 Abs. 1 Satz 4 brauchen Zeit und Ort der Sitzungen der Bezirksvertretungen sowie die Tagesordnung nicht öffentlich bekannt gemacht zu werden; der Oberbürgermeister soll die Öffentlichkeit hierüber vorher in geeigneter Weise unterrichten. Zu einzelnen Punkten der Tagesordnung können Sachverständige und Einwohner gehört werden.

(6) Die nicht der Bezirksvertretung als ordentliche Mitglieder angehörenden Ratsmitglieder, die in dem Stadtbezirk wohnen oder dort kandidiert haben, haben das Recht, an den Sitzungen der Bezirksvertretung mit beratender Stimme teilzunehmen. Zu diesem Zweck sind der Oberbürgermeister und diese Ratsmitglieder wie die ordentlichen Mitglieder der Bezirksvertretung zu deren Sitzungen zu laden. Die übrigen Ratsmitglieder und Ausschußmitglieder können nach Maßgabe der Geschäftsordnung an nichtöffentlichen Sitzungen als Zuhörer teilnehmen. Die Teilnahme an Sitzungen als Zuhörer begründet keinen Anspruch auf Ersatz des Verdienstausfalls und auf Zahlung von Sitzungsgeld.

(7) Der Oberbürgermeister ist berechtigt und auf Verlangen einer Bezirksvertretung verpflichtet, an den Sitzungen der Bezirksvertretung mit beratender Stimme teilzunehmen; ihm ist auf Verlangen jederzeit das Wort zu erteilen. Er kann sich von einem Beigeordneten oder einer anderen leitenden Dienstkraft vertreten lassen. Das Nähere regelt die Hauptsatzung.

§ 37[26] Aufgaben der Bezirksvertretungen in den kreisfreien Städten

(1) Soweit nicht der Rat nach § 41 Abs. 1 ausschließlich zuständig ist, entscheiden die Bezirksvertretungen unter Beachtung

der Belange der gesamten Stadt und im Rahmen der vom Rat erlassenen allgemeinen Richtlinien in allen Angelegenheiten, deren Bedeutung nicht wesentlich über den Stadtbezirk hinausgeht, insbesondere in folgenden Angelegenheiten:

a) Unterhaltung und Ausstattung der im Stadtbezirk gelegenen Schulen und öffentlichen Einrichtungen, wie Sportplätze, Altenheime, Friedhöfe, Büchereien und ähnliche soziale und kulturelle Einrichtungen;

b) Angelegenheiten des Denkmalschutzes, der Pflege des Ortsbildes sowie der Grünpflege;

c) die Festlegung der Reihenfolge der Arbeiten zum Um- und Ausbau sowie zur Unterhaltung und Instandsetzung von Straßen, Wegen und Plätzen von bezirklicher Bedeutung einschließlich der Straßenbeleuchtung, soweit es sich nicht um die Verkehrssicherungspflicht handelt;

d) Betreuung und Unterstützung örtlicher Vereine, Verbände und sonstiger Vereinigungen und Initiativen im Stadtbezirk;

e) kulturelle Angelegenheiten des Stadtbezirks einschließlich Kunst im öffentlichen Raum, Heimat- und Brauchtumspflege im Stadtbezirk, Pflege von vorhandenen Paten- oder Städtepartnerschaften;

f) Information, Dokumentation und Repräsentation in Angelegenheiten des Stadtbezirks.

Die näheren Einzelheiten sind in der Hauptsatzung zu regeln. Der Rat kann dabei die in Satz 1 aufgezählten Aufgaben im einzelnen abgrenzen. Hinsichtlich der Geschäfte der laufenden Verwaltung gilt § 41 Abs. 3.

(2) Bei Streitigkeiten der Bezirksvertretungen untereinander und zwischen Bezirksvertretungen und den Ausschüssen über Zuständigkeiten im Einzelfall entscheidet der Hauptausschuß.

(3) Die Bezirksvertretungen erfüllen die ihnen zugewiesenen Aufgaben im Rahmen der vom Rat bereitgestellten Haushalts-

mittel; dabei sollen sie über den Verwendungszweck eines Teils dieser Haushaltsmittel allein entscheiden können. Die bezirksbezogenen Haushaltsmittel sollen unter Berücksichtigung der Gesamtaufwendungen und Gesamtauszahlungen der Stadt sowie des Umfangs der entsprechenden Anlagen und Einrichtungen fortgeschrieben werden.

(4) Die Bezirksvertretungen wirken an den Beratungen über die Haushaltssatzung mit. Sie beraten über alle Haushaltspositionen, die sich auf ihren Bezirk und ihre Aufgaben auswirken, und können dazu Vorschläge machen und Anregungen geben. Über die Haushaltspositionen nach Satz 2 und die Haushaltsmittel nach Absatz 1 ist den Bezirksvertretungen eine geeignete Übersicht als Auszug aus dem Entwurf der Haushaltssatzung nach § 80, getrennt nach Bezirken, zur Beratung vorzulegen. Die Übersichten sind dem Haushaltsplan als Anlage beizufügen.

(5) Die Bezirksvertretung ist zu allen wichtigen Angelegenheiten, die den Stadtbezirk berühren, zu hören. Insbesondere ist ihr vor der Beschlußfassung des Rates über Planungs- und Investitionsvorhaben im Bezirk und über Bebauungspläne für den Bezirk Gelegenheit zur Stellungnahme zu geben. Darüber hinaus hat die Bezirksvertretung bei diesen Vorhaben, insbesondere im Rahmen der Bauleitplanung, für ihr Gebiet dem Rat gegenüber ein Anregungsrecht. Der Rat kann allgemein oder im Einzelfall bestimmen, daß bei der Aufstellung von Bebauungsplänen von räumlich auf den Stadtbezirk begrenzter Bedeutung das Beteiligungsverfahren nach § 3 Baugesetzbuch den Bezirksvertretungen übertragen wird. Die Bezirksvertretung kann zu allen den Stadtbezirk betreffenden Angelegenheiten Vorschläge und Anregungen machen. Insbesondere kann sie Vorschläge für vom Rat für den Stadtbezirk zu wählende oder zu bestellende ehrenamtlich tätige Personen unterbreiten. Bei Beratungen des Rates oder eines Ausschusses über Angelegenheiten, die auf

einen Vorschlag oder eine Anregung einer Bezirksvertretung zurückgehen, haben der Bezirksvorsteher oder sein Stellvertreter das Recht, dazu in der Sitzung gehört zu werden.

(6) Der Oberbürgermeister oder der Bezirksvorsteher können einem Beschluß der Bezirksvertretung spätestens am 14. Tag nach der Beschlußfassung unter schriftlicher Begründung widersprechen, wenn sie der Auffassung sind, daß der Beschluß das Wohl der Stadt gefährdet. Der Widerspruch hat aufschiebende Wirkung. Über die Angelegenheit ist in einer neuen Sitzung der Bezirksvertretung, die frühestens am dritten Tag und spätestens drei Wochen nach dem Widerspruch stattzufinden hat, erneut zu beschließen. Verbleibt die Bezirksvertretung bei ihrem Beschluß, so entscheidet der Rat endgültig, wenn der Widersprechende das verlangt. Im übrigen gilt § 54 Abs. 3 entsprechend.

§ 38 Bezirksverwaltungsstellen in den kreisfreien Städten

(1) Für jeden Stadtbezirk ist eine Bezirksverwaltungsstelle einzurichten. Die Hauptsatzung kann bestimmen, daß eine Bezirksverwaltungsstelle für mehrere Stadtbezirke zuständig ist oder daß im Stadtbezirk gelegene zentrale Verwaltungsstellen die Aufgaben einer Bezirksverwaltungsstelle miterfüllen.

(2) In der Bezirksverwaltungsstelle sollen im Rahmen einer sparsamen und wirtschaftlichen Haushaltsführung Dienststellen so eingerichtet und zusammengefaßt werden, daß eine möglichst ortsnahe Erledigung der Verwaltungsaufgaben gewährleistet ist. Die Befugnisse, die dem Oberbürgermeister nach § 62 und § 73 zustehen, bleiben unberührt.

(3) Bei der Bestellung des Leiters einer Bezirksverwaltungsstelle ist die Bezirksvertretung anzuhören. Der Leiter der Bezirksverwaltungsstelle oder sein Stellvertreter ist verpflichtet, an den Sitzungen der Bezirksvertretung teilzunehmen.

§ 39[45] Gemeindebezirke in den kreisangehörigen Gemeinden

(1) Das Gemeindegebiet kann in Bezirke (Ortschaften) eingeteilt werden. Dabei ist auf die Siedlungsstruktur, die Bevölkerungsverteilung und die Ziele der Gemeindeentwicklung Rücksicht zu nehmen.

(2) Für jeden Gemeindebezirk sind vom Rat entweder Bezirksausschüsse zu bilden oder Ortsvorsteher zu wählen. In Gemeindebezirken mit Bezirksausschüssen können Bezirksverwaltungsstellen eingerichtet werden. Der Rat kann beschließen, dass der Ortsvorsteher die Bezeichnung Ortsbürgermeister führt.

(3) Den Bezirksausschüssen sollen im Rahmen des § 41 Abs. 2 Aufgaben zur Entscheidung übertragen werden, die sich ohne Beeinträchtigung der einheitlichen Entwicklung der gesamten Gemeinde innerhalb eines Gemeindebezirks erledigen lassen. Der Rat kann allgemeine Richtlinien erlassen, die bei der Wahrnehmung der den Bezirksausschüssen zugewiesenen Aufgaben zu beachten sind. Er stellt die erforderlichen Haushaltsmittel bereit. § 37 Abs. 5 gilt entsprechend.

(4) Auf die Bezirksausschüsse sind die für die Ausschüsse des Rates geltenden Vorschriften mit folgenden Maßgaben anzuwenden:

1. Bei der Bestellung der Mitglieder durch den Rat ist das bei der Wahl des Rates im jeweiligen Gemeindebezirk erzielte Stimmenverhältnis zugrunde zu legen;

2. ihnen dürfen mehr sachkundige Bürger als Ratsmitglieder angehören;

3. für Parteien und Wählergruppen, die im Rat vertreten sind, findet § 58 Abs. 1 Satz 7 bis 10 sinngemäß Anwendung;

4. der Bezirksausschuß wählt aus den ihm angehörenden Ratsmitgliedern einen Vorsitzenden und einen oder mehrere

Stellvertreter; § 67 Abs. 2 findet entsprechende Anwendung.

(5) § 36 Abs. 6 und Abs. 7 gilt entsprechend.

(6) Ortsvorsteher wählt der Rat unter Berücksichtigung des bei der Wahl des Rates im jeweiligen Gemeindebezirk erzielten Stimmenverhältnisses für die Dauer seiner Wahlperiode. Sie sollen in dem Bezirk, für den sie bestellt werden, wohnen und müssen dem Rat angehören oder angehören können. § 67 Abs. 4 gilt entsprechend.

(7) Der Ortsvorsteher soll die Belange seines Bezirks gegenüber dem Rat wahrnehmen. Falls er nicht Ratsmitglied ist, darf er an den Sitzungen des Rates und der in § 59 genannten Ausschüsse weder entscheidend noch mit beratender Stimme mitwirken; das Recht, auch dort gehört zu werden, kann zugelassen werden. Der Ortsvorsteher kann für das Gebiet seiner Ortschaft mit der Erledigung bestimmter Geschäfte der laufenden Verwaltung beauftragt werden; er ist sodann zum Ehrenbeamten zu ernennen. Er führt diese Geschäfte in Verantwortung gegenüber dem Bürgermeister durch. Er kann eine angemessene Aufwandsentschädigung erhalten. Das für Kommunales zuständige Ministerium bestimmt durch Rechtsverordnung die Höhe der Aufwandsentschädigung und in welchem Umfang daneben der Ersatz von Auslagen zulässig ist. Ortsvorsteher haben einen Anspruch auf Freistellung nach Maßgabe des § 44 und erhalten Ersatz des Verdienstausfalls nach Maßgabe des § 45.

(8) Die im Rahmen der Bezirkseinteilung erforderlichen Vorschriften trifft der Rat durch die Hauptsatzung.

5. Teil
Der Rat

§ 40[34] Träger der Gemeindeverwaltung

(1) Die Verwaltung der Gemeinde wird ausschließlich durch den Willen der Bürgerschaft bestimmt.

(2) Die Bürgerschaft wird durch den Rat und den Bürgermeister vertreten. Der Rat besteht aus den gewählten Ratsmitgliedern und dem Bürgermeister (Mitglied kraft Gesetzes). Die Vertretung und Repräsentation des Rates obliegt dem Bürgermeister (in kreisfreien Städten: Oberbürgermeister). Den Vorsitz im Rat führt der Bürgermeister.

Der Bürgermeister hat im Rat Stimmrecht. In den Fällen der §§ 47 Abs. 1, 48 Abs. 1, 50 Abs. 3, 53 Abs. 2, 55 Abs. 3 und 4, 58 Abs.1, 3 und 5, 66 Abs. 1, 69 Abs. 1 Satz 2, 73 Abs. 1 und 3 und 96 Abs. 1 Satz 4 stimmt er nicht mit.

§ 41[5] Zuständigkeiten des Rates

(1) Der Rat der Gemeinde ist für alle Angelegenheiten der Gemeindeverwaltung zuständig, soweit dieses Gesetz nichts anderes bestimmt. Die Entscheidung über folgende Angelegenheiten kann der Rat nicht übertragen:

a) die allgemeinen Grundsätze, nach denen die Verwaltung geführt werden soll,

b) die Wahl der Mitglieder der Ausschüsse und ihrer Vertreter,

c) die Wahl der Beigeordneten,

d) die Verleihung und die Entziehung des Ehrenbürgerrechts und einer Ehrenbezeichnung,

e) die Änderung des Gemeindegebiets, soweit nicht in diesem Gesetz etwas anderes bestimmt ist,

f) den Erlaß, die Änderung und die Aufhebung von Satzungen und sonstigen ortsrechtlichen Bestimmungen,

g) abschließende Beschlüsse im Flächennutzungsplanverfahren und abschließende Satzungsbeschlüsse auf der Grundlage des Baugesetzbuchs und des Maßnahmengesetzes zum Baugesetzbuch,

h) den Erlass der Haushaltssatzung und des Stellenplans, die Aufstellung eines Haushaltssicherungskonzeptes, die Zustimmung zu überplanmäßigen und außerplanmäßigen Aufwendungen und Auszahlungen sowie zu überplanmäßigen und außerplanmäßigen Verpflichtungsermächtigungen, die Festlegung von Wertgrenzen für die Veranschlagung und Abrechnung einzelner Investitionsmaßnahmen,

i) die Festsetzung allgemein geltender öffentlicher Abgaben und privatrechtlicher Entgelte,

j) die Feststellung des Jahresabschlusses und die Entlastung sowie die Bestätigung des Gesamtabschlusses,

k) die teilweise oder vollständige Veräußerung oder Verpachtung von Eigenbetrieben, die teilweise oder vollständige Veräußerung einer unmittelbaren oder mittelbaren Beteiligung an einer Gesellschaft oder anderen Vereinigungen des privaten Rechts, die Veräußerung eines Geschäftsanteils an einer eingetragenen Kreditgenossenschaft sowie den Abschluss von anderen Rechtsgeschäften im Sinne des § 111 Abs. 1 und 2,

l) die Errichtung, Übernahme, Erweiterung, Einschränkung und Auflösung von Anstalten des öffentlichen Rechts gemäß § 114 a, öffentlichen Einrichtungen und Eigenbetrieben, die Bildung oder Auflösung eines gemeinsamen Kommunalunternehmens gemäß § 27 Abs. 1 bis 3 und 6 des Gesetzes über kommunale Gemeinschaftsarbeit, die Änderung der Unternehmenssatzung eines gemeinsamen Kommunalunternehmens sowie der Austritt aus einem gemeinsamen Kommunalunternehmen, die erstmalige unmittelbare oder mittelbare Beteiligung sowie die Erhöhung einer unmittelbaren oder mittelbaren Beteiligung an einer Gesellschaft oder anderen Vereinigungen in privater Rechtsform, den Erwerb eines Geschäftsanteils an einer eingetragenen Kreditgenossenschaft,

m) die Umwandlung der Rechtsform von Anstalten des öffentlichen Rechts gemäß § 114a, öffentlichen Einrichtungen und Eigenbetrieben sowie die Umwandlung der Rechtsform von Gesellschaften, an denen die Gemeinde beteiligt ist, soweit der Einfluß der Gemeinde (§ 63 Abs. 2 und § 113 Abs. 1) geltend gemacht werden kann,

n) die Umwandlung des Zwecks, die Zusammenlegung und die Aufhebung von Stiftungen einschließlich des Verbleibs des Stiftungsvermögens,

o) die Umwandlung von Gemeindegliedervermögen in freies Gemeindevermögen sowie die Veränderung der Nutzungsrechte am Gemeindegliedervermögen,

p) die Übernahme von Bürgschaften, den Abschluß von Gewährverträgen und die Bestellung sonstiger Sicherheiten für andere sowie solche Rechtsgeschäfte, die den vorgenannten wirtschaftlich gleichkommen,

q) die Bestellung und Abberufung der Leitung und der Prüfer der örtlichen Rechnungsprüfung sowie die Erweiterung der Aufgaben der örtlichen Rechnungsprüfung über die Pflichtaufgaben hinaus,

r) die Genehmigung von Verträgen der Gemeinde mit Mitgliedern des Rates, der Bezirksvertretungen und der Ausschüsse sowie mit dem Bürgermeister und den leitenden Dienstkräften der Gemeinde nach näherer Bestimmung der Hauptsatzung,

s) die Übernahme neuer Aufgaben, für die keine gesetzliche Verpflichtung besteht,

t) die Festlegung strategischer Ziele unter Berücksichtigung der Ressourcen.

(2) Im übrigen kann der Rat die Entscheidung über bestimmte Angelegenheiten auf Ausschüsse oder den Bürgermeister übertragen. Er kann ferner Ausschüsse ermächtigen, in Angelegenheiten ihres Aufgabenbereichs die Entscheidung dem Bürgermeister zu übertragen.

(3) Geschäfte der laufenden Verwaltung gelten im Namen des Rates als auf den Bürgermeister übertragen, soweit nicht der Rat sich, einer Bezirksvertretung oder einem Ausschuß für einen bestimmten Kreis von Geschäften oder für einen Einzelfall die Entscheidung vorbehält.

§ 42[46] Wahl der Ratsmitglieder

(1) Die Ratsmitglieder werden von den Bürgern in allgemeiner, unmittelbarer, freier, gleicher und geheimer Wahl für die Dauer von fünf Jahren gewählt. Die näheren Vorschriften trifft das Kommunalwahlgesetz.

(2) Nach Ablauf der Wahlperiode üben die bisherigen Ratsmitglieder ihre Tätigkeit bis zum Zusammentritt des neugewählten Rates weiter aus.

§ 43[34] Rechte und Pflichten der Ratsmitglieder

(1) Die Ratsmitglieder sind verpflichtet, in ihrer Tätigkeit ausschließlich nach dem Gesetz und ihrer freien, nur durch Rücksicht auf das öffentliche Wohl bestimmten Überzeugung zu handeln; sie sind an Aufträge nicht gebunden.

(2) Für die Tätigkeit als Ratsmitglied, Mitglied einer Bezirksvertretung oder Mitglied eines Ausschusses gelten die Vorschriften der §§ 30 bis 32 mit folgenden Maßgaben entsprechend:

1. Die Pflicht zur Verschwiegenheit kann ihnen gegenüber nicht vom Bürgermeister angeordnet werden;

2. die Genehmigung, als Zeuge auszusagen, erteilt bei Ratsmitgliedern der Rat, bei Mitgliedern der Bezirksvertretungen die Bezirksvertretung und bei Ausschußmitgliedern der Ausschuß;

3. die Offenbarungspflicht über Ausschließungsgründe besteht bei Ratsmitgliedern gegenüber dem Bürgermeister, bei Mitgliedern der Bezirksvertretungen gegenüber dem Bezirksvorsteher und bei Ausschußmitgliedern gegenüber dem Ausschußvorsitzenden vor Eintritt in die Verhandlung;

4. über Ausschließungsgründe entscheidet bei Ratsmitgliedern der Rat, bei Mitgliedern der Bezirksvertretungen die Bezirksvertretung, bei Ausschußmitgliedern der Ausschuß;

5. ein Verstoß gegen die Offenbarungspflicht wird vom Rat, von der Bezirksvertretung beziehungsweise vom Ausschuß durch Beschluß festgestellt;

6. Mitglieder der Bezirksvertretungen sowie sachkundige Bürger und sachkundige Einwohner als Mitglieder von Ausschüssen können Ansprüche anderer gegen die Gemeinde nur dann nicht geltend machen, wenn diese im Zusammenhang mit ihren Aufgaben stehen; ob diese Voraussetzungen vorliegen, entscheidet die Bezirksvertretung beziehungsweise der Ausschuß.

(3) Die Ratsmitglieder und die Mitglieder der Ausschüsse müssen gegenüber dem Bürgermeister, die Mitglieder einer Bezirksvertretung gegenüber dem Bezirksvorsteher Auskunft über ihre wirtschaftlichen und persönlichen Verhältnisse geben, soweit das für die Ausübung ihres Mandats von Bedeutung sein kann. Die näheren Einzelheiten regelt der Rat. Die Auskunft ist vertraulich zu behandeln. Name, Anschrift, der ausgeübte Beruf sowie andere vergütete und ehrenamtliche Tätigkeiten können veröffentlicht werden. Nach Ablauf der Wahlperiode sind die gespeicherten Daten der ausgeschiedenen Mitglieder zu löschen.

(4) Erleidet die Gemeinde infolge eines Beschlusses des Rates einen Schaden, so haften die Ratsmitglieder, wenn sie

a) in vorsätzlicher oder grob fahrlässiger Verletzung ihrer Pflicht gehandelt haben,

b) bei der Beschlußfassung mitgewirkt haben, obwohl sie nach dem Gesetz hiervon ausgeschlossen waren und ihnen der Ausschließungsgrund bekannt war,

c) der Bewilligung von Aufwendungen und Auszahlungen zugestimmt haben, für die das Gesetz oder die Haushaltssatzung eine Ermächtigung nicht vorsieht, wenn nicht gleichzeitig die erforderlichen Deckungsmittel bereitgestellt werden.

§ 44[15, 46] Freistellung

(1) Niemand darf gehindert werden, sich um ein Mandat als Ratsmitglied, Mitglied einer Bezirksvertretung oder Mitglied eines Ausschusses zu bewerben, es anzunehmen oder auszuüben. Benachteiligungen am Arbeitsplatz im Zusammenhang mit der Bewerbung, der Annahme oder der Ausübung eines Mandats sind unzulässig. Entgegenstehende Vereinbarungen sind nichtig. Kündigungen oder Entlassungen aus Anlaß der Bewerbung, Annahme oder Ausübung eines Mandats sind unzulässig.

(2) Die Ratsmitglieder, Mitglieder der Bezirksvertretungen oder Mitglieder der Ausschüsse sind für die Zeit der Ausübung des Mandats von ihrer Verpflichtung zur Arbeit freizustellen. Zur Ausübung des Mandats gehören Tätigkeiten, die mit dem Mandat in unmittelbarem Zusammenhang stehen oder auf Veranlassung des Rates, der Bezirksvertretung oder des Ausschusses erfolgen. Auf Veranlassung des Rates erfolgt auch eine Tätigkeit als vom Rat entsandter Vertreter der Gemeinde in Organen und Gremien von juristischen Personen und Ver-

einigungen des privaten oder öffentlichen Rechts sowie als Stellvertreter des Bürgermeisters. Bei Mandatsträgern, die innerhalb eines vorgegebenen Arbeitszeitrahmens über Lage und Dauer der individuellen Arbeitszeit selbst entscheiden können, ist die Zeit der Ausübung des Mandats innerhalb dieses Arbeitszeitrahmens zur Hälfte auf ihre Arbeitszeit anzurechnen. Der Anspruch auf Ersatz des Verdienstausfalls nach § 45 ist in diesem Fall auf diese Hälfte beschränkt.

(3) Zur Teilnahme an kommunalpolitischen Bildungsveranstaltungen, die der Ausübung ihres Mandats förderlich sind, haben Ratsmitglieder, Mitglieder der Bezirksvertretungen oder Mitglieder der Ausschüsse einen Anspruch auf Urlaub an bis zu acht Arbeitstagen in jeder Wahlperiode, jedoch an nicht mehr als vier aufeinanderfolgenden Arbeitstagen im Jahr. Für die Zeit des Urlaubs besteht nach diesem Gesetz kein Anspruch auf Lohn oder Gehalt; weitergehende Vorschriften bleiben unberührt. Der Verdienstausfall und die Kinderbetreuungskosten sind nach Maßgabe der Regelungen des § 45 Absatz 1 bis 4 zu ersetzen.

Sind Ratsmitglieder, Mitglieder der Bezirksvertretungen oder Mitglieder der Ausschüsse zugleich auch Kreistagsabgeordnete oder Mitglieder von Ausschüssen des Kreistages, so besteht der Anspruch auf Urlaub in jeder Wahlperiode nur einmal.

Der Arbeitgeber bzw. Dienstherr darf den Urlaub zu dem von dem Beschäftigten mitgeteilten Zeitpunkt ablehnen, wenn zwingende betriebliche Belange oder Urlaubsanträge anderer Beschäftigter entgegenstehen.

§ 45[15, 46] Entschädigung der Ratsmitglieder

(1) Ein Ratsmitglied, ein Mitglied einer Bezirksvertretung oder ein Mitglied eines Ausschusses hat Anspruch auf Ersatz des Verdienstausfalles, der ihm durch die Mandatsausübung entsteht,

soweit sie während der Arbeitszeit erforderlich ist. Entgangener Verdienst aus Nebentätigkeiten und Verdienst, der außerhalb der Arbeitszeit hätte erzielt werden können, bleibt außer Betracht.

(2) Als Ersatz des Verdienstausfalls wird mindestens ein in einer Rechtsverordnung nach Absatz 7 festzulegender Regelstundensatz gezahlt, es sei denn, daß ersichtlich keine finanziellen Nachteile entstanden sind. In der Hauptsatzung kann ein höherer Regelstundensatz festgelegt werden. Darüber hinaus wird in folgenden Fällen eine höhere Entschädigung gezahlt:

1. Abhängig Erwerbstätigen wird auf Antrag anstelle des Regelstundensatzes der tatsächlich entstandene und nachgewiesene Verdienstausfall ersetzt;

2. Selbständige erhalten auf Antrag anstelle des Regelstundensatzes eine Verdienstausfallpauschale je Stunde, die im Einzelfall auf der Grundlage des glaubhaft gemachten Einkommens nach billigem Ermessen festgesetzt wird.

In der Rechtsverordnung nach Absatz 7 ist ein einheitlicher Höchstbetrag festzulegen, der bei dem Ersatz des Verdienstausfalls je Stunde nicht überschritten werden darf.

(3) Personen, die

1. einen Haushalt mit
   a) mindestens zwei Personen, von denen mindestens eine ein Kind unter 14 Jahren oder eine anerkannt pflegebedürftige Person nach § 14 SGB XI ist, oder
   b) mindestens drei Personen führen und

2. nicht oder weniger als 20 Stunden je Woche erwerbstätig sind,

erhalten für die mandatsbedingte Abwesenheit vom Haushalt den Regelstundensatz nach Absatz 2 Satz 1. Absatz 2 Satz 3 gilt entsprechend.

Statt des Regelstundensatzes werden auf Antrag die notwendigen Kosten für eine Vertretung im Haushalt ersetzt.

(4) Ist während der mandatsbedingten Abwesenheit vom Haushalt eine entgeltliche Kinderbetreuung notwendig, werden die nachgewiesenen Kosten auf Antrag erstattet. Kinderbetreuungskosten werden nicht für Zeiträume erstattet, für die Entschädigung nach Absatz 2 oder 3 geleistet wird. Die Hauptsatzung kann die näheren Einzelheiten regeln.

(5) Unabhängig von einem Anspruch auf Verdienstausfall besteht ein Anspruch auf angemessene Aufwandsentschädigung nach folgenden Maßgaben:

1. Einem Ratsmitglied oder einem Mitglied einer Bezirksvertretung kann die Aufwandsentschädigung teilweise als Sitzungsgeld für Rats-, Bezirksvertretungs-, Ausschuss- und Fraktionssitzungen gezahlt werden.

2. Ein Ausschussmitglied, das nicht Ratsmitglied ist (sachkundiger Bürger oder sachkundiger Einwohner), erhält ein Sitzungsgeld für die im Rahmen seiner Mandatsausübung erforderliche Teilnahme an Ausschuss- und Fraktionssitzungen.

3. Ein stellvertretendes Ausschussmitglied, das nicht Ratsmitglied ist, erhält unabhängig vom Eintritt des Vertretungsfalles für die im Rahmen seiner Mandatsausübung erforderliche Teilnahme an Fraktionssitzungen ein Sitzungsgeld.

(6) Fraktionssitzungen sind auch Sitzungen von Teilen einer Fraktion (Fraktionsvorstand, Fraktionsarbeitskreise). Die Zahl der ersatzpflichtigen Fraktionssitzungen pro Jahr ist in der Hauptsatzung zu beschränken.

(7) Das für Kommunales zuständige Ministerium bestimmt durch Rechtsverordnung

1. die Höhe des Regelstundensatzes und des Höchstbetrages nach Absatz 2,

2. die Höhe der monatlichen Aufwandsentschädigung sowie die Höhe der Sitzungsgelder,
3. die Fahrtkostenerstattung und den Ersatz von Auslagen neben der Aufwandsentschädigung.

Die Höhe der Aufwandsentschädigung und der Sitzungsgelder ist zu Beginn und mit Ablauf der Hälfte der Wahlperiode anzupassen. Grundlage dafür ist die Preisentwicklung ausgewählter Waren und Leistungen im Preisindex für die Lebenshaltung aller privaten Haushalte seit dem Zeitpunkt der vorangegangenen Anpassung der Höhe der Aufwandsentschädigung und der Sitzungsgelder. Die Höhe des Regelstundensatzes und des Höchstbetrages wird zu Beginn und zur Mitte jeder Wahlperiode im Hinblick auf ihre Angemessenheit überprüft.

§ 46 Aufwandsentschädigung

Neben den Entschädigungen, die den Ratsmitgliedern nach § 45 zustehen, erhalten

1. Stellvertreter des Bürgermeisters nach § 67 Absatz 1,
2. Vorsitzende von Ausschüssen des Rates mit Ausnahme des Wahlprüfungsausschusses,
3. Fraktionsvorsitzende – bei Fraktionen mit mindestens acht Mitgliedern auch ein stellvertretender Vorsitzender, mit mindestens 16 Mitgliedern auch zwei und mit mindestens 24 Mitgliedern auch drei stellvertretende Vorsitzende –

eine vom für Kommunales zuständigen Ministerium durch Rechtsverordnung festzusetzende angemessene Aufwandsentschädigung. In der Hauptsatzung können weitere Ausschüsse von der Regelung in Satz 1 Nummer 2 ausgenommen werden. Eine Aufwandsentschädigung ist nicht zu gewähren, wenn das Ratsmitglied hauptberuflich tätiger Mitarbeiter einer Fraktion ist.

§ 47[37] Einberufung des Rates

(1) Der Rat wird vom Bürgermeister einberufen. Nach Beginn der Wahlperiode muss die erste Sitzung innerhalb von sechs Wochen stattfinden. Im übrigen tritt der Rat zusammen, so oft es die Geschäftslage erfordert, jedoch soll er wenigstens alle zwei Monate einberufen werden. Er ist unverzüglich einzuberufen, wenn ein Fünftel der Ratsmitglieder oder eine Fraktion unter Angabe der zur Beratung zu stellenden Gegenstände es verlangen.

(2) Die Ladungsfrist, die Form der Einberufung und die Geschäftsführung des Rates sind durch die Geschäftsordnung zu regeln, soweit hierüber nicht in diesem Gesetz Vorschriften getroffen sind. Der Rat regelt in der Geschäftsordnung Inhalt und Umfang des Fragerechts der Ratsmitglieder.

(3) Kommt der Bürgermeister seiner Verpflichtung zur Einberufung des Rates nicht nach, so veranlaßt die Aufsichtsbehörde die Einberufung.

§ 48 Tagesordnung und Öffentlichkeit der Ratssitzungen

(1) Der Bürgermeister setzt die Tagesordnung fest. Er hat dabei Vorschläge aufzunehmen, die ihm innerhalb einer in der Geschäftsordnung zu bestimmenden Frist von einem Fünftel der Ratsmitglieder oder einer Fraktion vorgelegt werden. Fragestunden für Einwohner können in die Tagesordnung aufgenommen werden, wenn Einzelheiten hierüber in der Geschäftsordnung geregelt sind. Zeit und Ort der Sitzung sowie die Tagesordnung sind von ihm öffentlich bekanntzumachen. Die Tagesordnung kann in der Sitzung durch Beschluß des Rates erweitert werden, wenn es sich um Angelegenheiten handelt, die keinen Aufschub dulden oder die von äußerster Dringlichkeit sind.

(2) Die Sitzungen des Rates sind öffentlich. Durch die Geschäftsordnung kann die Öffentlichkeit für Angelegenheiten einer bestimmten Art ausgeschlossen werden. Auf Antrag des Bürgermeisters oder eines Ratsmitglieds kann für einzelne Angelegenheiten die Öffentlichkeit ausgeschlossen werden. Anträge auf Ausschluß der Öffentlichkeit dürfen nur in nichtöffentlicher Sitzung begründet und beraten werden. Falls dem Antrag stattgegeben wird, ist die Öffentlichkeit in geeigneter Weise zu unterrichten, daß in nichtöffentlicher Sitzung weiter verhandelt wird.
(3) Personenbezogene Daten dürfen offenbart werden, soweit nicht schützenswerte Interessen einzelner oder Belange des öffentlichen Wohls überwiegen; erforderlichenfalls ist die Öffentlichkeit auszuschließen.
(4) Mitglieder der Bezirksvertretungen und der Ausschüsse können nach Maßgabe der Geschäftsordnung an den nichtöffentlichen Sitzungen des Rates als Zuhörer teilnehmen. Die Teilnahme als Zuhörer begründet keinen Anspruch auf Ersatz des Verdienstausfalls und auf Zahlung von Sitzungsgeld.

§ 49 Beschlußfähigkeit des Rates
(1) Der Rat ist beschlußfähig, wenn mehr als die Hälfte der gesetzlichen Mitgliederzahl anwesend ist. Er gilt als beschlußfähig, solange seine Beschlußunfähigkeit nicht festgestellt ist.
(2) Ist eine Angelegenheit wegen Beschlußunfähigkeit zurückgestellt worden und wird der Rat zur Verhandlung über denselben Gegenstand einberufen, so ist er ohne Rücksicht auf die Zahl der Erschienenen beschlußfähig. Bei der zweiten Ladung muß auf diese Bestimmung ausdrücklich hingewiesen werden.

§ 50[6] Abstimmungen
(1) Beschlüsse werden mit Stimmenmehrheit gefaßt, soweit das Gesetz nichts anderes vorschreibt. Bei Stimmengleichheit

gilt ein Antrag als abgelehnt. Bei der Beschlußfassung wird offen abgestimmt. Auf Antrag einer in der Geschäftsordnung zu bestimmenden Zahl von Mitgliedern des Rates ist namentlich abzustimmen. Auf Antrag mindestens eines Fünftels der Mitglieder des Rates ist geheim abzustimmen. Zum selben Tagesordnungspunkt hat ein Antrag auf geheime Abstimmung Vorrang gegenüber einem Antrag auf namentliche Abstimmung. Die Geschäftsordnung kann weitere Regelungen treffen.

(2) Wahlen werden, wenn das Gesetz nichts anderes bestimmt oder wenn niemand widerspricht, durch offene Abstimmung, sonst durch Abgabe von Stimmzetteln, vollzogen. Gewählt ist die vorgeschlagene Person, die mehr als die Hälfte der gültigen Stimmen erhalten hat. Nein-Stimmen gelten als gültige Stimmen. Erreicht niemand mehr als die Hälfte der Stimmen, so findet zwischen den Personen, welche die beiden höchsten Stimmenzahlen erreicht haben, eine engere Wahl statt. Gewählt ist, wer in dieser engeren Wahl die meisten Stimmen auf sich vereinigt. Bei Stimmengleichheit entscheidet das Los.

(3) Haben sich die Ratsmitglieder zur Besetzung der Ausschüsse auf einen einheitlichen Wahlvorschlag geeinigt, ist der einstimmige Beschluß der Ratsmitglieder über die Annahme dieses Wahlvorschlages ausreichend. Kommt ein einheitlicher Wahlvorschlag nicht zustande, so wird nach den Grundsätzen der Verhältniswahl in einem Wahlgang abgestimmt. Dabei sind die Wahlstellen auf die Wahlvorschläge der Fraktionen und Gruppen des Rates entsprechend dem Verhältnis der Stimmenzahlen, die auf die einzelnen Wahlvorschläge entfallen, zur Gesamtzahl der abgegebenen gültigen Stimmen zu verteilen. Jedem Wahlvorschlag werden zunächst so viele Sitze zugeteilt, wie sich für ihn ganze Zahlen ergeben. Sind danach noch Sitze zu vergeben, so sind sie in der Reihenfolge der höchsten Zahlenbruchteile zuzuteilen. Bei gleichen Zahlenbruchteilen entscheidet das Los.

Scheidet jemand vorzeitig aus einem Ausschuß aus, wählen die Ratsmitglieder auf Vorschlag der Fraktion oder Gruppe, welcher das ausgeschiedene Mitglied bei seiner Wahl angehörte, einen Nachfolger.

(4) Hat der Rat zwei oder mehr Vertreter oder Mitglieder im Sinne der §§ 63 Abs. 2 und 113 zu bestellen oder vorzuschlagen, die nicht hauptberuflich tätig sind, ist das Verfahren nach Absatz 3 entsprechend anzuwenden. Dies gilt ebenso, wenn zwei oder mehr Personen vorzeitig aus dem Gremium ausgeschieden sind, für das sie bestellt oder vorgeschlagen worden waren und für diese mehrere Nachfolger zu wählen sind. Scheidet eine Person vorzeitig aus dem Gremium aus, für das sie bestellt oder vorgeschlagen worden war, wählt der Rat den Nachfolger für die restliche Zeit nach Absatz 2.

(5) Bei Beschlüssen und Wahlen zählen Stimmenthaltungen und ungültige Stimmen zur Feststellung der Beschlußfähigkeit, nicht aber zur Berechnung der Mehrheit mit.

(6) Ein Mitglied, in dessen Person ein Ausschließungsgrund nach § 31 besteht, kann an der Beratung und Abstimmung nicht teilnehmen.

§ 51 Ordnung in den Sitzungen

(1) Der Bürgermeister leitet die Verhandlungen, eröffnet und schließt die Sitzungen, handhabt die Ordnung und übt das Hausrecht aus.

(2) In der Geschäftsordnung kann bestimmt werden, in welchen Fällen durch Beschluß des Rates einem Ratsmitglied bei Verstößen gegen die Ordnung die auf den Sitzungstag entfallenden Entschädigungen ganz oder teilweise entzogen werden und es für eine oder mehrere Sitzungen ausgeschlossen wird.

(3) Enthält die Geschäftsordnung eine Bestimmung gemäß Absatz 2, so kann der Bürgermeister, falls er es für erforder-

lich hält, den sofortigen Ausschluß des Ratsmitgliedes aus der Sitzung verhängen und durchführen. Der Rat befindet über die Berechtigung dieser Maßnahme in der nächsten Sitzung.

§ 52[48] Niederschrift der Ratsbeschlüsse

(1) Über die im Rat gefaßten Beschlüsse ist eine Niederschrift aufzunehmen. Diese wird vom Bürgermeister und einem vom Rat zu bestellenden Schriftführer unterzeichnet.

(2) Der wesentliche Inhalt der Beschlüsse soll in öffentlicher Sitzung oder in anderer geeigneter Weise der Öffentlichkeit zugänglich gemacht werden, soweit nicht im Einzelfall etwas anderes beschlossen wird.

§ 53[35] Behandlung der Ratsbeschlüsse

(1) Beschlüsse, die die Durchführung der Geschäftsordnung betreffen, führt der Bürgermeister aus. Wenn er persönlich betroffen ist, handelt der Stellvertreter.

(2) Beschlüsse, die

a) die Geltendmachung von Ansprüchen der Gemeinde gegen den Bürgermeister,

b) die Amtsführung des Bürgermeisters,

betreffen, führt der allgemeine Vertreter des Bürgermeisters aus.

§ 54 Widerspruch und Beanstandung

(1) Der Bürgermeister kann einem Beschluß des Rates spätestens am dritten Tag nach der Beschlußfassung unter schriftlicher Begründung widersprechen, wenn er der Auffassung ist, daß der Beschluß das Wohl der Gemeinde gefährdet. Der Widerspruch hat aufschiebende Wirkung. Über die Angelegenheit ist in einer neuen Sitzung des Rates, die frühestens am dritten Tage und spätestens zwei Wochen nach dem Wider-

spruch stattzufinden hat, erneut zu beschließen. Ein weiterer Widerspruch ist unzulässig.

(2) Verletzt ein Beschluß des Rates das geltende Recht, so hat der Bürgermeister den Beschluß zu beanstanden. Die Beanstandung hat aufschiebende Wirkung. Sie ist schriftlich in Form einer begründeten Darlegung dem Rat mitzuteilen. Verbleibt der Rat bei seinem Beschluß, so hat der Bürgermeister unverzüglich die Entscheidung der Aufsichtsbehörde einzuholen. Die aufschiebende Wirkung bleibt bestehen.

(3) Verletzt der Beschluß eines Ausschusses, dem eine Angelegenheit zur Entscheidung übertragen ist, das geltende Recht, so findet Absatz 2 Satz 1 bis 3 entsprechende Anwendung. Verbleibt der Ausschuß bei seinem Beschluß, so hat der Rat über die Angelegenheit zu beschließen.

(4) Die Verletzung eines Mitwirkungsverbots nach § 43 Abs. 2 Satz 1 in Verbindung mit § 31 kann gegen den Beschluß des Rates oder eines Ausschusses, dem eine Angelegenheit zur Entscheidung übertragen ist, nach Ablauf eines Jahres seit der Beschlußfassung oder, wenn eine öffentliche Bekanntmachung erforderlich ist, ein Jahr nach dieser nicht mehr geltend gemacht werden, es sei denn, daß der Bürgermeister den Beschluß vorher beanstandet hat oder die Verletzung des Mitwirkungsverbots vorher gegenüber der Gemeinde gerügt und dabei die Tatsache bezeichnet worden ist, die die Verletzung ergibt.

§ 55[35] Kontrolle der Verwaltung

(1) Der Rat ist durch den Bürgermeister über alle wichtigen Angelegenheiten der Gemeindeverwaltung zu unterrichten. Der Bürgermeister ist verpflichtet, einem Ratsmitglied auf Verlangen Auskunft zu erteilen oder zu einem Tagesordnungspunkt Stellung zu nehmen. In Angelegenheiten einer Bezirksvertre-

tung ist dessen Mitglied in gleicher Weise berechtigt und der Bürgermeister verpflichtet.

(2) Bezirksvorsteher und Ausschußvorsitzende können vom Bürgermeister jederzeit Auskunft und Akteneinsicht über Angelegenheiten verlangen, die zum Aufgabenbereich ihrer Bezirksvertretung bzw. ihres Ausschusses gehören.

(3) Der Rat überwacht die Durchführung seiner Beschlüsse und der Beschlüsse der Bezirksvertretungen und Ausschüsse sowie den Ablauf der Verwaltungsangelegenheiten. Zu diesem Zweck kann der Rat mit der Mehrheit der Ratsmitglieder vom Bürgermeister Einsicht in die Akten durch einen von ihm bestimmten Ausschuss oder einzelne von ihm beauftragte Mitglieder verlangen.

(4) In Einzelfällen muss auf Beschluss des Rates mit der Mehrheit der Ratsmitglieder oder auf Verlangen eines Fünftels der Ratsmitglieder oder einer Fraktion auch einem einzelnen, von den Antragstellern jeweils zu benennenden Ratsmitglied Akteneinsicht gewährt werden. Einem einzelnen, von den Antragstellern zu benennenden Mitglied einer Bezirksvertretung oder eines Ausschusses steht ein Akteneinsichtsrecht nur aufgrund eines Beschlusses der Bezirksvertretung beziehungsweise des Ausschusses zu. Dritte sind von der Teilnahme an der Akteneinsicht ausgeschlossen. Akteneinsicht darf einem Ratsmitglied oder einem Mitglied der Bezirksvertretung nicht gewährt werden, das wegen Interessenwiderstreits von der Beratung und Entscheidung der Angelegenheit ausgeschlossen ist.

(5) Jedem Ratsmitglied oder jedem Mitglied einer Bezirksvertretung ist vom Bürgermeister auf Verlangen Akteneinsicht zu gewähren, soweit die Akten der Vorbereitung oder der Kontrolle von Beschlüssen des Rates, des Ausschusses oder der Bezirksvertretung dienen, der es angehört. Dritte sind von der Teilnahme an der Akteneinsicht ausgeschlossen. Die Akteneinsicht-

sicht darf nur verweigert werden, soweit ihr schutzwürdige Belange Betroffener oder Dritter entgegenstehen. Die ablehnende Entscheidung ist schriftlich zu begründen. Akteneinsicht darf einem Ratsmitglied oder einem Mitglied der Bezirksvertretung nicht gewährt werden, das wegen Interessenwiderstreits von der Beratung und Entscheidung der Angelegenheit ausgeschlossen ist.

§ 56[35] Fraktionen

(1) Fraktionen sind freiwillige Vereinigungen von Ratsmitgliedern oder von Mitgliedern einer Bezirksvertretung, die sich auf der Grundlage grundsätzlicher politischer Übereinstimmung zu möglichst gleichgerichtetem Wirken zusammengeschlossen haben. Eine Ratsfraktion muss aus mindestens zwei Mitgliedern bestehen. In Räten mit mehr als 50 Ratsmitgliedern muss eine Ratsfraktion aus mindestens drei Mitgliedern, bei mehr als 74 Ratsmitgliedern aus mindestens vier Mitgliedern, bei mehr als 90 Ratsmitgliedern aus mindestens fünf Mitgliedern und in einer Bezirksvertretung aus mindestens zwei Mitgliedern bestehen. Satz 1 gilt für Gruppen ohne Fraktionsstatus im Rat oder einer Bezirksvertretung entsprechend. Eine Gruppe im Rat oder in einer Bezirksvertretung besteht aus mindestens zwei Mitgliedern.

(2) Die Fraktionen wirken bei der Willensbildung und Entscheidungsfindung in der Vertretung mit; sie können insoweit ihre Auffassung öffentlich darstellen. Ihre innere Ordnung muß demokratischen und rechtsstaatlichen Grundsätzen entsprechen. Sie geben sich ein Statut, in dem das Abstimmungsverfahren, die Aufnahme und der Ausschluß aus der Fraktion geregelt werden.

(3) Die Gemeinde gewährt den Fraktionen und Gruppen aus Haushaltsmitteln Zuwendungen zu den sächlichen und perso-

nellen Aufwendungen für die Geschäftsführung. Die Zuwendungen an die Fraktionen und Gruppen sind in einer besonderen Anlage zum Haushaltsplan darzustellen. Über die Verwendung der Zuwendungen ist ein Nachweis in einfacher Form zu führen, der unmittelbar dem Bürgermeister zuzuleiten ist. Eine Gruppe erhält mindestens 90 Prozent einer proportionalen Ausstattung, die dem Verhältnis ihrer Mitgliederzahl zu der sich nach Absatz 1 Satz 2 und 3 ergebenden Mindestgröße einer Ratsfraktion entspricht. Maßstab für die Berechnung der proportionalen Ausstattung sind diejenigen Zuwendungen, welche die kleinste Ratsfraktion nach Absatz 1 Satz 2 und 3 erhält oder erhalten würde. Die Höhe der proportionalen Ausstattung ergibt sich rechnerisch, indem die Zahl der Gruppenmitglieder durch die Zahl der Mitglieder der kleinstmöglichen Fraktion dividiert wird. Einem Ratsmitglied, das keiner Fraktion oder Gruppe angehört, stellt die Gemeinde in angemessenem Umfang Sachmittel und Kommunikationsmittel zum Zwecke seiner Vorbereitung auf die Ratssitzung zur Verfügung. Der Rat kann stattdessen beschließen, dass ein Ratsmitglied aus Haushaltsmitteln finanzielle Zuwendungen erhält, die die Hälfte des Betrages nicht übersteigen dürfen, die eine Gruppe mit zwei Mitgliedern erhielte. In diesem Fall ist nach den Sätzen 2 und 3 zu verfahren.

(4) Ein hauptberuflich tätiger Mitarbeiter einer Fraktion kann Ratsmitglied sein. Nähere Einzelheiten über die Bildung der Fraktionen, ihre Rechte und Pflichten sowie den Umgang mit personenbezogenen Daten regelt die Geschäftsordnung. Die Geschäftsordnung bestimmt auch, ob eine Fraktion ein Ratsmitglied, das keiner Fraktion angehört, als Hospitant aufnehmen kann. Bei der Feststellung der Mindeststärke einer Fraktion zählen Hospitanten nicht mit.

(5) Soweit personenbezogene Daten an Ratsmitglieder oder Mitglieder einer Bezirksvertretung übermittelt werden dürfen, ist

ihre Übermittlung auch an Mitarbeiter einer Fraktion oder einer Gruppe oder eines einzelnen Ratsmitgliedes nach Absatz 3 Satz 4 zulässig, wenn diese zur Verschwiegenheit verpflichtet sind.

§ 57 Bildung von Ausschüssen

(1) Der Rat kann Ausschüsse bilden.

(2) In jeder Gemeinde müssen ein Hauptausschuß, ein Finanzausschuß und ein Rechnungsprüfungsausschuß gebildet werden. Der Rat kann beschließen, daß die Aufgaben des Finanzausschusses vom Hauptausschuß wahrgenommen werden.

(3) Den Vorsitz im Hauptausschuß führt der Bürgermeister. Er hat Stimmrecht im Hauptausschuß. Der Hauptausschuß wählt aus seiner Mitte einen oder mehrere Vertreter des Vorsitzenden.

(4) Der Rat kann für die Arbeit der Ausschüsse allgemeine Richtlinien aufstellen. Beschlüsse von Ausschüssen mit Entscheidungsbefugnis können erst durchgeführt werden, wenn innerhalb einer in der Geschäftsordnung zu bestimmenden Frist weder vom Bürgermeister noch von einem Fünftel der Ausschußmitglieder Einspruch eingelegt worden ist. Über den Einspruch entscheidet der Rat. § 54 Abs. 3 bleibt unberührt.

§ 58[4] Zusammensetzung der Ausschüsse und ihr Verfahren

(1) Der Rat regelt mit der Mehrheit der Stimmen der Ratsmitglieder die Zusammensetzung der Ausschüsse und ihre Befugnisse. Soweit er stellvertretende Ausschußmitglieder bestellt, ist die Reihenfolge der Vertretung zu regeln. Der Bürgermeister hat das Recht, mit beratender Stimme an den Sitzungen der Ausschüsse teilzunehmen; ihm ist auf Verlangen jederzeit das Wort zu erteilen. An nichtöffentlichen Sitzungen eines Ausschusses

können die stellvertretenden Ausschußmitglieder sowie alle Ratsmitglieder als Zuhörer teilnehmen; nach Maßgabe der Geschäftsordnung können auch die Mitglieder der Bezirksvertretungen als Zuhörer teilnehmen, ebenso die Mitglieder anderer Ausschüsse, soweit deren Aufgabenbereich durch den Beratungsgegenstand berührt wird. Die Teilnahme als Zuhörer begründet keinen Anspruch auf Ersatz des Verdienstausfalls und auf Zahlung von Sitzungsgeld; § 45 Absatz 5 Nummer 3 bleibt unberührt. Wird in einer Ausschußsitzung ein Antrag beraten, den ein Ratsmitglied gestellt hat, das dem Ausschuß nicht angehört, so kann es sich an der Beratung beteiligen. Fraktionen, die in einem Ausschuß nicht vertreten sind, sind berechtigt, für diesen Ausschuß ein Ratsmitglied oder einen sachkundigen Bürger, der dem Rat angehören kann, zu benennen. Das benannte Ratsmitglied oder der benannte sachkundige Bürger wird vom Rat zum Mitglied des Ausschusses bestellt. Sie wirken in dem Ausschuß mit beratender Stimme mit. Bei der Zusammensetzung und der Berechnung der Beschlußfähigkeit des Ausschusses werden sie nicht mitgezählt. Ein Ratsmitglied hat das Recht, mindestens einem der Ausschüsse als Mitglied mit beratender Stimme anzugehören. Die Sätze 8 bis 10 gelten entsprechend.

(2) Auf die Ausschußmitglieder und das Verfahren in den Ausschüssen finden die für den Rat geltenden Vorschriften entsprechende Anwendung. Der Ausschußvorsitzende setzt die Tagesordnung im Benehmen mit dem Bürgermeister fest. Auf Verlangen des Bürgermeisters ist der Ausschussvorsitzende verpflichtet, einen Gegenstand in die Tagesordnung aufzunehmen. Der Ausschussvorsitzende ist in gleicher Weise verpflichtet, wenn eine Fraktion dies beantragt. Abweichend von § 48 Abs. 1 Satz 4 brauchen Zeit und Ort der Ausschußsitzungen sowie die Tagesordnung nicht öffentlich bekanntgemacht zu

werden; der Bürgermeister soll die Öffentlichkeit hierüber vorher in geeigneter Weise unterrichten.

(3) Zu Mitgliedern der Ausschüsse, mit Ausnahme des Hauptausschusses, können neben Ratsmitgliedern auch sachkundige Bürger, die dem Rat angehören können, bestellt werden. Zur Übernahme der Tätigkeit als sachkundiger Bürger ist niemand verpflichtet. Die Zahl der sachkundigen Bürger darf die Zahl der Ratsmitglieder in den einzelnen Ausschüssen nicht erreichen. Die Ausschüsse sind nur beschlußfähig, wenn die Zahl der anwesenden Ratsmitglieder die Zahl der anwesenden sachkundigen Bürger übersteigt. Sie gelten auch insoweit als beschlußfähig, solange ihre Beschlußunfähigkeit nicht festgestellt ist. Die Ausschüsse können Vertreter derjenigen Bevölkerungsgruppen, die von ihrer Entscheidung vorwiegend betroffen werden und Sachverständige zu den Beratungen zuziehen.

(4) Als Mitglieder mit beratender Stimme können den Ausschüssen volljährige sachkundige Einwohner angehören, die in entsprechender Anwendung des § 50 Abs. 3 zu wählen sind. Im übrigen gilt Absatz 3 Satz 1 und 2 entsprechend.

(5) Haben sich die Fraktionen über die Verteilung der Ausschußvorsitze geeinigt und wird dieser Einigung nicht von einem Fünftel der Ratsmitglieder widersprochen, so bestimmen die Fraktionen die Ausschußvorsitzenden aus der Mitte der den Ausschüssen angehörenden stimmberechtigten Ratsmitglieder. Soweit eine Einigung nicht zustande kommt, werden den Fraktionen die Ausschußvorsitze in der Reihenfolge der Höchstzahlen zugeteilt, die sich durch Teilung der Mitgliederzahlen der Fraktionen durch 1, 2, 3 usw. ergeben; mehrere Fraktionen können sich zusammenschließen. Bei gleichen Höchstzahlen entscheidet das Los, das der Bürgermeister zu ziehen hat. Die Fraktionen benennen die Ausschüsse, deren Vorsitz sie bean-

spruchen, in der Reihenfolge der Höchstzahlen und bestimmen die Vorsitzenden. Scheidet ein Ausschußvorsitzender während der Wahlperiode aus, bestimmt die Fraktion, der er angehört, ein Ratsmitglied zum Nachfolger. Die Sätze 1 bis 5 gelten für stellvertretende Vorsitzende entsprechend.

(6) Werden Ausschüsse während der Wahlperiode neu gebildet, aufgelöst oder ihre Aufgaben wesentlich verändert, ist das Verfahren nach Absatz 5 zu wiederholen.

(7) Über die Beschlüsse der Ausschüsse ist eine Niederschrift aufzunehmen. Diese ist dem Bürgermeister und den Ausschußmitgliedern zuzuleiten.

§ 59²⁶ Hauptausschuß, Finanzausschuß und Rechnungsprüfungsausschuß

(1) Der Hauptausschuß hat die Arbeiten aller Ausschüsse aufeinander abzustimmen.

(2) Der Finanzausschuß bereitet die Haushaltssatzung der Gemeinde vor und trifft die für die Ausführung des Haushaltsplans erforderlichen Entscheidungen, soweit hierfür nicht andere Ausschüsse zuständig sind.

(3) Der Rechnungsprüfungsausschuss prüft den Jahresabschluss und den Gesamtabschluss der Gemeinde. Er bedient sich hierbei der örtlichen Rechnungsprüfung. Soweit eine solche nicht besteht, kann er sich Dritter gem. § 103 Abs. 5 bedienen.

(4) Werden der Jahresabschluss, der Gesamtabschluss, der Lagebericht oder der Gesamtlagebericht nach Vorlage des Prüfungsberichts geändert, so hat der Rechnungsprüfungsausschuss diese Unterlagen erneut zu prüfen, soweit es die Änderung erfordert. Über das Ergebnis der Prüfung ist dem Rat zu berichten; der Bestätigungsvermerk ist entsprechend zu ergänzen.

§ 60[46] Dringliche Entscheidungen

(1) Der Hauptausschuß entscheidet in Angelegenheiten, die der Beschlußfassung des Rates unterliegen, falls eine Einberufung des Rates nicht rechtzeitig möglich ist. Ist auch die Einberufung des Hauptausschusses nicht rechtzeitig möglich und kann die Entscheidung nicht aufgeschoben werden, weil sonst erhebliche Nachteile oder Gefahren entstehen können, kann der Bürgermeister – im Falle seiner Verhinderung der allgemeine Vertreter – mit einem Ratsmitglied entscheiden. Diese Entscheidungen sind dem Rat in der nächsten Sitzung zur Genehmigung vorzulegen. Er kann die Dringlichkeitsentscheidung aufheben, soweit nicht schon Rechte anderer durch die Ausführung des Beschlusses entstanden sind.

(2) Ist die Einberufung eines Ausschusses, dem eine Angelegenheit zur Entscheidung übertragen ist, nicht rechtzeitig möglich, kann der Bürgermeister – im Falle seiner Verhinderung der allgemeine Vertreter – mit dem Ausschußvorsitzenden oder einem anderen dem Ausschuß angehörenden Ratsmitglied entscheiden. Die Entscheidung ist dem Ausschuß in der nächsten Sitzung zur Genehmigung vorzulegen. Absatz 1 Satz 4 gilt entsprechend.

§ 61 Planung der Verwaltungsaufgaben

Im Rahmen der vom Rat festgelegten allgemeinen Richtlinien entscheidet der Hauptausschuß über die Planung der Verwaltungsaufgaben von besonderer Bedeutung. Zu diesem Zweck hat der Bürgermeister den Hauptausschuß regelmäßig und frühzeitig über solche Planungsvorhaben zu unterrichten.

6. Teil
Bürgermeister

§ 62[26] Aufgaben und Stellung des Bürgermeisters

(1) Der Bürgermeister ist kommunaler Wahlbeamter. Der Bürgermeister ist verantwortlich für die Leitung und Beaufsichtigung des Geschäftsgangs der gesamten Verwaltung. Er leitet und verteilt die Geschäfte. Dabei kann er sich bestimmte Aufgaben vorbehalten und die Bearbeitung einzelner Angelegenheiten selbst übernehmen.

(2) Der Bürgermeister bereitet die Beschlüsse des Rates, der Bezirksvertretungen und der Ausschüsse vor. Er führt diese Beschlüsse und Entscheidungen nach § 60 Abs. 1 Satz 2 und Abs. 2 Satz 1 sowie Weisungen, die im Rahmen des § 3 Abs. 2 und des § 132 ergehen, unter der Kontrolle des Rates und in Verantwortung ihm gegenüber durch. Der Bürgermeister entscheidet ferner in Angelegenheiten, die ihm vom Rat oder von den Ausschüssen zur Entscheidung übertragen sind.

(3) Dem Bürgermeister obliegt die Erledigung aller Aufgaben, die ihm aufgrund gesetzlicher Vorschriften übertragen sind.

(4) Der Bürgermeister hat die Gemeindevertretung über alle wichtigen Gemeindeangelegenheiten zu unterrichten.

§ 63 Vertretung der Gemeinde

(1) Unbeschadet der dem Rat und seinen Ausschüssen zustehenden Entscheidungsbefugnisse ist der Bürgermeister der gesetzliche Vertreter der Gemeinde in Rechts- und Verwaltungsgeschäften. § 74 Abs. 3 und § 64 bleiben unberührt.

(2) Für die Vertretung der Gemeinde in Organen von juristischen Personen oder Personenvereinigungen gilt § 113.

§ 64[45] Abgabe von Erklärungen

(1) Erklärungen, durch welche die Gemeinde verpflichtet werden soll, bedürfen der Schriftform. Sie sind vom Bürgermeister oder dem allgemeinen Vertreter zu unterzeichnen, soweit nicht dieses Gesetz etwas anderes bestimmt.

(2) Absatz 1 gilt nicht für Geschäfte der laufenden Verwaltung.

(3) Geschäfte, die ein für ein bestimmtes Geschäft oder einen Kreis von Geschäften ausdrücklich Bevollmächtigter abschließt, bedürfen nicht der Form des Absatzes 1, wenn die Vollmacht in der Form dieses Absatzes erteilt ist.

(4) Erklärungen, die nicht den Formvorschriften dieses Gesetzes entsprechen, binden die Gemeinde nicht.

§ 65[7, 15] Wahl des Bürgermeisters

(1) Der Bürgermeister wird von den Bürgern in allgemeiner, unmittelbarer, freier, gleicher und geheimer Wahl auf die Dauer von fünf Jahren nach den Grundsätzen der Mehrheitswahl zugleich mit dem Rat gewählt. Scheidet der Bürgermeister durch Tod, Eintritt in den Ruhestand oder aus sonstigen Gründen vor Ablauf seiner Amtszeit aus dem Amt aus oder ist die Wahl eines Bürgermeisters aus anderen Gründen während der Wahlperiode des Rates erforderlich, so findet die Wahl des Nachfolgers spätestens sechs Monate nach Ausscheiden des Bürgermeisters aus dem Amt statt. Die näheren Vorschriften trifft das Kommunalwahlgesetz.

(2) Wählbar ist, wer am Wahltag Deutscher im Sinne von Artikel 116 Abs. 1 des Grundgesetzes ist oder wer die Staatsangehörigkeit eines Mitgliedstaates der Europäischen Union besitzt und eine Wohnung in der Bundesrepublik Deutschland innehat, das 23. Lebensjahr vollendet hat und nicht vom Wahlrecht ausgeschlossen ist sowie die Gewähr dafür bietet, daß er jederzeit für die freiheitlich demokratische Grundordnung im Sinne

des Grundgesetzes eintritt. Nicht wählbar ist, wer am Wahltag infolge Richterspruchs in der Bundesrepublik Deutschland die Wählbarkeit oder die Fähigkeit zur Bekleidung öffentlicher Ämter nicht besitzt.

(3) Der Bürgermeister wird vom Vorsitzenden (ehrenamtlicher Stellvertreter oder Altersvorsitzender) in einer Sitzung des Rates vereidigt und in sein Amt eingeführt.

(4) Für die dienstrechtliche Stellung gelten die beamtenrechtlichen Vorschriften.

(5) Endet das Beamtenverhältnis des Bürgermeisters vor Ablauf seiner Amtszeit, wird der Nachfolger bis zum Ende der nächsten Wahlperiode des Rates gewählt, es sei denn, die Amtszeit des Nachfolgers beginnt innerhalb der ersten zwei Jahre der Wahlperiode des Rates. In diesem Fall endet sie mit dem Ende der laufenden Wahlperiode.

(6) Eine Wahl findet nach Ablauf des 51. Monats nach der allgemeinen Kommunalwahl nicht mehr statt.

§ 66[40] Abwahl des Bürgermeisters

(1) Der Bürgermeister kann von den Bürgern der Gemeinde vor Ablauf seiner Amtszeit abgewählt werden. Zur Einleitung des Abwahlverfahrens bedarf es

1. eines von mindestens der Hälfte der gesetzlichen Zahl der Ratsmitglieder gestellten Antrags und eines mit einer Mehrheit von zwei Dritteln der gesetzlichen Zahl der Ratsmitglieder zu fassenden Beschlusses. Zwischen dem Eingang des Antrags und dem Beschluss des Rates muss eine Frist von mindestens zwei Wochen liegen. Über den Antrag auf Einleitung des Abwahlverfahrens ist ohne Aussprache namentlich abzustimmen;

   oder

2. eines in Gemeinden
   a) mit bis zu 50 000 Einwohnern von mindestens 20 Prozent der wahlberechtigten Bürger der Gemeinde,
   b) mit über 50 000 bis zu 100 000 Einwohnern von mindestens 17,5 Prozent der wahlberechtigten Bürger der Gemeinde
   und
   c) mit mehr als 100 000 Einwohnern von mindestens 15 Prozent der wahlberechtigten Bürger der Gemeinde

gestellten Antrags.

Der Bürgermeister ist abgewählt, wenn sich für die Abwahl eine Mehrheit der abgegebenen gültigen Stimmen der wahlberechtigten Bürger ergibt, sofern diese Mehrheit mindestens 25 Prozent der Wahlberechtigten beträgt. Für das weitere Verfahren gelten die Vorschriften des Kommunalwahlgesetzes entsprechend. Der Bürgermeister scheidet mit dem Ablauf des Tages, an dem der Wahlausschuss die Abwahl feststellt, aus seinem Amt. Die Aufsichtsbehörde kann für die Dauer des Abwahlverfahrens das Ruhen der Amtsgeschäfte des Bürgermeisters anordnen, wenn der Rat dies mit einer Mehrheit von zwei Dritteln der gesetzlichen Zahl der Ratsmitglieder beantragt.

(2) Der Bürgermeister kann binnen einer Woche

1. nach dem Beschluss gemäß Absatz 1 Satz 2 Nummer 1 oder

2. nach Feststellung der Zulässigkeit des Antrags nach Absatz 1 Satz 2 Nummer 2 durch den Rat

auf die Entscheidung der Bürger über seine Abwahl verzichten. Der Verzicht ist schriftlich gegenüber dem ehrenamtlichen Stellvertreter zu erklären. Mit dem Ablauf des Tages, an dem dieser Verzicht dem ehrenamtlichen Stellvertreter zugeht, gilt die Abwahl als erfolgt.

(3) Der Antrag nach Absatz 1 Satz 2 Nummer 2 ist schriftlich beim Rat einzureichen und muss das Begehren zweifelsfrei erkennen lassen. Er muss bis zu drei Bürger benennen, die berechtigt sind, die Unterzeichnenden zu vertreten. § 25 Absatz 4 gilt entsprechend. Die Unterzeichnenden müssen an dem von ihnen anzugebenden Tag ihrer Unterschrift wahlberechtigt sein. Die Unterschriften dürfen bei Eingang des Antrags nicht älter als vier Monate sein. Nach Antragseingang eingereichte Unterschriftslisten werden nicht mehr berücksichtigt. Der Rat stellt unverzüglich fest, ob der Antrag zulässig ist. Gegen die ablehnende Entscheidung des Rates können nur die Vertreter des Antrags nach Satz 2 Klage erheben.

§ 67[45] Wahl der Stellvertreter des Bürgermeisters

(1) Der Rat wählt für die Dauer seiner Wahlperiode aus seiner Mitte ohne Aussprache ehrenamtliche Stellvertreter des Bürgermeisters. Sie vertreten den Bürgermeister bei der Leitung der Ratssitzungen und bei der Repräsentation.

(2) Bei der Wahl der Stellvertreter des Bürgermeisters wird nach den Grundsätzen der Verhältniswahl in einem Wahlgang geheim abgestimmt. Dabei sind die Wahlstellen auf die Wahlvorschläge der Fraktionen und Gruppen des Rates nach der Reihenfolge der Höchstzahlen zu verteilen, die sich durch Teilung der auf die Wahlvorschläge entfallenden Stimmenzahlen durch 1, 2, 3 usw. ergeben. Erster Stellvertreter des Bürgermeisters ist, wer an erster Stelle des Wahlvorschlags steht, auf den die erste Höchstzahl entfällt, zweiter Stellvertreter, wer an vorderster noch nicht in Anspruch genommener Stelle des Wahlvorschlags steht, auf den die zweite Höchstzahl entfällt, dritter Stellvertreter, wer an vorderster noch nicht in Anspruch genommener Stelle des Wahlvorschlags steht, auf den die dritte Höchstzahl entfällt usw. Zwischen Wahlvorschlägen mit gleichen Höchst-

zahlen findet eine Stichwahl statt; bei Stimmengleichheit entscheidet das vom Bürgermeister zu ziehende Los. Nimmt ein gewählter Bewerber die Wahl nicht an, so ist gewählt, wer an nächster Stelle desselben Wahlvorschlags steht. Ist ein Wahlvorschlag erschöpft, tritt an seine Stelle der Wahlvorschlag mit der nächsten Höchstzahl. Scheidet ein stellvertretender Bürgermeister während der Wahlperiode aus, ist der Nachfolger für den Rest der Wahlperiode ohne Aussprache in geheimer Abstimmung nach § 50 Abs. 2 zu wählen.

(3) Die Stellvertreter des Bürgermeisters und die übrigen Ratsmitglieder werden von dem Bürgermeister eingeführt und in feierlicher Form zur gesetzmäßigen und gewissenhaften Wahrnehmung ihrer Aufgaben verpflichtet.

(4) Der Rat kann die Stellvertreter des Bürgermeisters abberufen. Der Antrag kann nur mit der Mehrheit der gesetzlichen Zahl der Mitglieder gestellt werden. Zwischen dem Eingang des Antrags und der Sitzung des Rates muß eine Frist von wenigstens zwei Tagen liegen. Über den Antrag ist ohne Aussprache abzustimmen. Der Beschluß über die Abberufung bedarf einer Mehrheit von zwei Dritteln der gesetzlichen Zahl der Mitglieder. Der Nachfolger ist innerhalb einer Frist von zwei Wochen ohne Aussprache in geheimer Abstimmung nach § 50 Abs. 2 zu wählen.

(5) Der Bürgermeister – im Falle seiner Verhinderung der Altersvorsitzende – leitet die Sitzung bei der Wahl der Stellvertreter des Bürgermeisters sowie bei Entscheidungen, die vorher getroffen werden müssen. Dies gilt auch für die Abberufung der Stellvertreter des Bürgermeisters.

§ 68[35] Vertretung im Amt

(1) Der Rat bestellt einen Beigeordneten zum allgemeinen Vertreter des Bürgermeisters. Die übrigen Beigeordneten sind

zur allgemeinen Vertretung des Bürgermeisters nur berufen, wenn der zur allgemeinen Vertretung bestellte Beigeordnete verhindert ist. Die Reihenfolge bestimmt der Rat. Ist ein Beigeordneter nicht vorhanden, so bestellt der Rat den allgemeinen Vertreter.

(2) Die Beigeordneten vertreten den Bürgermeister in ihrem Arbeitsgebiet.

(3) Der Bürgermeister kann andere Bedienstete mit der auftragsweisen Erledigung bestimmter Angelegenheiten betrauen. Er kann die Befugnis auf Beigeordnete für deren Arbeitsgebiet übertragen.

§ 69[46] Teilnahme an Sitzungen

(1) Der Bürgermeister und die Beigeordneten nehmen an den Sitzungen des Rates teil. Der Bürgermeister ist berechtigt und auf Verlangen eines Ratsmitgliedes verpflichtet, zu einem Punkt der Tagesordnung vor dem Rat Stellung zu nehmen. Auch Beigeordnete sind hierzu verpflichtet, falls es der Rat oder der Bürgermeister verlangt.

(2) Der Bürgermeister und die Beigeordneten sind berechtigt und auf Verlangen eines Ausschusses in Angelegenheiten ihres Geschäftsbereichs verpflichtet, an dessen Sitzungen teilzunehmen. Absatz 1 Satz 2 gilt entsprechend.

7. Teil
Verwaltungsvorstand und Gemeindebedienstete

§ 70[34] Verwaltungsvorstand

(1) Sind Beigeordnete bestellt, bilden sie zusammen mit dem Bürgermeister und Kämmerer den Verwaltungsvorstand. Der Bürgermeister führt den Vorsitz.

(2) Der Verwaltungsvorstand wirkt insbesondere mit bei

a) den Grundsätzen der Organisation und der Verwaltungsführung,

b) der Planung von Verwaltungsaufgaben mit besonderer Bedeutung,

c) der Aufstellung des Haushaltsplans, unbeschadet der Rechte des Kämmerers,

d) den Grundsätzen der Personalführung und Personalverwaltung,

e) der Konzeption der Kosten- und Leistungsrechnung.

(3) Der Bürgermeister ist verpflichtet, zur Erhaltung der Einheitlichkeit der Verwaltungsführung regelmäßig den Verwaltungsvorstand zur gemeinsamen Beratung einzuberufen. Die Mitglieder des Verwaltungsvorstandes sind verpflichtet, sich im Interesse der Einheitlichkeit der Verwaltungsführung gegenseitig zu unterrichten und zu beraten.

(4) Bei Meinungsverschiedenheiten entscheidet der Bürgermeister. Die Beigeordneten sind berechtigt, ihre abweichenden Meinungen in Angelegenheiten ihres Geschäftsbereichs dem Hauptausschuß vorzutragen. Dieses haben sie dem Bürgermeister vorab mitzuteilen.

§ 71[35] Wahl der Beigeordneten

(1) Die Zahl der Beigeordneten wird durch die Hauptsatzung festgelegt. Die Beigeordneten sind kommunale Wahlbeamte. Sie werden vom Rat für die Dauer von acht Jahren gewählt.

(2) Die Wahl oder Wiederwahl darf frühestens sechs Monate vor Freiwerden der Stelle erfolgen. Die Stellen der Beigeordneten sind auszuschreiben, bei Wiederwahl kann hiervon abgesehen werden.

(3) Die Beigeordneten müssen die für ihr Amt erforderlichen fachlichen Voraussetzungen erfüllen und eine ausreichende

Erfahrung für dieses Amt nachweisen. In kreisfreien Städten und Großen kreisangehörigen Städten muß mindestens einer der Beigeordneten die Befähigung zum Richteramt oder zum höheren Verwaltungsdienst besitzen. In den übrigen Gemeinden muss mindestens einer der Beigeordneten mindestens die Befähigung für die Laufbahn des gehobenen allgemeinen Verwaltungsdienstes besitzen.

(4) In kreisfreien Städten muß ein Beigeordneter als Stadtkämmerer bestellt werden.

(5) Die Beigeordneten sind verpflichtet, eine erste und zweite Wiederwahl anzunehmen, wenn sie spätestens drei Monate vor Ablauf der Amtszeit wiedergewählt werden. Lehnt ein Beigeordneter die Weiterführung des Amtes ohne wichtigen Grund ab, so ist er mit Ablauf der Amtszeit zu entlassen. Ob ein wichtiger Grund vorliegt, entscheidet der Rat. Ein wichtiger Grund liegt vor, wenn die Anstellungsbedingungen gegenüber denen der davor liegenden Amtszeit verschlechtert werden.

(6) Die Beigeordneten werden vom Bürgermeister vereidigt.

(7) Der Rat kann Beigeordnete abberufen. Der Antrag kann nur von der Mehrheit der gesetzlichen Zahl der Mitglieder gestellt werden. Zwischen dem Eingang des Antrags und der Sitzung des Rates muß eine Frist von mindestens sechs Wochen liegen. Über den Antrag ist ohne Aussprache abzustimmen. Der Beschluß über die Abberufung bedarf einer Mehrheit von zwei Dritteln der gesetzlichen Zahl der Mitglieder. Ein Nachfolger ist innerhalb einer Frist von sechs Monaten zu wählen.

§ 72 Gründe der Ausschließung vom Amt
Die Beigeordneten dürfen untereinander nicht Angehörige sein.

§ 73[35] Geschäftsverteilung und Dienstaufsicht

(1) Der Rat kann die Geschäftskreise der Beigeordneten im Einvernehmen mit dem Bürgermeister festlegen. Kommt ein Einvernehmen nicht zu Stande, kann der Rat den Geschäftskreis der Beigeordneten mit der Mehrheit der gesetzlichen Zahl der Ratsmitglieder festlegen. Bei Entscheidungen des Rates nach Satz 1 und 2 stimmt der Bürgermeister nicht mit. Erfolgt keine Entscheidung nach Satz 1 oder 2 gilt § 62 Abs. 1 Satz 3 und 4.

(2) Der Bürgermeister ist Dienstvorgesetzter der Bediensteten der Gemeinde.

(3) Der Bürgermeister trifft die dienstrechtlichen und arbeitsrechtlichen Entscheidungen, soweit gesetzlich nichts anderes bestimmt ist. Die Hauptsatzung kann bestimmen, dass für Bedienstete in Führungsfunktionen Entscheidungen, die das beamtenrechtliche Grundverhältnis oder das Arbeitsverhältnis eines Bediensteten zur Gemeinde verändern, durch den Rat oder den Hauptausschuss im Einvernehmen mit dem Bürgermeister zu treffen sind, soweit gesetzlich nichts anderes bestimmt ist. Kommt ein Einvernehmen nicht zu Stande, kann der Rat die Entscheidung mit einer Mehrheit von zwei Dritteln der gesetzlichen Zahl der Ratsmitglieder treffen. Bei Entscheidungen des Rates nach Satz 2 und 3 stimmt der Bürgermeister nicht mit. Erfolgt keine Entscheidung nach Satz 2 oder 3, gilt Satz 1. Bedienstete in Führungsfunktionen sind Leiter von Organisationseinheiten, die dem Hauptverwaltungsbeamten oder einem anderen Wahlbeamten oder diesem in der Führungsfunktion vergleichbaren Bediensteten unmittelbar unterstehen, mit Ausnahme von Bediensteten mit Aufgaben eines persönlichen Referenten oder Pressereferenten.

§ 74[8] Bediensteter der Gemeinde

(1) Die Bediensteten der Gemeinde müssen die für ihren Arbeitsbereich erforderlichen fachlichen Voraussetzungen erfüllen, insbesondere die Ablegung der vorgeschriebenen Prüfungen nachweisen.

(2) Der Stellenplan ist einzuhalten; Abweichungen sind nur zulässig, soweit sie aufgrund des Besoldungs- oder Tarifrechts zwingend erforderlich sind.

(3) Die nach geltendem Recht auszustellenden Urkunden für Beamte sowie Arbeitsverträge und sonstige schriftliche Erklärungen zur Regelung der Rechtsverhältnisse von Bediensteten bedürfen der Unterzeichnung durch den Bürgermeister oder seinen allgemeinen Vertreter. Der Bürgermeister kann die Unterschriftsbefugnis durch Dienstanweisung übertragen.

8. Teil[27]
Haushaltswirtschaft

§ 75[27, 44] Allgemeine Haushaltsgrundsätze

(1) Die Gemeinde hat ihre Haushaltswirtschaft so zu planen und zu führen, dass die stetige Erfüllung ihrer Aufgaben gesichert ist. Die Haushaltswirtschaft ist wirtschaftlich, effizient und sparsam zu führen. Dabei ist den Erfordernissen des gesamtwirtschaftlichen Gleichgewichts Rechnung zu tragen.

(2) Der Haushalt muss in jedem Jahr in Planung und Rechnung ausgeglichen sein. Er ist ausgeglichen, wenn der Gesamtbetrag der Erträge die Höhe des Gesamtbetrages der Aufwendungen erreicht oder übersteigt. Die Verpflichtung des Satzes 1 gilt als erfüllt, wenn der Fehlbedarf im Ergebnisplan und der Fehlbetrag in der Ergebnisrechnung durch Inanspruchnahme der Ausgleichsrücklage gedeckt werden können.

(3) In der Bilanz ist eine Ausgleichsrücklage zusätzlich zur allgemeinen Rücklage als gesonderter Posten des Eigenkapitals anzusetzen. Der Ausgleichsrücklage können Jahresüberschüsse durch Beschluss nach § 96 Absatz 1 Satz 2 zugeführt werden, soweit ihr Bestand nicht den Höchstbetrag von einem Drittel des Eigenkapitals erreicht hat.

(4) Wird bei der Aufstellung der Haushaltssatzung eine Verringerung der allgemeinen Rücklage vorgesehen, bedarf dies der Genehmigung der Aufsichtsbehörde. Die Genehmigung gilt als erteilt, wenn die Aufsichtsbehörde nicht innerhalb eines Monats nach Eingang des Antrages der Gemeinde eine andere Entscheidung trifft. Die Genehmigung kann unter Bedingungen und mit Auflagen erteilt werden. Sie ist mit der Verpflichtung, ein Haushaltssicherungskonzept nach § 76 aufzustellen, zu verbinden, wenn die Voraussetzungen des § 76 Abs. 1 vorliegen.

(5) Weist die Ergebnisrechnung bei der Bestätigung des Jahresabschlusses gem. § 95 Abs. 3 trotz eines ursprünglich ausgeglichenen Ergebnisplans einen Fehlbetrag oder einen höheren Fehlbetrag als im Ergebnisplan ausgewiesen aus, so hat die Gemeinde dies der Aufsichtsbehörde unverzüglich anzuzeigen. Die Aufsichtsbehörde kann in diesem Fall Anordnungen treffen, erforderlichenfalls diese Anordnungen selbst durchführen oder – wenn und solange diese Befugnisse nicht ausreichen – einen Beauftragten bestellen, um eine geordnete Haushaltswirtschaft wieder herzustellen. §§ 123 und 124 gelten sinngemäß.

(6) Die Liquidität der Gemeinde einschließlich der Finanzierung der Investitionen ist sicherzustellen.

(7) Die Gemeinde darf sich nicht überschulden. Sie ist überschuldet, wenn nach der Bilanz das Eigenkapital aufgebraucht ist.

§ 76[27, 41] Haushaltssicherungskonzept

(1) Die Gemeinde hat zur Sicherung ihrer dauerhaften Leistungsfähigkeit ein Haushaltssicherungskonzept aufzustellen und darin den nächstmöglichen Zeitpunkt zu bestimmen, bis zu dem der Haushaltsausgleich wieder hergestellt ist, wenn bei der Aufstellung der Haushaltssatzung

1. durch Veränderungen des Haushalts innerhalb eines Haushaltsjahres der in der Schlussbilanz des Vorjahres auszuweisende Ansatz der allgemeinen Rücklage um mehr als ein Viertel verringert wird oder

2. in zwei aufeinanderfolgenden Haushaltsjahren geplant ist, den in der Schlussbilanz des Vorjahres auszuweisenden Ansatz der allgemeinen Rücklage jeweils um mehr als ein Zwanzigstel zu verringern oder

3. innerhalb des Zeitraumes der mittelfristigen Ergebnis- und Finanzplanung die allgemeine Rücklage aufgebraucht wird.

Dies gilt entsprechend bei der Bestätigung über den Jahresabschluss gemäß § 95 Absatz 3.

(2) Das Haushaltsicherungskonzept dient dem Ziel, im Rahmen einer geordneten Haushaltswirtschaft die künftige, dauernde Leistungsfähigkeit der Gemeinde zu erreichen. Es bedarf der Genehmigung der Aufsichtsbehörde. Die Genehmigung soll nur erteilt werden, wenn aus dem Haushaltssicherungskonzept hervorgeht, dass spätestens im zehnten auf das Haushaltsjahr folgende Jahr der Haushaltsausgleich nach § 75 Absatz 2 wieder erreicht wird. Im Einzelfall kann durch Genehmigung der Bezirksregierung auf der Grundlage eines individuellen Sanierungskonzeptes von diesem Konsolidierungszeitraum abgewichen werden. Die Genehmigung des Haushaltssicherungskonzeptes kann unter Bedingungen und mit Auflagen erteilt werden.

§ 77[27] Grundsätze der Finanzmittelbeschaffung

(1) Die Gemeinde erhebt Abgaben nach den gesetzlichen Vorschriften.

(2) Sie hat die zur Erfüllung ihrer Aufgaben erforderlichen Finanzmittel

1. soweit vertretbar und geboten aus speziellen Entgelten für die von ihr erbrachten Leistungen,
2. im Übrigen aus Steuern

zu beschaffen, soweit die sonstigen Finanzmittel nicht ausreichen.

(3) Die Gemeinde darf Kredite nur aufnehmen, wenn eine andere Finanzierung nicht möglich ist oder wirtschaftlich unzweckmäßig wäre.

§ 78[27] Haushaltssatzung

(1) Die Gemeinde hat für jedes Haushaltsjahr eine Haushaltssatzung zu erlassen.

(2) Die Haushaltssatzung enthält die Festsetzung

1. des Haushaltsplans
    a) im Ergebnisplan unter Angabe des Gesamtbetrages der Erträge und der Aufwendungen des Haushaltsjahres,
    b) im Finanzplan unter Angabe des Gesamtbetrages der Einzahlungen und Auszahlungen aus laufender Verwaltungstätigkeit, des Gesamtbetrages der Einzahlungen und Auszahlungen aus der Investitionstätigkeit und aus der Finanzierungstätigkeit des Haushaltsjahres,
    c) unter Angabe der vorgesehenen Kreditaufnahmen für Investitionen (Kreditermächtigung),
    d) unter Angabe der vorgesehenen Ermächtigungen zum Eingehen von Verpflichtungen, die künftige Haushaltsjahre mit Auszahlungen für Investitionen belasten (Verpflichtungsermächtigungen),

2. der Inanspruchnahme der Ausgleichsrücklage und der Verringerung der allgemeinen Rücklage,
3. des Höchstbetrages der Kredite zur Liquiditätssicherung,
4. der Steuersätze, die für jedes Haushaltsjahr neu festzusetzen sind,
5. des Jahres, in dem der Haushaltsausgleich wieder hergestellt ist.

Sie kann weitere Vorschriften enthalten, die sich auf die Erträge und die Aufwendungen, Einzahlungen und Auszahlungen, den Stellenplan des Haushaltsjahres und das Haushaltssicherungskonzept beziehen.

(3) Die Haushaltssatzung tritt mit Beginn des Haushaltsjahres in Kraft und gilt für das Haushaltsjahr. Sie kann Festsetzungen für zwei Haushaltsjahre, nach Jahren getrennt, enthalten.

(4) Haushaltsjahr ist das Kalenderjahr, soweit für einzelne Bereiche durch Gesetz oder Rechtsverordnung nichts anderes bestimmt ist.

§ 79[27, 35] Haushaltsplan

(1) Der Haushaltsplan enthält alle im Haushaltsjahr für die Erfüllung der Aufgaben der Gemeinde voraussichtlich
1. anfallenden Erträge und eingehenden Einzahlungen,
2. entstehenden Aufwendungen und zu leistenden Auszahlungen,
3. notwendigen Verpflichtungsermächtigungen.

Die Vorschriften über die Sondervermögen der Gemeinde bleiben unberührt.

(2) Der Haushaltsplan ist in einen Ergebnisplan und einen Finanzplan sowie in Teilpläne zu gliedern. Das Haushaltssicherungskonzept gemäß § 76 ist Teil des Haushaltsplans; der Stellenplan für die Bediensteten ist Anlage des Haushaltsplans.

(3) Der Haushaltsplan ist Grundlage für die Haushaltswirtschaft der Gemeinde. Er ist nach Maßgabe dieses Gesetzes und der aufgrund dieses Gesetzes erlassenen Vorschriften für die Haushaltsführung verbindlich. Ansprüche und Verbindlichkeiten Dritter werden durch ihn weder begründet noch aufgehoben.

§ 80[27, 35] Erlass der Haushaltssatzung

(1) Der Entwurf der Haushaltssatzung mit ihren Anlagen wird vom Kämmerer aufgestellt und dem Bürgermeister zur Bestätigung vorgelegt.

(2) Der Bürgermeister leitet den von ihm bestätigten Entwurf dem Rat zu. Soweit er von dem ihm vorgelegten Entwurf abweicht, kann der Kämmerer dazu eine Stellungnahme abgeben. Wird von diesem Recht Gebrauch gemacht, hat der Bürgermeister die Stellungnahme mit dem Entwurf dem Rat vorzulegen.

(3) Nach Zuleitung des Entwurfs der Haushaltssatzung mit ihren Anlagen an den Rat ist dieser unverzüglich bekannt zu geben und während der Dauer des Beratungsverfahrens im Rat zur Einsichtnahme verfügbar zu halten. In der öffentlichen Bekanntgabe ist eine Frist von mindestens vierzehn Tagen festzulegen, in der Einwohner oder Abgabepflichtige gegen den Entwurf Einwendungen erheben können und die Stelle anzugeben, bei der die Einwendungen zu erheben sind. Die Frist für die Erhebung von Einwendungen ist so festzusetzen, dass der Rat vor der Beschlussfassung über die Haushaltssatzung mit ihren Anlagen in öffentlicher Sitzung darüber beschließen kann.

(4) Der Entwurf der Haushaltssatzung mit ihren Anlagen ist vom Rat in öffentlicher Sitzung zu beraten und zu beschließen. In der Beratung des Rates kann der Kämmerer seine abweichende Auffassung vertreten.

(5) Die vom Rat beschlossene Haushaltssatzung mit ihren Anlagen ist der Aufsichtsbehörde anzuzeigen. Die Anzeige soll spätestens einen Monat vor Beginn des Haushaltsjahres erfolgen. Die Haushaltssatzung darf frühestens einen Monat nach der Anzeige bei der Aufsichtsbehörde öffentlich bekannt gemacht werden. Die Anzeigefrist beginnt erst zu laufen, wenn die gemäß Satz 1 anzuzeigenden Unterlagen der Aufsichtsbehörde vollständig vorgelegt wurden. Die Aufsichtsbehörde kann im Einzelfall aus besonderem Grund die Anzeigefrist verkürzen oder verlängern. Ist ein Haushaltssicherungskonzept nach § 76 aufzustellen, so darf die Haushaltssatzung erst nach Erteilung der Genehmigung bekannt gemacht werden.

(6) Die Haushaltssatzung mit ihren Anlagen ist im Anschluss an die öffentliche Bekanntmachung bis zum Ende der in § 96 Abs. 2 benannten Frist zur Einsichtnahme verfügbar zu halten.

§ 81[27, 44] Nachtragssatzung

(1) Die Haushaltssatzung kann nur durch Nachtragssatzung geändert werden, die spätestens bis zum Ablauf des Haushaltsjahres zu beschließen ist. Für die Nachtragssatzung gelten die Vorschriften für die Haushaltssatzung entsprechend.

(2) Die Gemeinde hat unverzüglich eine Nachtragssatzung zu erlassen, wenn

1. sich zeigt, dass trotz Ausnutzung jeder Sparmöglichkeit
   a) ein erheblicher Jahresfehlbetrag entstehen wird und der Haushaltsausgleich nur durch eine Änderung der Haushaltssatzung erreicht werden kann oder
   b) ein erheblich höherer Jahresfehlbetrag als geplant entstehen wird und der höhere Fehlbetrag nur durch eine Änderung der Haushaltssatzung vermieden werden kann,
2. bisher nicht veranschlagte oder zusätzliche Aufwendungen oder Auszahlungen bei einzelnen Haushaltspositionen in

einem im Verhältnis zu den Gesamtaufwendungen oder Gesamtauszahlungen erheblichen Umfang geleistet werden müssen,

3. Auszahlungen für bisher nicht veranschlagte Investitionen geleistet werden sollen.

Dies gilt nicht für überplanmäßige Auszahlungen im Sinne des § 83 Abs. 3.

(3) Absatz 2 Nrn. 2 und 3 findet keine Anwendung auf

1. geringfügige Investitionen und Instandsetzungen an Bauten, die unabweisbar sind,

2. Umschuldung von Krediten für Investitionen.

(4) Im Übrigen kann, wenn die Entwicklung der Erträge oder der Aufwendungen oder die Erhaltung der Liquidität es erfordert, der Rat die Inanspruchnahme von Ermächtigungen sperren. Er kann seine Sperre und die des Kämmerers oder des Bürgermeisters aufheben.

§ 82[27, 46] Vorläufige Haushaltsführung

(1) Ist die Haushaltssatzung bei Beginn des Haushaltsjahres noch nicht bekannt gemacht, so darf die Gemeinde ausschließlich

1. Aufwendungen entstehen lassen und Auszahlungen leisten, zu denen sie rechtlich verpflichtet ist oder die für die Weiterführung notwendiger Aufgaben unaufschiebbar sind; sie darf insbesondere Bauten, Beschaffungen und sonstige Investitionsleistungen, für die im Haushaltsplan des Vorjahres Finanzpositionen oder Verpflichtungsermächtigungen vorgesehen waren, fortsetzen,

2. Realsteuern nach den Sätzen des Vorjahres erheben,

3. Kredite umschulden.

(2) Reichen die Finanzmittel für die Fortsetzung der Bauten, der Beschaffungen und der sonstigen Leistungen des Finanzplans nach Absatz 1 Nr. 1 nicht aus, so darf die Gemeinde mit

Genehmigung der Aufsichtsbehörde Kredite für Investitionen bis zu einem Viertel des Gesamtbetrages der in der Haushaltssatzung des Vorjahres festgesetzten Kredite aufnehmen. Die Gemeinde hat dem Antrag auf Genehmigung eine nach Dringlichkeit geordnete Aufstellung der vorgesehenen unaufschiebbaren Investitionen beizufügen. Die Genehmigung soll unter dem Gesichtspunkt einer geordneten Haushaltswirtschaft erteilt oder versagt werden; sie kann unter Bedingungen und mit Auflagen erteilt werden. Sie ist in der Regel zu versagen, wenn die Kreditverpflichtungen mit der dauernden Leistungsfähigkeit der Gemeinde nicht in Einklang stehen.

(3) Ist im Fall des § 76 Abs. 1 die Haushaltssatzung bei Beginn des Haushaltsjahres noch nicht bekannt gemacht, gelten ergänzend zu den Regelungen der Absätze 1 und 2 die nachfolgenden Bestimmungen vom Beginn des Haushaltsjahres – bei späterer Beschlussfassung über die Haushaltssatzung vom Zeitpunkt der Beschlussfassung – bis zur Genehmigung des Haushaltssicherungskonzeptes:

1. Die Gemeinde hat weitergehende haushaltswirtschaftliche Beschränkungen für die Besetzung von Stellen, andere personalwirtschaftliche Maßnahmen und das höchstzulässige Aufwandsvolumen des Ergebnishaushalts sowie die Regelungen zur Nachweisführung gegenüber der Aufsichtsbehörde zu beachten, die durch Rechtsverordnung des für Kommunales zuständigen Ministeriums im Einvernehmen mit dem für Finanzen zuständigen Ministerium festgelegt werden.

2. Der in Absatz 2 festgelegte Kreditrahmen kann mit Genehmigung der Aufsichtsbehörde überschritten werden, wenn das Verbot der Kreditaufnahme anderenfalls zu einem nicht auflösbaren Konflikt zwischen verschiedenen gleichrangigen Rechtspflichten der Gemeinde führen würde. Die

Genehmigung kann unter Bedingungen und mit Auflagen erteilt werden.

(4) Die Bestimmungen des Absatzes 3 gelten ab dem 1. April des Haushaltsjahres bis zur Beschlussfassung über einen ausgeglichenen Haushalt oder bis zur Erteilung der Genehmigung für ein Haushaltssicherungskonzept auch dann, wenn bis zu dem Termin kein ausgeglichener Haushalt beschlossen worden ist.

§ 83[27, 35] Überplanmäßige und außerplanmäßige Aufwendungen und Auszahlungen

(1) Überplanmäßige und außerplanmäßige Aufwendungen und Auszahlungen sind nur zulässig, wenn sie unabweisbar sind. Die Deckung muss jeweils im laufenden Haushaltsjahr gewährleistet sein. Über die Leistung dieser Aufwendungen und Auszahlungen entscheidet der Kämmerer, wenn ein solcher nicht bestellt ist, der Bürgermeister, soweit der Rat keine andere Regelung trifft. Der Kämmerer kann mit Zustimmung des Bürgermeisters und des Rates die Entscheidungsbefugnis auf andere Bedienstete übertragen.

(2) Sind die überplanmäßigen und außerplanmäßigen Aufwendungen und Auszahlungen erheblich, bedürfen sie der vorherigen Zustimmung des Rates; im Übrigen sind sie dem Rat zur Kenntnis zu bringen. § 81 Abs. 2 bleibt unberührt.

(3) Für Investitionen, die im folgenden Jahr fortgesetzt werden, sind überplanmäßige Auszahlungen auch dann zulässig, wenn ihre Deckung erst im folgenden Jahr gewährleistet ist. Absatz 1 Sätze 3 und 4 und Absatz 2 gelten sinngemäß.

(4) Die Absätze 1 bis 3 finden entsprechende Anwendung auf Maßnahmen, durch die später über- oder außerplanmäßige Aufwendungen und Auszahlungen entstehen können.

§ 84[27] Mittelfristige Ergebnis- und Finanzplanung

Die Gemeinde hat ihrer Haushaltswirtschaft eine fünfjährige Ergebnis- und Finanzplanung zu Grunde zu legen und in den Haushaltsplan einzubeziehen. Das erste Planungsjahr ist das laufende Haushaltsjahr. Die Ergebnis- und Finanzplanung für die dem Haushaltsjahr folgenden drei Planungsjahre soll in den einzelnen Jahren ausgeglichen sein. Sie ist mit der Haushaltssatzung der Entwicklung anzupassen und fortzuführen.

§ 85[27] Verpflichtungsermächtigungen

(1) Verpflichtungen zur Leistung von Auszahlungen für Investitionen in künftigen Jahren dürfen grundsätzlich nur eingegangen werden, wenn der Haushaltsplan hierzu ermächtigt. Sie dürfen ausnahmsweise auch überplanmäßig oder außerplanmäßig eingegangen werden, wenn sie unabweisbar sind und der in der Haushaltssatzung festgesetzte Gesamtbetrag der Verpflichtungsermächtigungen nicht überschritten wird. § 83 Abs. 1 Sätze 3 und 4 gelten sinngemäß.

(2) Die Verpflichtungsermächtigungen gelten bis zum Ende des auf das Haushaltsjahr folgenden Jahres und, wenn die Haushaltssatzung für das übernächste Jahr nicht rechtzeitig öffentlich bekannt gemacht wird, bis zum Erlass dieser Haushaltssatzung.

§ 86[27] Kredite

(1) Kredite dürfen nur für Investitionen unter der Voraussetzung des § 77 Abs. 3 und zur Umschuldung aufgenommen werden. Die daraus übernommenen Verpflichtungen müssen mit der dauernden Leistungsfähigkeit der Gemeinde in Einklang stehen.

(2) Die Kreditermächtigung gilt bis zum Ende des auf das Haushaltsjahr folgenden Jahres und, wenn die Haushaltssatzung

für das übernächste Jahr nicht rechtzeitig öffentlich bekannt gemacht wird, bis zum Erlass dieser Haushaltssatzung.

(3) Die Aufnahme einzelner Kredite bedarf der Genehmigung der Aufsichtsbehörde, sobald die Kreditaufnahme nach § 19 des Gesetzes zur Förderung der Stabilität und des Wachstums der Wirtschaft beschränkt worden ist. Die Einzelgenehmigung kann nach Maßgabe der Kreditbeschränkungen versagt werden.

(4) Entscheidungen der Gemeinde über die Begründung einer Zahlungsverpflichtung, die wirtschaftlich einer Kreditverpflichtung gleichkommt, sind der Aufsichtsbehörde unverzüglich, spätestens einen Monat vor der rechtsverbindlichen Eingehung der Verpflichtung, schriftlich anzuzeigen. Absatz 1 Satz 2 gilt sinngemäß. Eine Anzeige ist nicht erforderlich für die Begründung von Zahlungsverpflichtungen im Rahmen der laufenden Verwaltung.

(5) Die Gemeinde darf zur Sicherung des Kredits keine Sicherheiten bestellen. Die Aufsichtsbehörde kann Ausnahmen zulassen, wenn die Bestellung von Sicherheiten der Verkehrsübung entspricht.

§ 87[27, 44] Sicherheiten und Gewährleistung für Dritte

(1) Die Gemeinde darf keine Sicherheiten zugunsten Dritter bestellen. Die Aufsichtsbehörde kann Ausnahmen zulassen. Für die Bestellung von Sicherheiten zur Finanzierung des Erwerbs von Grundstücken der Gemeinde durch Dritte finden die Sätze 1 und 2 keine Anwendung.

(2) Die Gemeinde darf Bürgschaften und Verpflichtungen aus Gewährverträgen nur im Rahmen der Erfüllung ihrer Aufgaben übernehmen. Die Entscheidung der Gemeinde zur Übernahme ist der Aufsichtsbehörde unverzüglich, spätestens einen Monat vor der rechtsverbindlichen Übernahme, schriftlich anzuzeigen.

(3) Absatz 2 gilt sinngemäß für Rechtsgeschäfte, die den in Absatz 2 genannten Rechtsgeschäften wirtschaftlich gleichkommen, insbesondere für die Zustimmung zu Rechtsgeschäften Dritter, aus denen der Gemeinde in künftigen Haushaltsjahren Verpflichtungen zu Leistungen erwachsen können.

§ 88[27] Rückstellungen

Für dem Grunde oder der Höhe nach ungewisse Verbindlichkeiten, für drohende Verluste aus schwebenden Geschäften oder laufenden Verfahren oder für bestimmte Aufwendungen hat die Gemeinde Rückstellungen in angemessener Höhe zu bilden.

§ 89[27] Liquidität

(1) Die Gemeinde hat ihre Zahlungsfähigkeit durch eine angemessene Liquiditätsplanung sicherzustellen.

(2) Zur rechtzeitigen Leistung ihrer Auszahlungen kann die Gemeinde Kredite zur Liquiditätssicherung bis zu dem in der Haushaltssatzung festgesetzten Höchstbetrag aufnehmen, soweit dafür keine anderen Mittel zur Verfügung stehen. Diese Ermächtigung gilt über das Haushaltsjahr hinaus bis zum Erlass der neuen Haushaltssatzung.

§ 90[27] Vermögensgegenstände

(1) Die Gemeinde soll Vermögensgegenstände nur erwerben, soweit dies zur Erfüllung ihrer Aufgaben erforderlich ist oder wird.

(2) Die Vermögensgegenstände sind pfleglich und wirtschaftlich zu verwalten. Bei Geldanlagen ist auf eine ausreichende Sicherheit zu achten; sie sollen einen angemessenen Ertrag erbringen.

(3) Die Gemeinde darf Vermögensgegenstände, die sie zur Erfüllung ihrer Aufgaben in absehbarer Zeit nicht braucht, ver-

äußern. Vermögensgegenstände dürfen in der Regel nur zu ihrem vollen Wert veräußert werden.

(4) Für die Überlassung der Nutzung eines Vermögensgegenstandes gilt Absatz 3 sinngemäß.

(5) Für die Verwaltung und Bewirtschaftung von Gemeindewaldungen gelten die Vorschriften dieses Gesetzes und des Landesforstgesetzes.

§ 91[27] Inventur, Inventar und Vermögensbewertung

(1) Die Gemeinde hat zum Schluss eines jeden Haushaltsjahres sämtliche Vermögensgegenstände, Schulden und Rechnungsabgrenzungsposten in einer Inventur unter Beachtung der Grundsätze ordnungsmäßiger Inventur vollständig aufzunehmen und dabei den Wert der einzelnen Vermögensgegenstände und Verbindlichkeiten anzugeben (Inventar).

(2) Für die im Jahresabschluss auszuweisenden Wertansätze gilt:

1. Vermögensgegenstände sind höchstens mit den Anschaffungs- oder Herstellungskosten vermindert um die planmäßigen und außerplanmäßigen Abschreibungen anzusetzen,
2. Verbindlichkeiten sind zu ihrem Rückzahlungsbetrag, Rentenverpflichtungen, für die eine Gegenleistung nicht mehr zu erwarten ist, zu ihrem Barwert und Rückstellungen nur in Höhe des Betrages anzusetzen, der voraussichtlich notwendig ist.

Die Bewertung ist unter Anwendung der Grundsätze ordnungsmäßiger Buchführung, soweit dieses Gesetz nichts anderes vorsieht, vorzunehmen.

§ 92[27] Eröffnungsbilanz

(1) Die Gemeinde hat zu Beginn des Haushaltsjahres, in dem sie erstmals ihre Geschäftsvorfälle nach dem System der doppelten

Buchführung erfasst, eine Eröffnungsbilanz unter Beachtung der Grundsätze ordnungsmäßiger Buchführung aufzustellen, soweit durch Gesetz oder Rechtsverordnung nichts anderes bestimmt ist. Die Vorschriften der § 95 Abs. 3 und § 96 sind entsprechend anzuwenden.

(2) Die Eröffnungsbilanz und der Anhang haben zum Bilanzstichtag unter Beachtung der Grundsätze ordnungsmäßiger Buchführung ein den tatsächlichen Verhältnissen entsprechendes Bild der Vermögens- und der Schuldenlage der Gemeinde zu vermitteln.

(3) Die Ermittlung der Wertansätze für die Eröffnungsbilanz ist auf der Grundlage von vorsichtig geschätzten Zeitwerten vorzunehmen. Die in der Eröffnungsbilanz angesetzten Werte für die Vermögensgegenstände gelten für die künftigen Haushaltsjahre als Anschaffungs- oder Herstellungskosten, soweit nicht Wertberichtigungen nach Absatz 7 vorgenommen werden.

(4) Die Eröffnungsbilanz und der Anhang sind dahingehend zu prüfen, ob sie ein den tatsächlichen Verhältnissen entsprechendes Bild der Lage der Gemeinde nach Absatz 2 vermitteln. Die Prüfung erstreckt sich darauf, ob die gesetzlichen Vorschriften und die sie ergänzenden Bestimmungen beachtet worden sind.

(5) Der Rechnungsprüfungsausschuss prüft die Eröffnungsbilanz. Er hat die Inventur, das Inventar und die Übersicht über örtlich festgelegte Restnutzungsdauern der Vermögensgegenstände in seine Prüfung einzubeziehen. Über Art und Umfang der Prüfung sowie über das Ergebnis der Prüfung ist ein Prüfungsbericht zu erstellen. Der Bestätigungsvermerk oder der Vermerk über seine Versagung ist in den Prüfungsbericht aufzunehmen. § 101 Abs. 2 bis 8, § 103 Abs. 4, 5 und 7, § 104 Abs. 4 und § 105 Abs. 8 finden entsprechende Anwendung.

(6) Die Eröffnungsbilanz unterliegt der überörtlichen Prüfung nach § 105.

(7) Ergibt sich bei der Aufstellung späterer Jahresabschlüsse, dass in der Eröffnungsbilanz Vermögensgegenstände oder Sonderposten oder Schulden fehlerhaft angesetzt worden sind, so ist der Wertansatz zu berichtigen oder nachzuholen. Die Eröffnungsbilanz gilt dann als geändert. Eine Berichtigung kann letztmals im vierten der Eröffnungsbilanz folgenden Jahresabschluss vorgenommen werden. Vorherige Jahresabschlüsse sind nicht zu berichtigen.

§ 93[27, 35] Finanzbuchhaltung

(1) Die Finanzbuchhaltung hat die Buchführung und die Zahlungsabwicklung der Gemeinde zu erledigen. Die Buchführung muss unter Beachtung der Grundsätze ordnungsmäßiger Buchführung so beschaffen sein, dass innerhalb einer angemessenen Zeit ein Überblick über die wirtschaftliche Lage der Gemeinde gegeben werden kann. Die Zahlungsabwicklung ist ordnungsgemäß und sicher zu erledigen.

(2) Die Gemeinde hat, wenn sie ihre Finanzbuchhaltung nicht nach § 94 durch eine Stelle außerhalb der Gemeindeverwaltung besorgen lässt, dafür einen Verantwortlichen und einen Stellvertreter zu bestellen.

(3) Soweit die ordnungsgemäße Erledigung und die Prüfung gewährleistet sind, kann die Finanzbuchhaltung für funktional begrenzte Aufgabenbereiche auch durch mehrere Stellen der Verwaltung erfolgen. Absatz 2 bleibt unberührt.

(4) Die mit der Prüfung und Feststellung des Zahlungsanspruches und der Zahlungsverpflichtung beauftragten Bediensteten dürfen nicht die Zahlungen der Gemeinde abwickeln. Das Gleiche gilt für die mit der Rechnungsprüfung beauftragten Bediensteten.

(5) Der Verantwortliche für die Zahlungsabwicklung und sein Stellvertreter dürfen nicht Angehörige des Bürgermeisters, des Kämmerers, der Leitung und der Prüfer der örtlichen Rechnungsprüfung sowie mit der Prüfung beauftragter Dritter sein.

(6) Die Geschäftsvorfälle der Sondervermögen und der Treuhandvermögen sind gesondert abzuwickeln, wenn für diese gesonderte Jahresabschlüsse aufgestellt werden.

§ 94[27] Übertragung der Finanzbuchhaltung

Die Gemeinde kann ihre Finanzbuchhaltung ganz oder zum Teil von einer Stelle außerhalb der Gemeindeverwaltung besorgen lassen, wenn die ordnungsgemäße Erledigung und die Prüfung nach den für die Gemeinde geltenden Vorschriften gewährleistet sind. Satz 1 gilt nicht für die Zwangsvollstreckung. Die Vorschriften des Gesetzes über kommunale Gemeinschaftsarbeit bleiben unberührt.

§ 95[27] Jahresabschluss

(1) Die Gemeinde hat zum Schluss eines jeden Haushaltsjahres einen Jahresabschluss aufzustellen, in dem das Ergebnis der Haushaltswirtschaft des Haushaltsjahres nachzuweisen ist. Er muss unter Beachtung der Grundsätze ordnungsmäßiger Buchführung ein den tatsächlichen Verhältnissen entsprechendes Bild der Vermögens-, Schulden-, Ertrags- und Finanzlage der Gemeinde vermitteln und ist zu erläutern. Der Jahresabschluss besteht aus der Ergebnisrechnung, der Finanzrechnung, den Teilrechnungen, der Bilanz und dem Anhang. Ihm ist ein Lagebericht beizufügen.

(2) Am Schluss des Lageberichtes sind für die Mitglieder des Verwaltungsvorstands nach § 70, soweit dieser nicht zu bilden ist für den Bürgermeister und den Kämmerer, sowie für die

Ratsmitglieder, auch wenn die Personen im Haushaltsjahr ausgeschieden sind, anzugeben,

1. Familienname mit mindestens einem ausgeschriebenen Vornamen,
2. der ausgeübte Beruf,
3. die Mitgliedschaften in Aufsichtsräten und anderen Kontrollgremien i. S. d. § 125 Abs. 1 Satz 3 des Aktiengesetzes,
4. die Mitgliedschaft in Organen von verselbstständigten Aufgabenbereichen der Gemeinde in öffentlich-rechtlicher oder privatrechtlicher Form,
5. die Mitgliedschaft in Organen sonstiger privatrechtlicher Unternehmen.

§ 43 Abs. 2 Nrn. 5 und 6 gelten entsprechend.

(3) Der Entwurf des Jahresabschlusses wird vom Kämmerer aufgestellt und dem Bürgermeister zur Bestätigung vorgelegt. Der Bürgermeister leitet den von ihm bestätigten Entwurf innerhalb von drei Monaten nach Ablauf des Haushaltsjahres dem Rat zur Feststellung zu. Soweit er von dem ihm vorgelegten Entwurf abweicht, kann der Kämmerer dazu eine Stellungnahme abgeben. Wird von diesem Recht Gebrauch gemacht, hat der Bürgermeister die Stellungnahme mit dem Entwurf dem Rat vorzulegen.

§ 96[27] Feststellung des Jahresabschlusses und Entlastung

(1) Der Rat stellt bis spätestens 31. Dezember des auf das Haushaltsjahr folgenden Jahres den vom Rechnungsprüfungsausschuss geprüften Jahresabschluss durch Beschluss fest. Zugleich beschließt er über die Verwendung des Jahresüberschusses oder die Behandlung des Jahresfehlbetrages. In der Beratung des Rates über den Jahresabschluss kann der Kämmerer seine abweichende Auffassung vertreten. Die Ratsmit-

glieder entscheiden über die Entlastung des Bürgermeisters. Verweigern sie die Entlastung oder sprechen sie diese mit Einschränkungen aus, so haben sie dafür die Gründe anzugeben. Wird die Feststellung des Jahresabschlusses vom Rat verweigert, so sind die Gründe dafür gegenüber dem Bürgermeister anzugeben.

(2) Der vom Rat festgestellte Jahresabschluss ist der Aufsichtsbehörde unverzüglich anzuzeigen. Der Jahresabschluss ist öffentlich bekannt zu machen und danach bis zur Feststellung des folgenden Jahresabschlusses zur Einsichtnahme verfügbar zu halten.

9. Teil
Sondervermögen, Treuhandvermögen

§ 97[14] Sondervermögen

(1) Sondervermögen der Gemeinde sind

1. das Gemeindegliedervermögen,
2. das Vermögen der rechtlich unselbstständigen örtlichen Stiftungen,
3. wirtschaftliche Unternehmen (§ 114) und organisatorisch verselbstständigte Einrichtungen (§ 107 Abs. 2) ohne eigene Rechtspersönlichkeit,
4. rechtlich unselbstständige Versorgungs- und Versicherungseinrichtungen.

(2) Sondervermögen nach Absatz 1 Nrn. 1 und 2 unterliegen den Vorschriften über die Haushaltswirtschaft. Sie sind im Haushaltsplan und im Jahresabschluss der Gemeinde gesondert nachzuweisen.

(3) Für Sondervermögen nach Absatz 1 Nr. 3 sind die Vorschriften des § 75 Abs. 1, Abs. 2 Sätze 1 und 2, Abs. 6 und 7, der

§§ 84 bis 90, des § 92 Abs. 3 und 7 und der §§ 93, 94 und 96 sinngemäß anzuwenden.

(4) Für Sondervermögen nach Absatz 1 Nr. 4 können die für die Wirtschaftsführung und das Rechnungswesen der Eigenbetriebe geltenden Vorschriften sinngemäß angewendet werden. Absatz 3 gilt sinngemäß.

§ 98[9] Treuhandvermögen

(1) Für rechtlich selbständige örtliche Stiftungen sowie Vermögen, die die Gemeinde nach besonderem Recht treuhänderisch zu verwalten hat, sind besondere Haushaltspläne aufzustellen und Sonderrechnungen zu führen. Die Vorschriften des § 75 Abs. 1, Abs. 2 Sätze 1 und 2, Abs. 6 und 7, der §§ 78 bis 80, 82 bis 87, 89, 90, 93 und 94 sowie § 96 Abs. 1 sind sinngemäß anzuwenden, soweit nicht Vorschriften des Stiftungsgesetzes entgegen stehen. Die §§ 78 und 80 sind mit der Maßgabe sinngemäß anzuwenden, dass an die Stelle der Haushaltssatzung der Beschluss über den Haushaltsplan tritt und von der öffentlichen Bekanntgabe und dem Verfügbarhalten zur Einsichtnahme nach § 80 Abs. 3 und 6 abgesehen werden kann.

(2) Unbedeutendes Treuhandvermögen kann im Haushalt der Gemeinde gesondert nachgewiesen werden.

(3) Mündelvermögen sind abweichend von den Absätzen 1 und 2 nur im Jahresabschluss gesondert nachzuweisen.

(4) Besondere gesetzliche Vorschriften oder Bestimmungen des Stifters bleiben unberührt.

§ 99 Gemeindegliedervermögen

(1) Für die Nutzung des Gemeindevermögens, dessen Ertrag nach bisherigem Recht nicht der Gemeinde, sondern sonstigen Berechtigten zusteht (Gemeindegliedervermögen), bleiben die bisherigen Vorschriften und Gewohnheiten unberührt.

(2) Gemeindegliedervermögen darf nicht in Privatvermögen der Nutzungsberechtigten umgewandelt werden. Es kann in freies Gemeindevermögen umgewandelt werden, wenn die Umwandlung aus Gründen des Gemeinwohls geboten ist. Den bisher Berechtigten ist ein Einkaufsgeld zurückzuzahlen, durch welches sie das Recht zur Teilnahme an der Nutzung des Gemeindegliedervermögens erworben haben. Soweit nach den bisher geltenden rechtlichen Vorschriften Nutzungsrechte am Gemeindegliedervermögen den Berechtigten gegen ihren Willen nicht entzogen oder geschmälert werden dürfen, muß von der Gemeinde bei der Umwandlung eine angemessene Entschädigung gezahlt werden. Handelt es sich um Nutzungsrechte an landwirtschaftlich genutzten Grundstücken, so kann die Entschädigung auch durch Hergabe eines Teils derjenigen Grundstücke gewährt werden, an denen die Nutzungsrechte bestehen.

(3) Gemeindevermögen darf nicht in Gemeindegliedervermögen umgewandelt werden.

§ 100 Örtliche Stiftungen

(1) Örtliche Stiftungen sind die Stiftungen des privaten Rechts, die nach dem Willen des Stifters von einer Gemeinde verwaltet werden und die überwiegend örtlichen Zwecken dienen. Die Gemeinde hat die örtlichen Stiftungen nach den Vorschriften dieses Gesetzes zu verwalten, soweit nicht durch Gesetz oder Stifter anderes bestimmt ist. Das Stiftungsvermögen ist von dem übrigen Gemeindevermögen getrennt zu halten und so anzulegen, daß es für seinen Verwendungszweck greifbar ist.

(2) Die Umwandlung des Stiftungszwecks, die Zusammenlegung und die Aufhebung von rechtlich unselbständigen Stiftungen stehen der Gemeinde zu; sie bedürfen der Genehmigung der Aufsichtsbehörde.

(3) Gemeindevermögen darf nur im Rahmen der Aufgaben-erfüllung der Gemeinde und nur dann in Stiftungsvermögen eingebracht werden, wenn der mit der Stiftung verfolgte Zweck auf andere Weise nicht erreicht werden kann.

10. Teil
Rechnungsprüfung

§ 101[10] Prüfung des Jahresabschlusses, Bestätigungsvermerk

(1) Der Jahresabschluss ist vom Rechnungsprüfungsausschuss dahingehend zu prüfen, ob er ein den tatsächlichen Ver-hältnissen entsprechendes Bild der Vermögens-, Schulden-, Ertrags- und Finanzlage der Gemeinde unter Beachtung der Grundsätze ordnungsmäßiger Buchführung ergibt. Die Prüfung des Jahresabschlusses erstreckt sich darauf, ob die gesetzlichen Vorschriften und die sie ergänzenden Satzungen und sonsti-gen ortsrechtlichen Bestimmungen beachtet worden sind. In die Prüfung sind die Buchführung, die Inventur, das Inventar und die Übersicht über örtlich festgelegte Nutzungsdauern der Vermögensgegenstände einzubeziehen. Der Lagebericht ist darauf zu prüfen, ob er mit dem Jahresabschluss in Ein-klang steht und ob seine sonstigen Angaben nicht eine falsche Vorstellung von der Vermögens-, Schulden-, Ertrags- und Finanzlage der Gemeinde erwecken. Der Rechnungsprüfungs-ausschuss hat über Art und Umfang der Prüfung sowie über das Ergebnis der Prüfung einen Prüfungsbericht zu erstellen. Der Bestätigungsvermerk oder der Vermerk über seine Versagung ist in den Prüfungsbericht aufzunehmen.

(2) Vor Abgabe des Prüfungsberichtes durch den Rechnungs-prüfungsausschuss an den Rat ist dem Bürgermeister Gele-

genheit zur Stellungnahme zum Prüfungsergebnis zu geben. Soweit der Kämmerer von seinem Recht nach § 95 Abs. 3 Satz 3 Gebrauch gemacht hat, ist ihm ebenfalls Gelegenheit zur Stellungnahme zu geben.

(3) Der Rechnungsprüfungsausschuss hat das Ergebnis der Prüfung in einem Bestätigungsvermerk zusammenzufassen. Der Bestätigungsvermerk hat Gegenstand, Art und Umfang der Prüfung zu beschreiben und dabei die angewandten Rechnungslegungsgrundsätze und Prüfungsgrundsätze anzugeben. Er hat ferner eine Beurteilung des Prüfungsergebnisses zu enthalten, die zweifelsfrei ergeben muss, ob

1. ein uneingeschränkter Bestätigungsvermerk erteilt wird,
2. ein eingeschränkter Bestätigungsvermerk erteilt wird,
3. der Bestätigungsvermerk auf Grund von Beanstandungen versagt wird oder
4. der Bestätigungsvermerk deshalb versagt wird, weil der Prüfer nicht in der Lage ist, eine Beurteilung vorzunehmen.

Die Beurteilung des Prüfungsergebnisses soll allgemeinverständlich und problemorientiert unter Berücksichtigung des Umstandes erfolgen, dass Rat und Verwaltungsvorstand den Abschluss zu verantworten haben. Auf Risiken, die die stetige Aufgabenerfüllung und die Haushaltswirtschaft der Gemeinde gefährden, ist gesondert einzugehen.

(4) In einem uneingeschränkten Bestätigungsvermerk (Absatz 3 Satz 3 Nr. 1) ist zu erklären, dass die durchgeführte Prüfung zu keinen Beanstandungen geführt hat, der Jahresabschluss auf Grund der bei der Prüfung gewonnenen Erkenntnisse den gesetzlichen Vorschriften, Satzungen und sonstigen ortsrechtlichen Bestimmungen entspricht und unter Beachtung der Grundsätze ordnungsmäßiger Buchführung ein den tatsächlichen Verhältnissen entsprechendes Bild der Vermögens-, Schulden-, Ertrags- und Finanzlage der Gemeinde vermittelt. Dieser

Bestätigungsvermerk kann um Hinweise ergänzt werden, die ihn nicht einschränken.

(5) Werden Beanstandungen ausgesprochen, ist die Erklärung nach Absatz 4 Satz 1 einzuschränken oder zu versagen. Ein eingeschränkter Bestätigungsvermerk darf nur erteilt werden, wenn der geprüfte Jahresabschluss unter Beachtung der vom Prüfer vorgenommenen, in ihrer Tragweite erkennbaren Einschränkung ein den tatsächlichen Verhältnissen im Wesentlichen entsprechendes Bild der Vermögens-, Schulden-, Ertrags- und Finanzlage der Gemeinde vermittelt (Absatz 3 Satz 3 Nr. 2). Sind die Beanstandungen so erheblich, dass kein den tatsächlichen Verhältnissen entsprechendes Bild der Vermögens-, Schulden-, Ertrags- und Finanzlage der Gemeinde mehr vermittelt wird, ist der Bestätigungsvermerk zu versagen (Absatz 3 Satz 3 Nr. 3). Der Bestätigungsvermerk ist auch dann zu versagen, wenn der Prüfer nach Ausschöpfung aller angemessenen Möglichkeiten zur Klärung des Sachverhaltes nicht in der Lage ist, eine Beurteilung abzugeben (Absatz 3 Satz 3 Nr. 4). Die Versagung ist in einem Vermerk, der nicht als Bestätigungsvermerk zu bezeichnen ist, aufzunehmen. Die Einschränkung oder Versagung ist zu begründen.

(6) Die Beurteilung des Prüfungsergebnisses hat sich auch darauf zu erstrecken, ob der Lagebericht mit dem Jahresabschluss in Einklang steht und insgesamt eine zutreffende Vorstellung von der Vermögens-, Schulden-, Ertrags- und Finanzlage der Gemeinde vermittelt. Dabei ist auch darauf einzugehen, ob die Chancen und Risiken für die künftige Entwicklung der Gemeinde zutreffend dargestellt sind.

(7) Der Bestätigungsvermerk oder der Vermerk über die Versagung ist unter Angabe von Ort und Tag vom Vorsitzenden des Rechnungsprüfungsausschusses zu unterzeichnen.

(8) In Gemeinden, in denen eine örtliche Rechnungsprüfung besteht, bedient sich der Rechnungsprüfungsausschuss zur Durchführung der Prüfung dieser Rechnungsprüfung. Die örtliche Rechnungsprüfung oder Dritte als Prüfer haben im Rahmen ihrer Prüfung einen Bestätigungsvermerk oder einen Vermerk über seine Versagung nach den Absätzen 3 bis 7 abzugeben.

§ 102[10] Örtliche Rechnungsprüfung

(1) Kreisfreie Städte, Große und Mittlere kreisangehörige Städte haben eine örtliche Rechnungsprüfung einzurichten. Die übrigen Gemeinden sollen sie einrichten, wenn ein Bedürfnis hierfür besteht und die Kosten in angemessenem Verhältnis zum Nutzen stehen.

(2) Kreisangehörige Gemeinden können mit dem Kreis eine öffentlich-rechtliche Vereinbarung mit dem Inhalt abschließen, dass die örtliche Rechnungsprüfung des Kreises die Aufgaben der örtlichen Rechnungsprüfung in einer Gemeinde gegen Kostenerstattung wahrnimmt. Die Vereinbarung kann auch vorsehen, dass die Rechnungsprüfung des Kreises nur einzelne Aufgabengebiete der Rechnungsprüfung in der Gemeinde wahrnimmt. Soweit die örtliche Rechnungsprüfung des Kreises die Rechnungsprüfung in der Gemeinde wahrnimmt, bedient sich der Rechnungsprüfungsausschuss der Gemeinde bei der Erfüllung seiner Aufgaben der Rechnungsprüfung des Kreises.

(3) Absatz 1 findet für kreisangehörige Gemeinden keine Anwendung, bei denen die örtliche Rechnungsprüfung des Kreises gemäß Absatz 2 Satz 1 die örtliche Rechnungsprüfung bei der Gemeinde wahrnimmt.

§ 103[10] Aufgaben der örtlichen Rechnungsprüfung

(1) Die örtliche Rechnungsprüfung hat folgende Aufgaben:

1. die Prüfung des Jahresabschlusses der Gemeinde,
2. die Prüfung der Jahresabschlüsse der in § 97 Abs. 1 Nrn. 1, 2 und 4 benannten Sondervermögen,
3. die Prüfung des Gesamtabschlusses,
4. die laufende Prüfung der Vorgänge in der Finanzbuchhaltung zur Vorbereitung der Prüfung des Jahresabschlusses,
5. die dauernde Überwachung der Zahlungsabwicklung der Gemeinde und ihrer Sondervermögen sowie die Vornahme der Prüfungen,
6. bei Durchführung der Finanzbuchhaltung mit Hilfe automatisierter Datenverarbeitung (DV-Buchführung) der Gemeinde und ihrer Sondervermögen die Prüfung der Programme vor ihrer Anwendung,
7. die Prüfung der Finanzvorfälle gemäß § 100 Abs. 4 der Landeshaushaltsordnung,
8. die Prüfung von Vergaben.

In die Prüfung des Jahresabschlusses nach Nummer 1 sind die Entscheidungen und Verwaltungsvorgänge aus delegierten Aufgaben auch dann einzubeziehen, wenn die Zahlungsvorgänge selbst durch den Träger der Aufgabe vorgenommen werden und insgesamt finanziell von erheblicher Bedeutung sind.

(2) Der Rat kann der örtlichen Rechnungsprüfung weitere Aufgaben übertragen, insbesondere

1. die Prüfung der Verwaltung auf Zweckmäßigkeit und Wirtschaftlichkeit,
2. die Prüfung der Betätigung der Gemeinde als Gesellschafter, Aktionär oder Mitglied in Gesellschaften und anderen Vereinigungen des privaten Rechts oder in der Rechtsform der Anstalt des öffentlichen Rechts gemäß § 114a sowie die Buch- und Betriebsprüfung, die sich die Gemeinde bei einer Beteiligung, bei der Hingabe eines Darlehens oder sonst vorbehalten hat.

(3) Der Bürgermeister kann innerhalb seines Amtsbereichs unter Mitteilung an den Rechnungsprüfungsausschuss der örtlichen Rechnungsprüfung Aufträge zur Prüfung erteilen.

(4) Der Prüfer kann für die Durchführung seiner Prüfung nach den Absätzen 1 bis 3 Aufklärung und Nachweise verlangen, die für eine sorgfältige Prüfung notwendig sind. Der Prüfer hat die Rechte nach Satz 1 auch gegenüber den Abschlussprüfern der verselbstständigten Aufgabenbereiche.

(5) Die örtliche Rechnungsprüfung kann sich mit Zustimmung des Rechnungsprüfungsausschusses Dritter als Prüfer bedienen.

(6) Bei den Aufgaben nach § 103 Abs. 1 Nrn. 1 bis 3 haben die Prüfer im Rahmen ihrer Prüfung einen Bestätigungsvermerk oder einen Vermerk über seine Versagung nach § 101 Abs. 3 bis 7 abzugeben.

(7) Ein Dritter darf nicht Prüfer sein,

1. wenn er Mitglied des Rates, Angehöriger des Bürgermeisters, des Kämmerers oder des Verantwortlichen für die Zahlungsabwicklung oder seines Stellvertreters ist,

2. wenn er Beschäftigter der verselbstständigten Aufgabenbereiche der Gemeinde ist, die in öffentlich-rechtlicher oder privatrechtlicher Form geführt werden, oder diesen in den letzten drei Jahren vor der Bestellung als Prüfer angehört hat,

3. wenn er in den letzten fünf Jahren mehr als dreißig vom Hundert der Gesamteinnahmen aus seiner beruflichen Tätigkeit aus der Prüfung und Beratung der zu prüfenden Gemeinde und der verselbstständigten Aufgabenbereiche der Gemeinde, die in öffentlich-rechtlicher oder in privatrechtlicher Form geführt werden, bezogen hat und dies auch im laufenden Jahr zu erwarten ist. Verselbstständigte Aufgabenbereiche der Gemeinde in privatrecht-

licher Form müssen nur einbezogen werden, wenn die Gemeinde mehr als zwanzig vom Hundert der Anteile daran besitzt.

§ 104 Abs. 4 gilt entsprechend.

§ 104[10, 35] Leitung und Prüfer der örtlichen Rechnungsprüfung

(1) Die örtliche Rechnungsprüfung ist dem Rat unmittelbar verantwortlich und in ihrer sachlichen Tätigkeit ihm unmittelbar unterstellt. Sie ist von fachlichen Weisungen frei.

(2) Der Rat bestellt die Leitung der örtlichen Rechnungsprüfung und die Prüfer und beruft sie ab. Die Leitung und die Prüfer können nicht Mitglieder des Rates sein und dürfen eine andere Stellung in der Gemeinde nur innehaben, wenn dies mit ihren Prüfungsaufgaben vereinbar ist. Sie dürfen nicht Zahlungen der Gemeinde abwickeln.

(3) Die Leitung der örtlichen Rechnungsprüfung darf nicht Angehöriger des Bürgermeisters, des Kämmerers oder des für die Zahlungsabwicklung Verantwortlichen und dessen Stellvertreters sein.

(4) Für die Aufgaben nach § 103 Abs. 1 Nrn. 1 bis 3 dürfen die Prüfer nicht an der Führung der Bücher oder an der Aufstellung des Jahresabschlusses oder des Gesamtabschlusses mitgewirkt haben.

§ 105[20] Überörtliche Prüfung

(1) Die überörtliche Prüfung als Teil der allgemeinen Aufsicht des Landes über die Gemeinden ist Aufgabe der Gemeindeprüfungsanstalt.

(2) Die Gemeindeprüfungsanstalt ist bei der Durchführung ihrer Aufgaben unabhängig und an Weisungen nicht gebunden.

(3) Die überörtliche Prüfung erstreckt sich darauf, ob

1. bei der Haushaltswirtschaft der Gemeinden sowie ihrer Sondervermögen die Gesetze und die zur Erfüllung von Aufgaben ergangenen Weisungen (§ 3 Abs. 2) eingehalten und die zweckgebundenen Staatszuweisungen bestimmungsgemäß verwendet worden sind,
2. die Buchführung und die Zahlungsabwicklung ordnungsgemäß durchgeführt worden sind.
3. Die überörtliche Prüfung stellt zudem fest, ob die Gemeinde sachgerecht und wirtschaftlich verwaltet wird. Dies kann auch auf vergleichender Grundlage geschehen.

Bei der Prüfung sind vorhandene Ergebnisse der örtlichen Rechnungsprüfung zu berücksichtigen.

(4) Die Gemeindeprüfungsanstalt teilt das Prüfungsergebnis in Form eines Prüfberichts

1. der geprüften Gemeinde,
2. den Aufsichtsbehörden und
3. den Fachaufsichtsbehörden, soweit ihre Zuständigkeit berührt ist,

mit.

(5) Der Bürgermeister legt den Prüfungsbericht dem Rechnungsprüfungsausschuss zur Beratung vor. Der Rechnungsprüfungsausschuss unterrichtet den Rat über den wesentlichen Inhalt des Prüfungsberichts sowie über das Ergebnis seiner Beratungen.

(6) Die Gemeinde hat zu den Beanstandungen des Prüfungsberichts gegenüber der Gemeindeprüfungsanstalt und der Aufsichtsbehörde innerhalb einer dafür bestimmten Frist Stellung zu nehmen.

(7) Die Gemeindeprüfungsanstalt soll Körperschaften, Anstalten, Stiftungen und Verbände und Einrichtungen des öffentlichen Rechts

1. in Fragen der Organisation und Wirtschaftlichkeit der Verwaltung und
2. in bautechnischen Fragen, die mit der Ausschreibung, Vergabe und Abrechnung von baulichen Maßnahmen zusammenhängen auf Antrag beraten. Sonstige im öffentlichen Interesse tätige juristische Personen kann sie in diesen Fragen auf Antrag beraten.

(8) Werden Prüfungsaufgaben nach § 92 Abs. 5 oder nach § 103 Abs. 1 Nrn. 1 und 3 durch Prüfer der Gemeindeprüfungsanstalt bei den Gemeinden durchgeführt oder haben sie daran mitgewirkt, dürfen diese Prüfer nicht an der überörtlichen Prüfung der Gemeinde mitwirken.

§ 106[21] Jahresabschlussprüfung der Eigenbetriebe

(1) Der Jahresabschluß und der Lagebericht des Eigenbetriebes sind zu prüfen (Jahresabschlußprüfung). In die Prüfung des Jahresabschlusses ist die Buchführung einzubeziehen. Die Prüfung des Jahresabschlusses erstreckt sich darauf, ob die gesetzlichen Vorschriften und die sie ergänzenden Satzungen und sonstigen ortsrechtlichen Bestimmungen beachtet sind. Der Lagebericht ist darauf zu prüfen, ob er mit dem Jahresabschluß in Einklang steht und ob seine sonstigen Angaben nicht eine falsche Vorstellung von der Lage des Unternehmens erwecken. Über die Prüfung ist schriftlich zu berichten. Im Rahmen der Jahresabschlußprüfung ist in entsprechender Anwendung des § 53 Abs. 1 Nr. 1 und 2 des Haushaltsgrundsätzegesetzes ferner die Ordnungsmäßigkeit der Geschäftsführung zu prüfen und über die wirtschaftlich bedeutsamen Sachverhalte zu berichten. Die Kosten der Jahresabschlußprüfung trägt der Betrieb. Eine Befreiung von der Jahresabschlußprüfung ist zulässig; sie kann befristet und mit Auflagen verbunden werden.

(2) Die Jahresabschlussprüfung obliegt der Gemeindeprüfungsanstalt. Die Gemeindeprüfungsanstalt bedient sich zur Durchführung der Jahresabschlussprüfung eines Wirtschaftsprüfers, einer Wirtschaftsprüfungsgesellschaft oder in Einzelfällen eines hierzu befähigten eigenen Prüfers. Die Gemeinde kann einen Wirtschaftsprüfer oder eine Wirtschaftsprüfungsgesellschaft vorschlagen. Die Gemeindeprüfungsanstalt soll dem Vorschlag der Gemeinde folgen. Die Gemeindeprüfungsanstalt kann zulassen, dass der Betrieb im Einvernehmen mit der Gemeindeprüfungsanstalt einen Wirtschaftsprüfer oder eine Wirtschaftsprüfungsgesellschaft unmittelbar mit der Prüfung beauftragt. Die Gemeindeprüfungsanstalt teilt das Prüfungsergebnis in Form des Prüfungsberichts der betroffenen Gemeinde mit. § 105 Abs. 5 und 6 gilt entsprechend. Wenn Veranlassung dazu besteht oder auf Anforderung, teilt die Gemeindeprüfungsanstalt das Prüfungsergebnis den Kommunal- und den Fachaufsichtsbehörden mit.

(3) Die Absätze 1 und 2 gelten entsprechend für Einrichtungen, die gemäß § 107 Abs. 2 entsprechend den Vorschriften über das Rechnungswesen der Eigenbetriebe geführt werden.

11. Teil
Wirtschaftliche Betätigung und nichtwirtschaftliche Betätigung

§ 107[16] Zulässigkeit wirtschaftlicher Betätigung
(1) Die Gemeinde darf sich zur Erfüllung ihrer Aufgaben wirtschaftlich betätigen, wenn
1. ein öffentlicher Zweck die Betätigung erfordert,

2. die Betätigung nach Art und Umfang in einem angemessenen Verhältnis zu der Leistungsfähigkeit der Gemeinde steht und

3. bei einem Tätigwerden außerhalb der Wasserversorgung, des öffentlichen Verkehrs sowie des Betriebes von Telekommunikationsleitungsnetzen einschließlich der Telekommunikationsdienstleistungen der öffentliche Zweck durch andere Unternehmen nicht besser und wirtschaftlicher erfüllt werden kann.

Das Betreiben eines Telekommunikationsnetzes umfasst nicht den Vertrieb und/oder die Installation von Endgeräten von Telekommunikationsanlagen. Als wirtschaftliche Betätigung ist der Betrieb von Unternehmen zu verstehen, die als Hersteller, Anbieter oder Verteiler von Gütern oder Dienstleistungen am Markt tätig werden, sofern die Leistung ihrer Art nach auch von einem Privaten mit der Absicht der Gewinnerzielung erbracht werden könnte.

(2) Als wirtschaftliche Betätigung im Sinne dieses Abschnitts gilt nicht der Betrieb von

1. Einrichtungen, zu denen die Gemeinde gesetzlich verpflichtet ist,

2. öffentlichen Einrichtungen, die für die soziale und kulturelle Betreuung der Einwohner erforderlich sind, insbesondere Einrichtungen auf den Gebieten

   – Erziehung, Bildung oder Kultur (Schulen, Volkshochschulen, Tageseinrichtungen für Kinder und sonstige Einrichtungen der Jugendhilfe, Bibliotheken, Museen, Ausstellungen, Opern, Theater, Kinos, Bühnen, Orchester, Stadthallen, Begegnungsstätten),

   – Sport oder Erholung (Sportanlagen, zoologische und botanische Gärten, Wald-, Park- und Gartenanlagen,

Herbergen, Erholungsheime, Bäder, Einrichtungen zur Veranstaltung von Volksfesten),

- Gesundheits- oder Sozialwesen (Krankenhäuser, Bestattungseinrichtungen, Sanatorien, Kurparks, Senioren- und Behindertenheime, Frauenhäuser, soziale und medizinische Beratungsstellen),

3. Einrichtungen, die der Straßenreinigung, der Wirtschaftsförderung, der Fremdenverkehrsförderung oder der Wohnraumversorgung dienen,

4. Einrichtungen des Umweltschutzes, insbesondere der Abfallentsorgung oder Abwasserbeseitigung sowie des Messe- und Ausstellungswesens,

5. Einrichtungen, die ausschließlich der Deckung des Eigenbedarfs von Gemeinden und Gemeindeverbänden dienen.

Auch diese Einrichtungen sind, soweit es mit ihrem öffentlichen Zweck vereinbar ist, nach wirtschaftlichen Gesichtspunkten zu verwalten und können entsprechend den Vorschriften über die Eigenbetriebe geführt werden. Das für Kommunales zuständige Ministerium kann durch Rechtsverordnung bestimmen, dass Einrichtungen, die nach Art und Umfang eine selbständige Betriebsführung erfordern, ganz oder teilweise nach den für die Eigenbetriebe geltenden Vorschriften zu führen sind; hierbei können auch Regelungen getroffen werden, die von einzelnen der für die Eigenbetriebe geltenden Vorschriften abweichen.

(3) Die wirtschaftliche Betätigung außerhalb des Gemeindegebiets ist nur zulässig, wenn die Voraussetzungen des Absatzes 1 vorliegen und die berechtigten Interessen der betroffenen kommunalen Gebietskörperschaften gewahrt sind. Die Aufnahme einer wirtschaftlichen Betätigung auf ausländischen Märkten ist nur zulässig, wenn die Voraussetzungen des Absatzes 1 Satz 1 Nr. 1 und Nr. 2 vorliegen. Die Aufnahme einer solchen Betätigung bedarf der Genehmigung.

(4) Die nichtwirtschaftliche Betätigung außerhalb des Gemeindegebiets ist nur zulässig, wenn die Voraussetzungen des Absatzes 1 Satz 1 Nr. 1 und Nr. 2 vorliegen und die berechtigten Interessen der betroffenen kommunalen Gebietskörperschaften gewahrt sind. Diese Voraussetzungen gelten bei in den Krankenhausplan des Landes aufgenommenen Krankenhäusern als erfüllt. Die Aufnahme einer nichtwirtschaftlichen Betätigung auf ausländischen Märkten ist nur zulässig, wenn die Voraussetzungen des Absatzes 1 Satz 1 Nr. 1 und Nr. 2 vorliegen. Die Aufnahme einer solchen Betätigung bedarf der Genehmigung.

(5) Vor der Entscheidung über die Gründung von bzw. die unmittelbare oder mittelbare Beteiligung an Unternehmen im Sinne des Absatzes 1 ist der Rat auf der Grundlage einer Marktanalyse über die Chancen und Risiken des beabsichtigten wirtschaftlichen Engagements und über die Auswirkungen auf das Handwerk und die mittelständische Wirtschaft zu unterrichten. Den örtlichen Selbstverwaltungsorganisationen von Handwerk, Industrie und Handel und den für die Beschäftigten der jeweiligen Branchen handelnden Gewerkschaften ist Gelegenheit zur Stellungnahme zu den Marktanalysen zu geben.

(6) Bankunternehmen darf die Gemeinde nicht errichten, übernehmen oder betreiben.

(7) Für das öffentliche Sparkassenwesen gelten die dafür erlassenen besonderen Vorschriften.

§ 107a[39] Zulässigkeit energiewirtschaftlicher Betätigung

(1) Die wirtschaftliche Betätigung in den Bereichen der Strom-, Gas- und Wärmeversorgung dient einem öffentlichen Zweck und ist zulässig, wenn sie nach Art und Umfang in einem angemessenen Verhältnis zu der Leistungsfähigkeit der Gemeinde steht.

(2) Mit den Bereichen Strom-, Gas- und Wärmeversorgung unmittelbar verbundene Dienstleistungen sind zulässig, wenn sie den Hauptzweck fördern. Die Gemeinde stellt sicher, dass bei der Erbringung dieser Dienstleistungen die Belange kleinerer Unternehmen, insbesondere des Handwerks, berücksichtigt werden.

(3) Die Aufnahme einer überörtlichen energiewirtschaftlichen Betätigung ist zulässig, wenn die Voraussetzung des Absatzes 1 vorliegt und die berechtigten Interessen der betroffenen kommunalen Gebietskörperschaften gewahrt sind. Bei der Versorgung mit Strom und Gas gelten nur die Interessen als berechtigt, die nach den Vorschriften des Energiewirtschaftsgesetzes eine Einschränkung des Wettbewerbs zulassen. Die Aufnahme einer energiewirtschaftlichen Betätigung auf ausländischen Märkten ist zulässig, wenn die Voraussetzung des Absatzes 1 vorliegt. Die Aufnahme einer solchen Betätigung bedarf der Genehmigung.

(4) Vor der Entscheidung über die Gründung von bzw. die unmittelbare Beteiligung an Unternehmen im Sinne des Absatzes 1 ist der Rat über die Chancen und Risiken des beabsichtigten wirtschaftlichen Engagements zu unterrichten. Den örtlichen Selbstverwaltungsorganisationen von Handwerk, Industrie und Handel und den für die Beschäftigten der jeweiligen Branchen handelnden Gewerkschaften ist Gelegenheit zur Stellungnahme zu geben, sofern die Entscheidung die Erbringung verbundener Dienstleistungen betrifft.

§ 108[22, 44] Unternehmen und Einrichtungen des privaten Rechts

(1) Die Gemeinde darf Unternehmen und Einrichtungen in einer Rechtsform des privaten Rechts nur gründen oder sich daran beteiligen, wenn

1. bei Unternehmen (§ 107 Abs. 1) die Voraussetzungen des § 107 Abs. 1 Satz 1 gegeben sind und bei Unternehmen im Bereich der energiewirtschaftlichen Betätigung die Voraussetzung des § 107 a Abs. 1 gegeben ist,
2. bei Einrichtungen (§ 107 Abs. 2) ein wichtiges Interesse der Gemeinde an der Gründung oder der Beteiligung vorliegt,
3. eine Rechtsform gewählt wird, welche die Haftung der Gemeinde auf einen bestimmten Betrag begrenzt,
4. die Einzahlungsverpflichtung der Gemeinde in einem angemessenen Verhältnis zu ihrer Leistungsfähigkeit steht,
5. die Gemeinde sich nicht zur Übernahme von Verlusten in unbestimmter oder unangemessener Höhe verpflichtet,
6. die Gemeinde einen angemessenen Einfluß, insbesondere in einem Überwachungsorgan, erhält und dieser durch Gesellschaftsvertrag, Satzung oder in anderer Weise gesichert wird,
7. das Unternehmen oder die Einrichtung durch Gesellschaftsvertrag, Satzung oder sonstiges Organisationsstatut auf den öffentlichen Zweck ausgerichtet wird,
8. bei Unternehmen und Einrichtungen in Gesellschaftsform gewährleistet ist, daß der Jahresabschluß und der Lagebericht, soweit nicht weitergehende gesetzliche Vorschriften gelten oder andere gesetzliche Vorschriften entgegenstehen, aufgrund des Gesellschaftsvertrages oder der Satzung in entsprechender Anwendung der Vorschriften des Dritten Buches des Handelsgesetzbuches für große Kapitalgesellschaften aufgestellt und ebenso oder in entsprechender Anwendung der für Eigenbetriebe geltenden Vorschriften geprüft werden,
9. bei Unternehmen und Einrichtungen in Gesellschaftsform, vorbehaltlich weitergehender oder entgegenstehender gesetzlicher Vorschriften, durch Gesellschaftsvertrag

oder Satzung gewährleistet ist, dass die für die Tätigkeit im Geschäftsjahr gewährten Gesamtbezüge im Sinne des § 285 Nummer 9 des Handelsgesetzbuches der Mitglieder der Geschäftsführung, des Aufsichtsrates, des Beirates oder einer ähnlichen Einrichtung im Anhang zum Jahresabschluss jeweils für jede Personengruppe sowie zusätzlich unter Namensnennung die Bezüge jedes einzelnen Mitglieds dieser Personengruppen unter Aufgliederung nach Komponenten im Sinne des § 285 Nummer 9 Buchstabe a des Handelsgesetzbuches angegeben werden. Die individualisierte Ausweisungspflicht gilt auch für:

a) Leistungen, die den genannten Mitgliedern für den Fall einer vorzeitigen Beendigung ihrer Tätigkeit zugesagt worden sind,

b) Leistungen, die den genannten Mitgliedern für den Fall der regulären Beendigung ihrer Tätigkeit zugesagt worden sind, mit ihrem Barwert sowie den von der Gesellschaft während des Geschäftsjahres hierfür aufgewandten oder zurückgestellten Betrag,

c) während des Geschäftsjahres vereinbarte Änderungen dieser Zusagen und

d) Leistungen, die einem früheren Mitglied, das seine Tätigkeit im Laufe des Geschäftsjahres beendet hat, in diesem Zusammenhang zugesagt und im Laufe des Geschäftsjahres gewährt worden sind.

Eine Gewährleistung für die individualisierte Ausweisung von Bezügen und Leistungszusagen ist im Falle der Beteiligung an einer bestehenden Gesellschaft auch dann gegeben, wenn in Gesellschaftsvertrag oder Satzung die erstmalige individualisierte Ausweisung spätestens für das zweite Geschäftsjahr nach Erwerb der Beteiligung festgelegt ist.

10. bei Unternehmen der Telekommunikation einschließlich von Telefondienstleistungen nach § 107 Abs. 1 Satz 1 Nr. 3 im Gesellschaftsvertrag die unmittelbare oder im Rahmen einer Schachtelbeteiligung die mittelbare Haftung der Gemeinde auf den Anteil der Gemeinde bzw. des kommunalen Unternehmens am Stammkapital beschränkt ist. Zur Wahrnehmung gleicher Wettbewerbschancen darf die Gemeinde für diese Unternehmen weder Kredite nach Maßgabe kommunalwirtschaftlicher Vorzugskonditionen in Anspruch nehmen noch Bürgschaften und Sicherheiten i. S. von § 87 leisten.

Die Aufsichtsbehörde kann von den Vorschriften der Nummern 3, 5 und 8 in begründeten Fällen Ausnahmen zulassen. Wird von Satz 1 Nummer 8 eine Ausnahme zugelassen, kann auch von Satz 1 Nummer 9 eine Ausnahme zugelassen werden.

(2) Absatz 1 Satz 1 Nummer 9 gilt für die erstmalige unmittelbare oder mittelbare Beteiligung an einer Gesellschaft einschließlich der Gründung einer Gesellschaft, wenn den beteiligten Gemeinden oder Gemeindeverbänden alleine oder zusammen oder zusammen mit einer Beteiligung des Landes mehr als 50 vom Hundert der Anteile gehören. Bei bestehenden Gesellschaften, an denen Gemeinden oder Gemeindeverbände unmittelbar oder mittelbar alleine oder zusammen oder zusammen mit dem Land mit mehr als 50 vom Hundert beteiligt sind, trifft die Gemeinden und Gemeindeverbände eine Hinwirkungspflicht zur Anpassung an die Vorgaben des Absatzes 1 Satz 1 Nummer 9. Die Hinwirkungspflicht nach Satz 2 bezieht sich sowohl auf die Anpassung von Gesellschaftsvertrag oder Satzung als auch auf die mit Absatz 1 Satz 1 Nummer 9 verfolgte Zielsetzung der individualisierten Ausweisung der dort genannten Bezüge und Leistungszusagen.

(3) Gehören einer Gemeinde mehr als 50 vom Hundert der Anteile an einem Unternehmen oder einer Einrichtung in Gesellschaftsform, muß sie darauf hinwirken, daß

1. in sinngemäßer Anwendung der für die Eigenbetriebe geltenden Vorschriften

    a) für jedes Wirtschaftsjahr ein Wirtschaftsplan aufgestellt wird,

    b) der Wirtschaftsführung eine fünfjährige Finanzplanung zugrunde gelegt und der Gemeinde zur Kenntnis gebracht wird,

    c) die Feststellung des Jahresabschlusses, die Verwendung des Ergebnisses sowie das Ergebnis der Prüfung des Jahresabschlusses und des Lageberichts unbeschadet der bestehenden gesetzlichen Offenlegungspflichten öffentlich bekannt gemacht werden und der Jahresabschluss und der Lagebericht bis zur Feststellung des folgenden Jahresabschlusses zur Einsichtnahme verfügbar gehalten werden,

2. in dem Lagebericht oder in Zusammenhang damit zur Einhaltung der öffentlichen Zwecksetzung und zur Zweckerreichung Stellung genommen wird,

3. nach den Wirtschaftsgrundsätzen (§ 109) verfahren wird, wenn die Gesellschaft ein Unternehmen betreibt.

Gehört der Gemeinde zusammen mit anderen Gemeinden oder Gemeindeverbänden die Mehrheit der Anteile an einem Unternehmen oder an einer Einrichtung, soll sie auf eine Wirtschaftsführung nach Maßgabe des Satzes 1 Nr. 1 a) und b) sowie Nr. 2 und Nr. 3 hinwirken.

(4) Die Gemeinde darf unbeschadet des Absatzes 1 Unternehmen und Einrichtungen in der Rechtsform einer Aktiengesellschaft nur gründen, übernehmen, wesentlich erweitern oder sich daran beteiligen, wenn der öffentliche Zweck nicht ebenso

gut in einer anderen Rechtsform erfüllt wird oder erfüllt werden kann.

(5) Die Gemeinde darf unbeschadet des Absatzes 1 Unternehmen und Einrichtungen in der Rechtsform einer Gesellschaft mit beschränkter Haftung nur gründen oder sich daran beteiligen, wenn durch die Ausgestaltung des Gesellschaftsvertrags sichergestellt ist, dass

1. die Gesellschafterversammlung auch beschließt über

   a) den Abschluss und die Änderungen von Unternehmensverträgen im Sinne der §§ 291 und 292 Abs. 1 des Aktiengesetzes,

   b) den Erwerb und die Veräußerung von Unternehmen und Beteiligungen,

   c) den Wirtschaftsplan, die Feststellung des Jahresabschlusses und die Verwendung des Ergebnisses sowie

   d) die Bestellung und die Abberufung der Geschäftsführer, soweit dies nicht der Gemeinde vorbehalten ist, und

2. der Rat den von der Gemeinde bestellten oder auf Vorschlag der Gemeinde gewählten Mitgliedern des Aufsichtsrats Weisungen erteilen kann, soweit die Bestellung eines Aufsichtsrates gesetzlich nicht vorgeschrieben ist.

(6) Vertreter der Gemeinde in einer Gesellschaft, an der Gemeinden, Gemeindeverbände oder Zweckverbände unmittelbar oder mittelbar mit mehr als 25 vom Hundert beteiligt sind, dürfen

a) der Gründung einer anderen Gesellschaft oder einer anderen Vereinigung in einer Rechtsform des privaten Rechts, einer Beteiligung sowie der Erhöhung einer Beteiligung der Gesellschaft an einer anderen Gesellschaft oder einer anderen Vereinigung in einer Rechtsform des privaten Rechts nur zustimmen, wenn

- die vorherige Entscheidung des Rates vorliegt,
- für die Gemeinde selbst die Gründungs- bzw. Beteiligungsvoraussetzungen vorliegen und
- sowohl die Haftung der gründenden Gesellschaft als auch die Haftung der zu gründenden Gesellschaft oder Vereinigung durch ihre Rechtsform auf einen bestimmten Betrag begrenzt sind oder
- sowohl die Haftung der sich beteiligenden Gesellschaft als auch die Haftung der Gesellschaft oder Vereinigung, an der eine Beteiligung erfolgt, durch ihre Rechtsform auf einen bestimmten Betrag begrenzt sind;

b) einem Beschluss der Gesellschaft zu einer wesentlichen Änderung des Gesellschaftszwecks oder sonstiger wesentlicher Änderungen des Gesellschaftsvertrages nur nach vorheriger Entscheidung des Rates zustimmen.

In den Fällen von Satz 1 Buchstabe a) gilt Absatz 1 Satz 2 und 3 entsprechend. Als Vertreter der Gemeinde im Sinne von Satz 1 gelten auch Geschäftsführer, Vorstandsmitglieder und Mitglieder von sonstigen Organen und ähnlichen Gremien der Gesellschaft, die von der Gemeinde oder auf ihre Veranlassung oder ihren Vorschlag in das Organ oder Gremium entsandt oder gewählt worden sind. Beruht die Entsendung oder Wahl auf der Veranlassung oder dem Vorschlag mehrerer Gemeinden, Gemeindeverbände oder Zweckverbände, so bedarf es der Entscheidung nur des Organs, auf das sich die beteiligten Gemeinden und Gemeindeverbände oder Zweckverbände geeinigt haben. Die Sätze 1 bis 4 gelten nicht, soweit ihnen zwingende Vorschriften des Gesellschaftsrechts entgegenstehen.

(7) Die Gemeinde kann einen einzelnen Geschäftsanteil an einer eingetragenen Kreditgenossenschaft erwerben, wenn eine Nachschußpflicht ausgeschlossen oder die Haftungssumme auf einen bestimmten Betrag beschränkt ist.

§ 108a[39, 49] Arbeitnehmermitbestimmung in fakultativen Aufsichtsräten

(1) Soweit im Gesellschaftsvertrag eines Unternehmens (§ 107 Absatz 1, § 107a Absatz 1) oder einer Einrichtung (§ 107 Absatz 2) in Privatrechtsform, an der die Gemeinde unmittelbar oder mittelbar mit mehr als 50 Prozent der Anteile beteiligt ist, ein fakultativer Aufsichtsrat vorgesehen ist, können diesem Arbeitnehmervertreter angehören. Arbeitnehmervertreter können von der Gemeinde in den fakultativen Aufsichtsrat entsandt werden, wenn diese mehr als zwei Aufsichtsratsmandate besetzt. In diesem Fall ist ein angemessener Einfluss der Gemeinde im Sinne des § 108 Absatz 1 Satz 1 Nummer 6 gegeben, wenn bei mehr als zwei von der Gemeinde in den Aufsichtsrat zu entsendenden Vertretern nicht mehr als ein Drittel der auf die Gemeinde entfallenden Aufsichtsratsmandate durch Arbeitnehmervertreter des Unternehmens oder der Einrichtung nach Maßgabe der folgenden Absätze besetzt werden.

(2) Wird ein Aufsichtsratsmandat oder werden zwei Aufsichtsratsmandate mit Arbeitnehmervertretern besetzt, so müssen diese als Arbeitnehmer im Unternehmen oder in der Einrichtung beschäftigt sein. Werden mehr als zwei Aufsichtsratsmandate mit Arbeitnehmervertretern besetzt, so müssen mindestens zwei Aufsichtsratsmandate mit Arbeitnehmern besetzt werden, die im Unternehmen oder in der Einrichtung beschäftigt sind.

(3) Der Rat der Gemeinde bestellt aus einer von den Beschäftigten des Unternehmens oder der Einrichtung gewählten Vorschlagsliste die in den fakultativen Aufsichtsrat zu entsendenden Arbeitnehmervertreter. Die Bestellung bedarf eines Beschlusses der Mehrheit der gesetzlichen Zahl der Mitglieder des Rates. Die Vorschlagsliste muss mindestens die doppelte Zahl der zu entsendenden Arbeitnehmervertreter enthalten.

Der Rat hat das Recht, mit der Mehrheit der gesetzlichen Zahl seiner Mitglieder sämtliche Vorschläge der Liste zurückzuweisen und eine Neuwahl zu verlangen. In diesem Fall können die Beschäftigten eine neue Vorschlagsliste wählen; Sätze 1 bis 4 gelten entsprechend. Im Falle einer erneuten Zurückweisung der Vorschläge durch den Rat bleiben die für die Arbeitnehmervertreter vorgesehenen Aufsichtsratsmandate unbesetzt.

(4) § 113 Absatz 1 Satz 2 und 3 sowie § 9 des Drittelbeteiligungsgesetzes vom 18. Mai 2004 (BGBl. I S. 974), das zuletzt durch Artikel 2 Absatz 114 des Gesetzes vom 22. Dezember 2011 (BGBl. I S. 3044) geändert worden ist, gelten für die nach Absatz 3 für den fakultativen Aufsichtsrat vom Rat bestellten Arbeitnehmervertreter entsprechend. Verliert ein vom Rat bestellter Arbeitnehmervertreter, der als Arbeitnehmer im Unternehmen oder in der Einrichtung beschäftigt ist, die Beschäftigteneigenschaft in dem Unternehmen oder der Einrichtung, muss der Rat ihn entsprechend § 113 Absatz 1 Satz 3 aus seinem Amt im fakultativen Aufsichtsrat abberufen.

(5) Zur Wahl der Vorschlagsliste nach Absatz 3 sind alle Beschäftigten des Unternehmens beziehungsweise der Einrichtung wahlberechtigt, die am Tage der Wahl das 18. Lebensjahr vollendet haben. Nicht wahlberechtigt und nicht wählbar sind Geschäftsführer und Vorstände des Unternehmens beziehungsweise der Einrichtung. In die Vorschlagsliste können nur Personen aufgenommen werden, die das 18. Lebensjahr vollendet haben. Im Gesellschaftsvertrag, der Satzung oder dem Organisationsstatut des Unternehmens beziehungsweise der Einrichtung ist die Amtsdauer der Arbeitnehmervertreter zu regeln. Sie soll die regelmäßige Amtsdauer der nach § 113 Absatz 2 Satz 2 neben dem Bürgermeister oder dem von ihm benannten Bediensteten der Gemeinde in den fakultativen Aufsichtsrat bestellten weiteren Vertreter nicht überschreiten.

(6) Die Wahl der Vorschlagsliste erfolgt auf Grund von Wahl-vorschlägen des Betriebsrats und der Beschäftigten. Die Wahl-vorschläge der Beschäftigten müssen von mindestens einem Zehntel der Wahlberechtigten, jedoch mindestens von drei Wahlberechtigten unterzeichnet sein. Sieht der Gesellschafts-vertrag des Unternehmens oder der Einrichtung die Stellver-tretung eines verhinderten Aufsichtsratsmitglieds vor, kann in jedem Wahlvorschlag zusammen mit jedem Bewerber für diesen ein stellvertretendes Mitglied vorgeschlagen werden. Ein Bewerber kann nicht zugleich als stellvertretendes Mitglied vorgeschlagen werden. Wird ein Bewerber gemäß Absatz 3 als Aufsichtsratsmitglied bestimmt, so ist auch das zusammen mit ihm vorgeschlagene stellvertretende Mitglied bestimmt. Das für Kommunales zuständige Ministerium bestimmt durch Rechtsverordnung das Verfahren für die Wahl der Vorschlags-liste, insbesondere die Vorbereitung der Wahl und die Aufstel-lung der Wählerlisten, die Frist für die Einsichtnahme in die Wählerlisten und die Erhebung von Einsprüchen gegen sie, die Wahlvorschläge und die Frist für ihre Einreichung, das Wahlaus-schreiben und die Frist für seine Bekanntmachung, die Stimm-abgabe, die Feststellung des Wahlergebnisses und die Fristen für seine Bekanntmachung, die Anfechtung der Wahl und die Aufbewahrung der Wahlakten.

(7) Der Bürgermeister teilt dem zur gesetzlichen Vertretung beru-fenen Organ des Unternehmens oder der Einrichtung die Namen der vom Rat für den Aufsichtsrat bestellten Arbeitnehmervertre-ter und ihrer im Falle des Absatzes 6 Satz 5 bestimmten stellver-tretenden Mitglieder mit. Gleichzeitig informiert er die für den Aufsichtsrat bestellten Arbeitnehmervertreter und die im Falle des Absatzes 6 Satz 5 bestimmten stellvertretenden Mitglieder.

(8) Wird ein Arbeitnehmervertreter von seinem Amt gemäß § 113 Absatz 1 Satz 3 abberufen oder scheidet er aus anderen

Gründen aus dem Aufsichtsrat aus, ist gleichzeitig auch das zusammen mit ihm nach Absatz 6 Satz 5 bestimmte stellvertretende Mitglied abberufen oder ausgeschieden. Wird ein stellvertretendes Mitglied von seinem Amt gemäß § 113 Absatz 1 Satz 3 abberufen oder scheidet es aus anderen Gründen als stellvertretendes Mitglied aus dem Aufsichtsrat aus, bleibt die Position des stellvertretenden Mitglieds unbesetzt. Für den abberufenen oder ausgeschiedenen Arbeitnehmervertreter bestellt der Rat mit der Mehrheit der gesetzlichen Zahl seiner Mitglieder aus dem noch nicht in Anspruch genommenen Teil der Vorschlagsliste nach Absatz 3 einen Nachfolger. Kommt eine solche Mehrheit nicht zustande, können die Beschäftigten den noch nicht in Anspruch genommenen Teil der Vorschlagsliste um neue Vorschläge ergänzen. Für die Ergänzung der Vorschlagsliste gelten die Absätze 5 und 6 entsprechend. Kommt auch dann keine Mehrheit der gesetzlichen Zahl der Mitglieder des Rates für die Bestellung eines Nachfolgers zustande, bleibt das Aufsichtsratsmandat unbesetzt.

(9) Die Absätze 1 bis 8 gelten mit folgenden Maßgaben entsprechend in den Fällen, in denen an einem Unternehmen oder einer Einrichtung in Privatrechtsform zwei oder mehr Gemeinden unmittelbar oder mittelbar mit insgesamt mehr als 50 Prozent der Anteile beteiligt sind:

1. Die Bestellung der in den fakultativen Aufsichtsrat zu entsendenden Arbeitnehmervertreter bedarf übereinstimmender, mit der Mehrheit der gesetzlichen Zahl der Mitglieder zustande gekommener Beschlüsse der Räte mindestens so vieler beteiligter Gemeinden, dass hierdurch insgesamt mehr als die Hälfte der kommunalen Beteiligung an dem Unternehmen oder der Einrichtung repräsentiert wird. Kommen solche übereinstimmenden Beschlüsse nicht oder nicht im erforderlichen Umfang zustande, kann

eine neue Vorschlagsliste gewählt werden. Kommen auch hierzu entsprechende übereinstimmende Beschlüsse der beteiligten Räte nicht oder nicht im erforderlichen Umfang zustande, bleiben die für die Arbeitnehmervertreter vorgesehenen Aufsichtsratsmandate unbesetzt.

2. Für die Bestellung eines Nachfolgers im Sinne des Absatzes 8 gilt Nummer 1 Satz 1 entsprechend. Kommen danach übereinstimmende Beschlüsse der beteiligten Räte nicht oder nicht im erforderlichen Umfang zustande, können die Beschäftigten den noch nicht in Anspruch genommenen Teil der Vorschlagsliste um neue Vorschläge ergänzen. Für die Ergänzung der Vorschlagsliste gelten die Absätze 5 und 6 entsprechend. Kommen auch dann übereinstimmende Beschlüsse der beteiligten Räte nicht oder nicht im erforderlichen Umfang zustande, bleibt das Aufsichtsratsmandat unbesetzt.

3. Für die nach § 113 Absatz 1 Satz 2 und 3 zu treffenden Entscheidungen bedarf es übereinstimmender Beschlüsse der Räte mindestens so vieler beteiligter Gemeinden, dass hierdurch insgesamt mehr als die Hälfte der kommunalen Beteiligung an dem Unternehmen oder der Einrichtung repräsentiert wird.

§ 108b[49] Regelung zur Vollparität

(1) Nach Maßgabe der folgenden Regelungen kann für die fakultativen Aufsichtsräte kommunal beherrschter Gesellschaften, die von den bis zum 31. Oktober 2020 amtierenden kommunalen Vertretungen zu bestellen sind, auf Antrag eine Ausnahme von der in § 108a geregelten Drittelparität zugelassen werden.

(2) Die Ausnahme ist von der Gemeinde, die die Gesellschaft beherrscht, schriftlich bei der zuständigen Aufsichtsbehörde

unter Beifügung eines entsprechenden Ratsbeschlusses und des vorgesehenen Gesellschaftsvertrages zu beantragen. Sind an der kommunal beherrschten Gesellschaft zwei oder mehr Gemeinden beteiligt, muss der Antrag von sämtlichen an der Gesellschaft beteiligten Gemeinden unter Beifügung der entsprechenden Ratsbeschlüsse gestellt werden.

(3) Die zuständige Aufsichtsbehörde hat die Ausnahme zuzulassen, wenn die in Absatz 2 genannten Unterlagen ordnungsgemäß vorliegen und der Gesellschaftsvertrag den sonstigen Anforderungen des § 108a und der nachfolgenden Absätze entspricht. Die Zulassung der Ausnahme durch die zuständige Aufsichtsbehörde bedarf vor ihrem Wirksamwerden der Genehmigung des für Kommunales zuständigen Ministeriums.

(4) Sind sämtliche Aufsichtsratsmandate von der Gemeinde zu besetzen, können abweichend von § 108a Absatz 1 Satz 3 bis zur Hälfte der Aufsichtsratsmandate mit Arbeitnehmervertretern besetzt werden. Wird die Hälfte der Aufsichtsratsmandate mit Arbeitnehmervertretern besetzt, muss der Gesellschaftsvertrag vorsehen, dass der Aufsichtsratsvorsitzende nicht zu dem von der Arbeitnehmerseite vorgeschlagenen Personenkreis gehört. Außerdem muss der Gesellschaftsvertrag für den Fall, dass eine Abstimmung im Aufsichtsrat Stimmengleichheit ergibt, regeln, dass noch in derselben Sitzung des Aufsichtsrats eine erneute Abstimmung über denselben Gegenstand herbeigeführt wird, bei der der Aufsichtsratsvorsitzende zwei Stimmen hat.

(5) Ist ein Teil der Aufsichtsratsmandate von Gesellschaftern zu besetzen, die die Vorschriften des 11. Teils nicht unmittelbar, sinngemäß oder entsprechend anzuwenden haben, muss der Gesellschaftsvertrag vorsehen, dass die Mehrzahl der auf die Gemeinde entfallenden Aufsichtsratsmandate mit Personen besetzt wird, die nicht von der Arbeitnehmerseite vorgeschlagen werden.

(6) Im Übrigen gelten die Regelungen des § 108a. Das für Kommunales zuständige Ministerium bestimmt durch Rechtsverordnung das Verfahren für die Wahl der Vorschlagsliste, insbesondere die Vorbereitung der Wahl und die Aufstellung der Wählerlisten, die Frist für die Einsichtnahme in die Wählerlisten und die Erhebung von Einsprüchen gegen sie, die Wahlvorschläge und die Frist für ihre Einreichung, das Wahlausschreiben und die Frist für seine Bekanntmachung, die Stimmabgabe, die Feststellung des Wahlergebnisses und die Fristen für seine Bekanntmachung, die Anfechtung der Wahl und die Aufbewahrung der Wahlakten.

§ 109 Wirtschaftsgrundsätze

(1) Die Unternehmen und Einrichtungen sind so zu führen, zu steuern und zu kontrollieren, daß der öffentliche Zweck nachhaltig erfüllt wird. Unternehmen sollen einen Ertrag für den Haushalt der Gemeinde abwerfen, soweit dadurch die Erfüllung des öffentlichen Zwecks nicht beeinträchtigt wird.

(2) Der Jahresgewinn der wirtschaftlichen Unternehmen als Unterschied der Erträge und Aufwendungen soll so hoch sein, daß außer den für die technische und wirtschaftliche Entwicklung des Unternehmens notwendigen Rücklagen mindestens eine marktübliche Verzinsung des Eigenkapitals erwirtschaftet wird.

§ 110 Verbot des Mißbrauchs wirtschaftlicher Machtstellung

Bei Unternehmen, für die kein Wettbewerb gleichartiger Unternehmen besteht, dürfen der Anschluß und die Belieferung nicht davon abhängig gemacht werden, daß auch andere Leistungen oder Lieferungen abgenommen werden.

§ 111[35] Veräußerung von Unternehmen, Einrichtungen und Beteiligungen

(1) Die teilweise oder vollständige Veräußerung eines Unternehmens oder einer Einrichtung oder einer Beteiligung an einer Gesellschaft sowie andere Rechtsgeschäfte, durch welche die Gemeinde ihren Einfluß auf das Unternehmen, die Einrichtung oder die Gesellschaft verliert oder vermindert, sind nur zulässig, wenn die für die Betreuung der Einwohner erforderliche Erfüllung der Aufgaben der Gemeinde nicht beeinträchtigt wird.

(2) Vertreter der Gemeinde in einer Gesellschaft, an der Gemeinden, Gemeindeverbände oder Zweckverbände unmittelbar oder mittelbar mit mehr als 50 v. H. beteiligt sind, dürfen Veräußerungen oder anderen Rechtsgeschäften i. S. des Absatzes 1 nur nach vorheriger Entscheidung des Rates und nur dann zustimmen, wenn für die Gemeinde die Zulässigkeitsvoraussetzung des Absatzes 1 vorliegt.

§ 112[11] Informations- und Prüfungsrechte

(1) Gehören einer Gemeinde unmittelbar oder mittelbar Anteile an einem Unternehmen oder einer Einrichtung in einer Rechtsform des privaten Rechts in dem in § 53 des Haushaltsgrundsätzegesetzes bezeichneten Umfang, so soll sie

1. die Rechte nach § 53 Abs. 1 des Haushaltsgrundsätzegesetzes ausüben,
2. darauf hinwirken, daß ihr die in § 54 des Haushaltsgrundsätzegesetzes vorgesehenen Befugnisse eingeräumt werden.

(2) Ist eine Beteiligung der Gemeinde an einer Gesellschaft keine Mehrheitsbeteiligung im Sinne des § 53 des Haushaltsgrundsätzegesetzes, so soll die Gemeinde, so weit ihr Interesse dies erfordert, darauf hinwirken, daß ihr im Gesellschaftsver-

trag oder in der Satzung die Befugnisse nach § 53 des Haushaltsgrundsätzegesetzes eingeräumt werden. Bei mittelbaren Minderheitsbeteiligungen gilt dies nur, wenn die Beteiligung den vierten Teil der Anteile übersteigt und einer Gesellschaft zusteht, an der die Gemeinde allein oder zusammen mit anderen Gebietskörperschaften mit Mehrheit im Sinne des § 53 des Haushaltsgrundsätzegesetzes beteiligt ist.

§ 113[38] Vertretung der Gemeinde in Unternehmen oder Einrichtungen

(1) Die Vertreter der Gemeinde in Beiräten, Ausschüssen, Gesellschafterversammlungen, Aufsichtsräten oder entsprechenden Organen von juristischen Personen oder Personenvereinigungen, an denen die Gemeinde unmittelbar oder mittelbar beteiligt ist, haben die Interessen der Gemeinde zu verfolgen. Sie sind an die Beschlüsse des Rates und seiner Ausschüsse gebunden. Die vom Rat bestellten Vertreter haben ihr Amt auf Beschluß des Rates jederzeit niederzulegen. Die Sätze 1 bis 3 gelten nur, soweit durch Gesetz nichts anderes bestimmt ist.

(2) Bei unmittelbaren Beteiligungen vertritt ein vom Rat bestellter Vertreter die Gemeinde in den in Absatz 1 genannten Gremien. Sofern weitere Vertreter zu benennen sind, muss der Bürgermeister oder der von ihm vorgeschlagene Bedienstete der Gemeinde dazuzählen. Die Sätze 1 und 2 gelten für mittelbare Beteiligungen entsprechend, sofern nicht ähnlich wirksame Vorkehrungen zur Sicherung hinreichender gemeindlicher Einfluss- und Steuerungsmöglichkeiten getroffen werden.

(3) Die Gemeinde ist verpflichtet, bei der Ausgestaltung des Gesellschaftsvertrages einer Kapitalgesellschaft darauf hinzuwirken, daß ihr das Recht eingeräumt wird, Mitglieder in den Aufsichtsrat zu entsenden. Über die Entsendung entscheidet der Rat. Zu den entsandten Aufsichtsratsmitgliedern muß der

Bürgermeister oder der von ihm vorgeschlagene Bedienstete der Gemeinde zählen, wenn diese mit mehr als einem Mitglied im Aufsichtsrat vertreten ist. Dies gilt sowohl für unmittelbare als auch für mittelbare Beteiligungen.

(4) Ist der Gemeinde das Recht eingeräumt worden, Mitglieder des Vorstandes oder eines gleichartigen Organs zu bestellen oder vorzuschlagen, entscheidet der Rat.

(5) Die Vertreter der Gemeinde haben den Rat über alle Angelegenheiten von besonderer Bedeutung frühzeitig zu unterrichten. Die Unterrichtungspflicht besteht nur, soweit durch Gesetz nichts anderes bestimmt ist.

(6) Wird ein Vertreter der Gemeinde aus seiner Tätigkeit in einem Organ haftbar gemacht, so hat ihm die Gemeinde den Schaden zu ersetzen, es sei denn, daß er ihn vorsätzlich oder grob fahrlässig herbeigeführt hat. Auch in diesem Falle ist die Gemeinde schadensersatzpflichtig, wenn ihr Vertreter nach Weisung des Rates oder eines Ausschusses gehandelt hat.

§ 114[34] Eigenbetriebe

(1) Die gemeindlichen wirtschaftlichen Unternehmen ohne Rechtspersönlichkeit (Eigenbetriebe) werden nach den Vorschriften der Eigenbetriebsverordnung und der Betriebssatzung geführt.

(2) In den Angelegenheiten des Eigenbetriebes ist der Betriebsleitung ausreichende Selbständigkeit der Entschließung einzuräumen. Die Zuständigkeiten des Rates sollen soweit wie möglich dem Betriebsausschuss übertragen werden.

(3) Bei Eigenbetrieben mit mehr als 50 Beschäftigten besteht der Betriebsausschuss zu einem Drittel aus Beschäftigten des Eigenbetriebes. Die Gesamtzahl der Ausschußmitglieder muß in diesem Fall durch drei teilbar sein. Bei Eigenbetrieben mit weniger als 51, aber mehr als zehn Beschäftigten gehören dem

Betriebsausschuss zwei Beschäftigte des Eigenbetriebes an. Die dem Betriebsausschuss angehörenden Beschäftigten werden aus einem Vorschlag der Versammlung der Beschäftigten des Eigenbetriebes gewählt, der mindestens die doppelte Zahl der zu wählenden Mitglieder und Stellvertreter enthält. Wird für mehrere Eigenbetriebe ein gemeinsamer Betriebsausschuss gebildet, ist die Gesamtzahl aller Beschäftigten dieser Eigenbetriebe maßgebend; Satz 4 gilt entsprechend. Die Zahl der sachkundigen Bürger darf zusammen mit der Zahl der Beschäftigten die der Ratsmitglieder im Betriebsausschuss nicht erreichen.

§ 114a[18] Rechtsfähige Anstalten des öffentlichen Rechts

(1) Die Gemeinde kann Unternehmen und Einrichtungen in der Rechtsform einer Anstalt des öffentlichen Rechts errichten oder bestehende Regie- und Eigenbetriebe sowie eigenbetriebsähnliche Einrichtungen im Wege der Gesamtrechtsnachfolge in rechtsfähige Anstalten des öffentlichen Rechts umwandeln. § 108 Abs. 1 Satz 1 Nr. 1 und Nr. 2 gilt entsprechend.

(2) Die Gemeinde regelt die Rechtsverhältnisse der Anstalt durch eine Satzung. Die Satzung muss Bestimmungen über den Namen und die Aufgaben der Anstalt, die Zahl der Mitglieder des Vorstands und des Verwaltungsrates, die Höhe des Stammkapitals, die Wirtschaftsführung, die Vermögensverwaltung und die Rechnungslegung enthalten.

(3) Die Gemeinde kann der Anstalt einzelne oder alle mit einem bestimmten Zweck zusammenhängende Aufgaben ganz oder teilweise übertragen. Sie kann zugunsten der Anstalt unter der Voraussetzung des § 9 durch Satzung einen Anschluss- und Benutzungszwang vorschreiben und der Anstalt das Recht einräumen, an ihrer Stelle Satzungen für das übertragene Aufgabengebiet zu erlassen; § 7 gilt entsprechend.

(4) Die Anstalt kann nach Maßgabe der Satzung andere Unternehmen oder Einrichtungen gründen oder sich an solchen beteiligen oder eine bestehende Beteiligung erhöhen, wenn das dem Anstaltszweck dient. Für die Gründung von und die Beteiligung an anderen Unternehmen und Einrichtungen in einer Rechtsform des privaten Rechts sowie deren Veräußerung und andere Rechtsgeschäfte im Sinne des § 111 gelten die §§ 108 bis 113 entsprechend. Für die in Satz 2 genannten Gründungen und Beteiligungen muss ein besonders wichtiges Interesse vorliegen.

(5) Die Gemeinde haftet für die Verbindlichkeiten der Anstalt unbeschränkt, soweit nicht Befriedigung aus deren Vermögen zu erlangen ist (Gewährträgerschaft). Rechtsgeschäfte im Sinne des § 87 dürfen von der Anstalt nicht getätigt werden.

(6) Die Anstalt wird von einem Vorstand in eigener Verantwortung geleitet, soweit nicht gesetzlich oder durch die Satzung der Gemeinde etwas anderes bestimmt ist. Der Vorstand vertritt die Anstalt gerichtlich und außergerichtlich.

(7) Die Geschäftsführung des Vorstands wird von einem Verwaltungsrat überwacht. Der Verwaltungsrat bestellt den Vorstand auf höchstens 5 Jahre; eine erneute Bestellung ist zulässig. Er entscheidet außerdem über

1. den Erlass von Satzungen gemäß Absatz 3 Satz 2,
2. die Beteiligung oder Erhöhung einer Beteiligung der Anstalt an anderen Unternehmen oder Einrichtungen sowie deren Gründung,
3. die Feststellung des Wirtschaftsplans und des Jahresabschlusses,
4. die Festsetzung allgemein geltender Tarife und Entgelte für die Leistungsnehmer,
5. die Bestellung des Abschlussprüfers,
6. die Ergebnisverwendung,
7. Rechtsgeschäfte der Anstalt im Sinne des § 111.

Im Fall der Nummer 1 unterliegt der Verwaltungsrat den Weisungen des Rates und berät und beschließt in öffentlicher Sitzung. In den Fällen der Nummern 2 und 7 bedarf es der vorherigen Entscheidung des Rates. Dem Verwaltungsrat obliegt außerdem die Entscheidung in den durch die Satzung der Gemeinde bestimmten Angelegenheiten der Anstalt. In der Satzung kann ferner vorgesehen werden, dass bei Entscheidungen der Organe der Anstalt von grundsätzlicher Bedeutung die Zustimmung des Rates erforderlich ist.

(8) Der Verwaltungsrat besteht aus dem vorsitzenden Mitglied und den übrigen Mitgliedern. Den Vorsitz führt der Bürgermeister. Soweit Beigeordnete mit eigenem Geschäftsbereich bestellt sind, führt derjenige Beigeordnete den Vorsitz, zu dessen Geschäftsbereich die der Anstalt übertragenen Aufgaben gehören. Sind die übertragenen Aufgaben mehreren Geschäftsbereichen zuzuordnen, so entscheidet der Bürgermeister über den Vorsitz. Die übrigen Mitglieder des Verwaltungsrates werden vom Rat für die Dauer der Wahlperiode gewählt; für die Wahl gilt § 50 Absatz 4 sinngemäß. Die Amtszeit von Mitgliedern des Verwaltungsrats endet mit dem Ende der Wahlperiode oder bei Mitgliedern des Verwaltungsrats, die dem Rat angehören, mit dem vorzeitigen Ausscheiden aus dem Rat. Die Mitglieder des Rats üben ihr Amt bis zum Amtsantritt der neuen Mitglieder weiter aus. Mitglieder des Verwaltungsrats können nicht sein:

1. Bedienstete der Anstalt,
2. leitende Bedienstete von juristischen Personen oder sonstigen Organisationen des öffentlichen oder privaten Rechts, an denen die Anstalt mit mehr als 50 v. H. beteiligt ist; eine Beteiligung am Stimmrecht genügt,
3. Bedienstete der Aufsichtsbehörde, die unmittelbar mit Aufgaben der Aufsicht über die Anstalt befasst sind.

(9) Die Anstalt hat das Recht, Dienstherr von Beamten zu sein, wenn sie auf Grund einer Aufgabenübertragung nach Absatz 3 hoheitliche Befugnisse ausübt. Wird die Anstalt aufgelöst oder umgebildet, so gilt für die Rechtsstellung der Beamten und der Versorgungsempfänger Kapitel II Abschnitt III des Beamtenrechtsrahmengesetzes.

(10) Der Jahresabschluss und der Lagebericht der Anstalt werden nach den für große Kapitalgesellschaften geltenden Vorschriften des Handelsgesetzbuches aufgestellt und geprüft, sofern nicht weitergehende gesetzliche Vorschriften gelten oder andere gesetzliche Vorschriften entgegenstehen. § 285 Nummer 9 Buchstabe a des Handelsgesetzbuches ist mit der Maßgabe anzuwenden, dass die für die Tätigkeit im Geschäftsjahr gewährten Gesamtbezüge der Mitglieder des Vorstands sowie die für die Tätigkeit im Geschäftsjahr gewährten Leistungen für die Mitglieder des Verwaltungsrates im Anhang des Jahresabschlusses für jede Personengruppe sowie zusätzlich unter Namensnennung die Bezüge und Leistungen für jedes einzelne Mitglied dieser Personengruppen unter Aufgliederung nach Komponenten im Sinne des § 285 Nummer 9 Buchstabe a des Handelsgesetzbuches angegeben werden, soweit es sich um Leistungen des Kommunalunternehmens handelt. Die individualisierte Ausweisungspflicht gilt auch für Leistungen entsprechend § 108 Absatz 1 Satz 1 Nummer 9 Satz 2.

(11) § 14 Abs. 1, § 31, § 74, § 75 Abs. 1, § 77, § 84 sowie die Bestimmungen des 13. Teils über die staatliche Aufsicht sind auf die Anstalt sinngemäß anzuwenden.

§ 115[17] Anzeige

(1) Entscheidungen der Gemeinde über

a) die Gründung oder wesentliche Erweiterung einer Gesellschaft oder eine wesentliche Änderung des Gesellschaftszwecks oder sonstiger wesentlicher Änderungen des Gesellschaftsvertrages,

b) die Beteiligung an einer Gesellschaft oder die Änderung der Beteiligung an einer Gesellschaft,

c) die gänzliche oder teilweise Veräußerung einer Gesellschaft oder der Beteiligung an einer Gesellschaft,

d) die Errichtung, die Übernahme oder die wesentliche Erweiterung eines Unternehmens, die Änderung der bisherigen Rechtsform oder eine wesentliche Änderung des Zwecks,

e) den Abschluß von Rechtsgeschäften, die ihrer Art nach geeignet sind, den Einfluß der Gemeinde auf das Unternehmen oder die Einrichtung zu mindern oder zu beseitigen oder die Ausübung von Rechten aus einer Beteiligung zu beschränken,

f) die Führung von Einrichtungen entsprechend den Vorschriften über die Eigenbetriebe,

g) den Erwerb eines Geschäftsanteils an einer eingetragenen Genossenschaft,

h) die Errichtung, wesentliche Erweiterung oder Auflösung einer rechtsfähigen Anstalt des öffentlichen Rechts gemäß § 114 a, die Beteiligung oder Erhöhung einer Beteiligung der Anstalt an anderen Unternehmen oder Einrichtungen oder deren Gründung sowie Rechtsgeschäfte der Anstalt im Sinne des § 111

sind der Aufsichtsbehörde unverzüglich, spätestens sechs Wochen vor Beginn des Vollzugs, schriftlich anzuzeigen. Aus der Anzeige muß zu ersehen sein, ob die gesetzlichen Voraussetzungen erfüllt sind. Die Aufsichtsbehörde kann im Einzelfall aus besonderem Grund die Frist verkürzen oder verlängern.

(2) Für die Entscheidung über die mittelbare Beteiligung an einer Gesellschaft gilt Entsprechendes, wenn ein Beschluß des Rates nach § 108 Abs. 6 oder § 111 Abs. 2 zu fassen ist.

12. Teil[28]
Gesamtabschluss

§ 116[28] Gesamtabschluss

(1) Die Gemeinde hat in jedem Haushaltsjahr für den Abschlussstichtag 31. Dezember einen Gesamtabschluss unter Beachtung der Grundsätze ordnungsmäßiger Buchführung aufzustellen. Er besteht aus der Gesamtergebnisrechnung, der Gesamtbilanz und dem Gesamtanhang und ist um einen Gesamtlagebericht zu ergänzen. Der Rat bestätigt den geprüften Gesamtabschluss durch Beschluss. § 96 findet entsprechende Anwendung.

(2) Zu dem Gesamtabschluss hat die Gemeinde ihren Jahresabschluss nach § 95 und die Jahresabschlüsse des gleichen Geschäftsjahres aller verselbstständigten Aufgabenbereiche in öffentlich-rechtlicher oder privatrechtlicher Form zu konsolidieren. Auf den Gesamtabschluss sind, soweit seine Eigenart keine Abweichung erfordert, § 88 und § 91 Abs. 2 entsprechend anzuwenden.

(3) In den Gesamtabschluss müssen verselbstständigte Aufgabenbereiche nach Absatz 2 nicht einbezogen werden, wenn sie für die Verpflichtung, ein den tatsächlichen Verhältnissen entsprechendes Bild der Vermögens-, Schulden-, Ertrags- und Finanzgesamtlage der Gemeinde zu vermitteln, von untergeordneter Bedeutung sind. Dies ist im Gesamtanhang darzustellen.

(4) Am Schluss des Gesamtlageberichtes sind für die Mitglieder des Verwaltungsvorstands nach § 70, soweit dieser nicht zu bilden ist für den Bürgermeister und den Kämmerer, sowie für die Ratsmitglieder, auch wenn die Personen im Haushaltsjahr ausgeschieden sind, anzugeben:

1. der Familienname mit mindestens einem ausgeschriebenen Vornamen,
2. der ausgeübte Beruf,
3. die Mitgliedschaften in Aufsichtsräten und anderen Kontrollgremien i. S. d. § 125 Abs. 1 Satz 3 des Aktiengesetzes,
4. die Mitgliedschaft in Organen von verselbstständigten Aufgabenbereichen der Gemeinde in öffentlich-rechtlicher oder privatrechtlicher Form,
5. die Mitgliedschaft in Organen sonstiger privatrechtlicher Unternehmen.

(5) Der Gesamtabschluss ist innerhalb der ersten neun Monate nach dem Abschlussstichtag aufzustellen. § 95 Abs. 3 findet für die Aufstellung des Gesamtabschlusses entsprechende Anwendung.

(6) Der Gesamtabschluss ist vom Rechnungsprüfungsausschuss dahingehend zu prüfen, ob er ein den tatsächlichen Verhältnissen entsprechendes Bild der Vermögens-, Schulden-, Ertrags- und Finanzgesamtlage der Gemeinde unter Beachtung der Grundsätze ordnungsmäßiger Buchführung ergibt. Die Prüfung des Gesamtabschlusses erstreckt sich darauf, ob die gesetzlichen Vorschriften und die sie ergänzenden Satzungen und sonstigen ortsrechtlichen Bestimmungen beachtet worden sind. Der Gesamtlagebericht ist darauf zu prüfen, ob er mit dem Gesamtabschluss in Einklang steht und ob seine sonstigen Angaben nicht eine falsche Vorstellung von der Vermögens-, Schulden-, Ertrags- und Finanzgesamtlage der Gemeinde erwecken. § 101 Abs. 2 bis 8 gilt entsprechend.

(7) In die Prüfung nach Absatz 6 müssen die Jahresabschlüsse der verselbstständigten Aufgabenbereiche nicht einbezogen werden, wenn diese nach gesetzlichen Vorschriften geprüft worden sind.

§ 117[28, 44] Beteiligungsbericht

(1) Die Gemeinde hat einen Beteiligungsbericht zu erstellen, in dem ihre wirtschaftliche und nichtwirtschaftliche Betätigung, unabhängig davon, ob verselbstständigte Aufgabenbereiche dem Konsolidierungskreis des Gesamtabschlusses angehören, zu erläutern ist. Dieser Bericht ist jährlich bezogen auf den Abschlussstichtag des Gesamtabschlusses fortzuschreiben und dem Gesamtabschluss beizufügen. Der Beteiligungsbericht ist dem Jahresabschluss nach § 95 beizufügen, wenn kein Gesamtabschluss nach § 116 aufzustellen ist.

(2) Der Beteiligungsbericht ist dem Rat und den Einwohnern zur Kenntnis zu bringen. Die Gemeinde hat zu diesem Zweck den Bericht zur Einsichtnahme verfügbar zu halten. Auf die Möglichkeit zur Einsichtnahme ist in geeigneter Weise öffentlich hinzuweisen.

§ 118[28] Vorlage- und Auskunftspflichten

Die Gemeinde ist verpflichtet, bei der Ausgestaltung von Gründungsverträgen oder Satzungen für die in § 116 bezeichneten Organisationseinheiten darauf hinzuwirken, dass ihr das Recht eingeräumt wird, von diesen Aufklärung und Nachweise zu verlangen, die die Aufstellung des Gesamtabschlusses erfordert.

13. Teil[29]
Aufsicht

§ 119[12, 29] Allgemeine Aufsicht und Sonderaufsicht

(1) Die Aufsicht des Landes (§ 11) erstreckt sich darauf, daß die Gemeinden im Einklang mit den Gesetzen verwaltet werden (allgemeine Aufsicht).

(2) Soweit die Gemeinden ihre Aufgaben nach Weisung erfüllen (§ 3 Abs. 2), richtet sich die Aufsicht nach den hierüber erlassenen Gesetzen (Sonderaufsicht).

§ 120[29, 46] Aufsichtsbehörden

(1) Die allgemeine Aufsicht über die kreisangehörigen Gemeinden führt der Landrat als untere staatliche Verwaltungsbehörde; § 59 Kreisordnung bleibt unberührt.

(2) Die allgemeine Aufsicht über kreisfreie Städte führt die Bezirksregierung.

(3) Obere Aufsichtsbehörde ist für kreisangehörige Gemeinden die Bezirksregierung, für kreisfreie Städte das für Kommunales zuständige Ministerium.

(4) Oberste Aufsichtsbehörde ist das für Kommunales zuständige Ministerium.

(5) Sind an Angelegenheiten, die nach diesem Gesetz der Genehmigung oder der Entscheidung der Aufsichtsbehörde bedürfen, Gemeinden verschiedener Kreise oder Regierungsbezirke beteiligt, ist die gemeinsame nächsthöhere Aufsichtsbehörde oder die von dieser bestimmte Aufsichtsbehörde zuständig.

§ 121[29] Unterrichtungsrecht

Die Aufsichtsbehörde kann sich jederzeit über die Angelegenheiten der Gemeinde unterrichten.

§ 122[29] Beanstandungs- und Aufhebungsrecht

(1) Die Aufsichtsbehörde kann den Bürgermeister anweisen, Beschlüsse des Rates und der Ausschüsse, die das geltende Recht verletzen, zu beanstanden (§ 54 Abs. 2 und 3). Sie kann solche Beschlüsse nach vorheriger Beanstandung durch den Bürgermeister und nochmaliger Beratung im Rat oder Ausschuß aufheben.

(2) Die Aufsichtsbehörde kann Anordnungen des Bürgermeisters, die das geltende Recht verletzen, beim Rat beanstanden. Die Beanstandung ist schriftlich in Form einer begründeten Darlegung dem Rat mitzuteilen. Sie hat aufschiebende Wirkung. Billigt der Rat die Anordnungen des Bürgermeisters, so kann die Aufsichtsbehörde die Anordnung aufheben.

§ 123[13, 29] Anordnungsrecht und Ersatzvornahme
(1) Erfüllt die Gemeinde die ihr kraft Gesetzes obliegenden Pflichten oder Aufgaben nicht, so kann die Aufsichtsbehörde anordnen, daß sie innerhalb einer bestimmten Frist das Erforderliche veranlaßt.
(2) Kommt die Gemeinde der Anordnung der Aufsichtsbehörde nicht innerhalb der bestimmten Frist nach, so kann die Aufsichtsbehörde die Anordnung an Stelle und auf Kosten der Gemeinde selbst durchführen oder die Durchführung einem anderen übertragen.

§ 124[45, 29] Bestellung eines Beauftragten
Wenn und solange die Befugnisse der Aufsichtsbehörde nach den §§ 121 bis 123 nicht ausreichen, kann das für Kommunales zuständige Ministerium einen Beauftragten bestellen, der alle oder einzelne Aufgaben der Gemeinde auf ihre Kosten wahrnimmt. Der Beauftragte hat die Stellung eines Organs der Gemeinde.

§ 125[29, 46] Auflösung des Rates
Das für Kommunales zuständige Ministerium kann durch Beschluß der Landesregierung ermächtigt werden, einen Rat aufzulösen, wenn er dauernd beschlußunfähig ist oder wenn eine ordnungsgemäße Erledigung der Gemeindeaufgaben aus anderen Gründen nicht gesichert ist. Innerhalb von drei

Monaten nach Bekanntgabe der Auflösung ist eine Neuwahl durchzuführen.

§ 126[29] Anfechtung von Aufsichtsmaßnahmen

Maßnahmen der Aufsichtsbehörde können unmittelbar mit der Klage im Verwaltungsstreitverfahren angefochten werden.

§ 127[26, 29] Verbot von Eingriffen anderer Stellen

Andere Behörden und Stellen als die allgemeinen Aufsichtsbehörden sind zu Eingriffen in die Gemeindeverwaltung nach den §§ 121 ff. nicht befugt.

§ 128[25, 29] Zwangsvollstreckung

(1) Zur Einleitung der Zwangsvollstreckung gegen die Gemeinde wegen einer Geldforderung bedarf der Gläubiger einer Zulassungsverfügung der Aufsichtsbehörde, es sei denn, daß es sich um die Verfolgung dinglicher Rechte handelt. In der Verfügung hat die Aufsichtsbehörde die Vermögensgegenstände zu bestimmen, in welche die Zwangsvollstreckung zugelassen wird, und über den Zeitpunkt zu befinden, in dem sie stattfinden soll. Die Zwangsvollstreckung wird nach den Vorschriften der Zivilprozeßordnung durchgeführt.

(2) Ein Insolvenzverfahren über das Vermögen der Gemeinde ist nicht zulässig.

(3) Die Bestimmung des § 123 bleibt unberührt.

14. Teil[30]
Übergangs- und Schlußvorschriften, Sondervorschriften

§ 129[30, 45] Weiterentwicklung der kommunalen Selbstverwaltung (Experimentierklausel)

Zur Erprobung neuer Steuerungsmodelle und zur Weiterentwicklung der kommunalen Selbstverwaltung auch in der grenzüberschreitenden kommunalen Zusammenarbeit kann das für Kommunales zuständige Ministerium im Einzelfall zeitlich begrenzte Ausnahmen von organisations- und haushaltsrechtlichen Vorschriften des Gesetzes oder der zur Durchführung ergangenen Rechtsverordnungen zulassen. Darüber hinaus kann es durch Rechtsverordnung Ausnahmen von anderen Vorschriften des Gesetzes oder der zur Durchführung ergangenen Rechtsverordnungen zulassen. Die Rechtsverordnung kann Gemeinden auf Antrag und zeitlich befristet eine alternative Aufgabenerledigung ermöglichen, soweit die grundsätzliche Erfüllung des Gesetzauftrages sichergestellt ist. § 5 bleibt hiervon unberührt.

§ 130[26, 30] Unwirksame Rechtsgeschäfte

(1) Rechtsgeschäfte, die ohne die aufgrund dieses Gesetzes erforderliche Genehmigung der Aufsichtsbehörde abgeschlossen werden, sind unwirksam.

(2) Rechtsgeschäfte, die gegen das Verbot des § 86 Abs. 5, des § 87 Abs. 1 oder des § 110 verstoßen, sind nichtig.

§ 131[30, 46] Befreiung von der Genehmigungspflicht

Das für Kommunales zuständige Ministerium wird ermächtigt, durch Rechtsverordnung Rechtsgeschäfte, die nach den Vorschriften der Teile 8 bis 11 der Genehmigung der Aufsichtsbehörde bedürfen, von der Genehmigung allgemein freizustellen und statt dessen die vorherige Anzeige an die Aufsichtsbehörde vorzuschreiben.

§ 132[30] Auftragsangelegenheiten

Bis zum Erlaß neuer Vorschriften sind die den Gemeinden zur Erfüllung nach Weisung übertragenen staatlichen Angelegenheiten (Auftragsangelegenheiten) nach den bisherigen Vorschriften durchzuführen.

§ 133[19, 30] Ausführung des Gesetzes

(1) Das für Kommunales zuständige Ministerium wird ermächtigt, im Einvernehmen mit dem für Finanzen zuständigen Ministerium zur Durchführung dieses Gesetzes durch Rechtsverordnung zu regeln:

1. Inhalt und Gestaltung des Haushaltsplans, der mittelfristigen Ergebnis- und Finanzplanung sowie die Haushaltsführung und die Haushaltsüberwachung; dabei kann es bestimmen, dass Einzahlungen und Auszahlungen, für die ein Dritter Kostenträger ist oder die von einer zentralen Stelle ausgezahlt werden, nicht im Haushalt der Gemeinde abgewickelt werden,

2. die Veranschlagung von Erträgen, Aufwendungen sowie Einzahlungen und Auszahlungen und Verpflichtungsermächtigungen, die Bildung von Budgets sowie den Ausweis von Zielen und Kennzahlen,

3. Inhalt und Umfang von Abschreibungen, die Bildung von Rückstellungen und von Rücklagen sowie deren Mindesthöhe und Verwendung,

4. die Erfassung, den Nachweis, die Bewertung und die Fortschreibung der Vermögensgegenstände und der Schulden,

5. die Geldanlagen und ihre Sicherung,

6. die Ausschreibung von Lieferungen und Leistungen sowie die Vergabe von Aufträgen einschließlich des Abschlusses von Verträgen,

7. die Stundung, die Niederschlagung und den Erlass von Ansprüchen sowie die Behandlung von Kleinbeträgen,

8. Inhalt, Gestaltung, Prüfung und Aufbewahrung des Jahresabschlusses und des Gesamtabschlusses,

9. die Aufgaben und die Organisation der Finanzbuchhaltung, deren Beaufsichtigung und Prüfung sowie die ordnungsgemäße Abwicklung der Buchführung und des Zahlungsverkehrs, einschließlich ihrer Grundsätze und Verfahren,

10. die erstmalige Bewertung von Vermögen und Schulden und die Aufstellung, Prüfung und Aufbewahrung der Eröffnungsbilanz sowie die Vereinfachungsverfahren und Wertberichtigungen,

11. die zeitliche Aufbewahrung von Büchern, Belegen und sonstigen Unterlagen,

12. Aufbau und Verwaltung, Wirtschaftsführung, Rechnungswesen und Prüfung der Eigenbetriebe, deren Freistellung von diesen Vorschriften sowie das Wahlverfahren zur Aufstellung des Vorschlages der Versammlung der Beschäftigten für die Wahl von Beschäftigten als Mitglieder des Betriebsausschusses und ihrer Stellvertreter, ferner das Verfahren zur Bestimmung der Nachfolger im Falle des Ausscheidens dieser Mitglieder oder Stellvertreter vor Ablauf der Wahlperiode des Rates,

13. das Verfahren bei der Errichtung der rechtsfähigen Anstalt des öffentlichen Rechts und deren Aufbau, die Verwaltung, die Wirtschaftsführung sowie das Rechnungs- und Prüfungswesen.

(2) Das für Kommunales zuständige Ministerium erlässt die erforderlichen Verwaltungsvorschriften, insbesondere für

1. die Gliederung des Haushaltsplans in Produktbereiche,
2. die Kontierung von Erträgen und Aufwendungen im Ergebnisplan und in der Ergebnisrechnung,
3. die Kontierung von Einzahlungen und Auszahlungen im Finanzplan und in der Finanzrechnung,
4. Verfahren zur Ermittlung von Wertansätzen und deren Kontierung in der Bilanz,
5. die Einrichtung und Zuordnung von Konten für die Finanzbuchhaltung,
6. die Ausgestaltung von Sicherheitsstandards für die Finanzbuchhaltung,
7. die Festlegung von Nutzungsdauern für Vermögensgegenstände,
8. Verfahren zur Ermittlung von Wertansätzen für Vermögen und Schulden in der Eröffnungsbilanz,
9. Inhalt und Gestaltung von Prüfungsberichten.

(3) Die Gemeinde ist verpflichtet, Muster zu verwenden, die das für Kommunales zuständige Ministerium aus Gründen der Vergleichbarkeit der Haushalte für verbindlich erklärt hat, insbesondere für

1. die Haushaltssatzung und ihre Bekanntmachung,
2. die produktorientierte Gliederung des Haushaltsplans und die Gliederung des Ergebnisplans nach Ertrags- und Aufwandsarten sowie des Finanzplans nach Ein- und Auszahlungsarten,
3. die Form des Haushaltsplans und seiner Anlagen,
4. die Gliederung und die Form der Bestandteile des Jahresabschlusses, des Gesamtabschlusses und ihrer Anlagen,
5. die Buchführung und die Zahlungsabwicklung in der Finanzbuchhaltung.

§ 134[30, 32] Inkrafttreten
Das Gesetz tritt am 17. Oktober 1994 in Kraft.
§ 108b tritt mit Ablauf des 28. Februar 2021 außer Kraft.

Zusatz:
(Artikel XI des Gesetzes zur Stärkung der
kommunalen Selbstverwaltung – GO-Reformgesetz
vom 9. Oktober 2007 (GV. NRW. S. 380))

Bestandsschutz- und Übergangsregelungen

§ 1 Bestandsschutz zu Artikel I
Wirtschaftliche und nichtwirtschaftliche Betätigungen, die vor
dem 19. März 2007 auf der Grundlage der seinerzeit geltenden
Gemeindeordnung aufgenommen wurden, dürfen unbescha-
det der in diesem Gesetz erfolgten Änderungen des § 107 GO
NRW fortgesetzt werden.

§ 2 Übergangsregelung zu Artikel I
Abweichend von § 56 Abs. 1 GO NRW kann im Rat einer kreisfreien Stadt, die auf der Grundlage des § 3 Kommunalwahlgesetz (KWahlG) die Zahl der bei der Kommunalwahl 2004 zu
wählenden Vertreter auf 57 oder weniger gesenkt hatte, bis
zum Ablauf der Wahlperiode am 20. Oktober 2009 eine Fraktion aus mindestens zwei Mitgliedern bestehen.

§ 3 Übergangsregelung zu Artikel I, II und VII
(1) Die Änderungen der Gemeindeordnung in Artikel I Nr. 25
gelten nicht für Bürgermeister, die bei In-Kraft-Treten dieses
Gesetzes im Amt sind, für die Dauer der laufenden Amtszeit.

(2) Die Änderungen der Kreisordnung in Artikel II Nr. 15 gelten nicht für Landräte, die bei In-Kraft-Treten dieses Gesetzes im Amt sind, für die Dauer der laufenden Amtszeit.

(3) Die Änderungen des Landesbeamtengesetzes in Artikel VII Nr. 2 a), b), c), d) und g) gelten nicht für Bürgermeister und Landräte, die bei In-Kraft-Treten dieses Gesetzes im Amt sind, für die Dauer der laufenden Amtszeit.

(4) Die Amtszeit der Bürgermeister und Landräte, die vom Geltungsbereich des Gesetzes zur Regelung der Wahlperiode der im Jahr 2004 gewählten kommunalen Vertretungen vom 17. Juni 2003 (GV. NRW. S. 351) erfasst werden, endet am 20. Oktober 2009.

(5) Der Wahltag für die Neuwahlen der Nachfolger der in Absatz 4 bezeichneten Bürgermeister und Landräte ist der Tag der allgemeinen Kommunalwahlen im Jahr 2009. Scheidet ein in Absatz 4 bezeichneter Bürgermeister oder Landrat vor dem 20. Oktober 2009 aus dem Amt aus oder tritt ein nach Satz 1 gewählter Nachfolger sein Amt nicht an, wird der Wahltermin für den Nachfolger von der Aufsichtsbehörde festgelegt.

Zusatz:
(Artikel XII des Gesetzes zur Stärkung der kommunalen Selbstverwaltung – GO-Reformgesetz vom 9. Oktober 2007 (GV. NRW. S. 380))

Inkrafttreten
(1) Dieses Gesetz tritt am Tag nach seiner Verkündung in Kraft.
(2) Abweichend von Absatz 1 treten die Regelungen in Artikel I, § 50 Abs. 3 Sätze 3 bis 6 der Gemeindeordnung und Artikel II, § 35 Abs. 3 Sätze 3 bis 6 der Kreisordnung sowie Artikel III, § 10 Abs. 4 der Landschaftsverbandsordnung erst

mit Ende der Wahlperiode der Vertretungen am 20. Oktober 2009 in Kraft.

Zusatz:
(Artikel 8 bis 11 des Ersten Gesetzes zur Weiterentwicklung des Neuen Kommunalen Finanzmanagements für Gemeinden und Gemeindeverbände im Land Nordrhein-Westfalen (1. NKF-Weiterentwicklungsgesetz – NKFWG) vom 18. September 2012 (GV. NRW. S. 432))

Artikel 8
Übergangsregelungen zu den Artikeln 1 bis 7

§ 1 Überführung der Ausgleichsrücklage
Die in der Bilanz des Jahresabschlusses des Haushaltsjahres 2012 angesetzte Ausgleichsrücklage ist mit ihrem Bestand im Jahresabschluss des Haushaltsjahres 2012 in die Ausgleichsrücklage nach der ab dem Haushaltsjahr 2013 geltenden Vorschrift zu überführen. Dieses gilt entsprechend, wenn die Ausgleichsrücklage keinen Bestand mehr aufweist.

§ 2 Behandlung des Jahresergebnisses 2012
Nach der Überführung kann der in der Bilanz des Haushaltsjahres 2012 angesetzte Jahresüberschuss nach § 95 Absatz 2 der Gemeindeordnung zugeführt werden. Ein angesetzter Fehlbetrag ist zu verrechnen.

§ 3 Jahresüberschüsse der Vorjahre

Jahresüberschüsse der Vorjahre des Haushaltsjahres 2012, die der allgemeinen Rücklage zugeführt wurden, können im Jahresabschluss des Haushaltsjahres 2012 der Ausgleichsrücklage zugeführt werden, soweit ihr Bestand nicht den Höchstbetrag von einem Drittel des Eigenkapitals erreicht hat.

§ 4 Anzeige der Jahresabschlüsse des Haushaltsjahres 2010 und der Vorjahre

Der Anzeige des Jahresabschlusses des Haushaltsjahres 2011 sind die Jahresabschlüsse des Haushaltsjahres 2010 und der Vorjahre beizufügen, soweit diese noch nicht nach § 96 Absatz 2 Satz 1 der Gemeindeordnung angezeigt worden sind. Die Jahresabschlüsse des Haushaltsjahres 2010 und der Vorjahre können in der vom Bürgermeister nach § 95 Absatz 3 der Gemeindeordnung bestätigten Entwurfsfassung der Anzeige beigefügt werden. Der Rat ist über diese Anzeige zu unterrichten.

Artikel 9
Rückkehr zum einheitlichen Verordnungsrang

Die auf dem Artikel 7 beruhenden Teile der dort geänderten Rechtsverordnung können auf Grund der in § 133 der Gemeindeordnung enthaltenen einschlägigen Ermächtigungen durch Rechtsverordnung geändert oder aufgehoben werden.

Artikel 10
Überprüfung der Auswirkungen dieses Gesetzes

§ 1 Überprüfung
Die Vorschriften über die Haushaltswirtschaft der Gemeinden werden nach einem Erfahrungszeitraum von vier Jahren nach Inkrafttreten des Gesetzes durch die Landesregierung unter Mitwirkung der Spitzenverbände der Kommunen und der Fachverbände überprüft.

§ 2 Bericht an den Landtag
Die Landesregierung unterrichtet den Landtag über das Ergebnis der Überprüfung, insbesondere über den Änderungsbedarf bei den für die Haushaltswirtschaft der Gemeinden getroffenen gesetzlichen Regelungen.

Artikel 11
Inkrafttreten
Das Gesetz tritt am Tage nach seiner Verkündung in Kraft. Die Vorschriften sind erstmals auf das Haushaltsjahr 2013 anzuwenden. Abweichend davon wird zugelassen, dass die durch die Artikel 1 bis 7 geänderten haushaltsrechtlichen Vorschriften sowie die Überführung der Ausgleichsrücklage nach § 1 des Artikels 8 erstmals auf den Jahresabschluss des Haushaltsjahres 2012 angewendet werden können.

Zusatz:
(Artikel 5 des Gesetzes zur Stärkung der kommunalen Demokratie vom 9. April 2013 (GV. NRW. S. 194))

Übergangsregelungen zum Kommunalwahlgesetz, zur Gemeindeordnung, zur Kreisordnung und zum Landesbeamtengesetz

Abweichend von den nach den Artikeln 1 bis 4 dieses Gesetzes zu bestimmenden Amtszeiten und Wahltagen gelten folgende Übergangsregelungen:

§ 1 Festlegung von Wahltagen

(1) Die allgemeinen Kommunalwahlen finden im Jahr 2014 in der Zeit zwischen dem 1. April und dem 15. Juli statt; sie sollen am Tag der Wahl der Abgeordneten des Europäischen Parlaments aus der Bundesrepublik Deutschland durchgeführt werden. Dieser Wahltag wird vom für Inneres zuständigen Ministerium festgelegt und bekannt gemacht (Wahlausschreibung).

(2) Die Nachfolger der bei Inkrafttreten dieses Gesetzes im Amt befindlichen Bürgermeister und Landräte, deren Amtszeit am 20. Oktober 2014 endet, werden am 28. September 2014 gewählt.

(3) Die Wahl der Nachfolger der am 30. August 2009 gewählten Bürgermeister und Landräte, deren Amtszeit mit Ablauf des 20. Oktober 2015 endet, findet am 13. September 2015 statt; ihre Amtszeit beginnt am 21. Oktober 2015. Der Wahltag wird vom für Inneres zuständigen Ministerium bekannt gemacht (Wahlausschreibung).

(4) In der Zeit vom 13. Dezember 2014 bis zum Tag der Wahlen der Bürgermeister und Landräte am 13. September 2015 findet eine Wahl des Bürgermeisters oder Landrats nicht statt.

(5) In der Zeit vom 1. September 2019 bis zum Tag der allgemeinen Kommunalwahlen im Jahr 2020 findet eine Wahl des Bürgermeisters oder Landrats nicht statt.

§ 2[47] Ende der Wahlperiode der im Jahr 2014 gewählten Vertretungen

Die Wahlperiode der im Jahr 2014 gewählten Vertretungen endet mit Ablauf des Tages vor dem Beginn der Wahlperiode der im Jahr 2020 gewählten Vertretungen. Die Wahlperiode der im Jahr 2020 gewählten Vertretungen beginnt am 1. November 2020.

§ 3 Ende der Amtszeit der Bürgermeister und Landräte, die ab Inkrafttreten dieses Gesetzes bis einschließlich 21. Oktober 2015 ihr Amt antreten

Die Amtszeit der Bürgermeister und Landräte, die in der Zeit ab Inkrafttreten dieses Gesetzes bis einschließlich 21. Oktober 2015 ihr Amt antreten, endet mit Ablauf des Tages vor dem Beginn der Wahlperiode der im Jahr 2020 gewählten Vertretungen.

§ 4 Nachfolge der Bürgermeister und Landräte, deren Amtszeit zwischen dem 22. Oktober 2015 und dem Beginn der Wahlperiode der im Jahr 2020 gewählten Vertretungen endet

Die Nachfolger der Bürgermeister und Landräte, deren Amtszeit zwischen dem 22. Oktober 2015 und dem Beginn der Wahlperiode der im Jahr 2020 gewählten Vertretungen endet, werden bis zum Ablauf der nächsten Wahlperiode der Vertretungen gewählt. In den Fällen, in denen die Amtszeit innerhalb der ersten drei Jahre der laufenden Wahlperiode des Rates beginnt, endet diese mit Ablauf des Tages vor dem Beginn der Wahlperiode der im Jahr 2020 gewählten Vertretungen.

§ 5[47] Einmaliges Niederlegungsrecht der Bürgermeister und Landräte

Bürgermeister und Landräte, deren Amtszeit zwischen dem Beginn der Wahlperiode der im Jahr 2014 gewählten kommunalen Vertretungen und dem 20. Oktober 2015 (einschließlich) endet und die ihre Entlassung aus dem Beamtenverhältnis auf Zeit anlässlich des Endes der Wahlperiode der kommunalen Vertretungen im Jahr 2014 verlangen, treten nach Ablauf des 22. Tages des auf das Ende der Wahlperiode folgenden Monats in den Ruhestand, sofern sie die Voraussetzungen des § 119 Absatz 4 Satz 3 LBG NRW erfüllen und die Entlassung bis zum 30. November 2013 beantragen; die Zeit bis zum regulären Ende ihrer Amtszeit wird dabei auf die Wartezeit nach § 119 Absatz 4 Satz 3 LBG NRW angerechnet und erhöht die ruhegehaltsfähige Dienstzeit.

Zusatz:
(Artikel 6 des Gesetzes zur Stärkung der kommunalen Demokratie vom 9. April 2013 (GV. NRW. S. 194))

Inkrafttreten

Dieses Gesetz tritt am Tag nach der Verkündung in Kraft. Abweichend von Satz 1 treten § 65 Absatz 6 der Gemeindeordnung und § 44 Absatz 6 der Kreisordnung am Tage nach dem Wahltag für die allgemeinen Kommunalwahlen des Jahres 2014 in Kraft.

Zusatz:
(Artikel 5 des Gesetzes zur Änderung des Kommunalwahlgesetzes und zur Änderung kommunalverfassungsrechtlicher Vorschriften vom 1. Oktober 2013 (GV. NRW. S. 564))

Übergangsregelungen

§ 1 Einteilung in Wahlbezirke zu den Kommunalwahlen 2020

Für die allgemeinen Kommunalwahlen im Jahr 2020 teilen die Wahlausschüsse der Gemeinden spätestens bis zum 29. Februar 2020, die Wahlausschüsse der Kreise spätestens bis zum 31. März 2020 das Wahlgebiet in so viele Wahlbezirke ein, wie Vertreter gemäß § 3 Absatz 2 des Kommunalwahlgesetzes in Wahlbezirken zu wählen sind.

§ 2 Wahl der Vertreter für die Vertreterversammlung und der Bewerber für die Kommunalwahlen 2020

Für die allgemeinen Kommunalwahlen 2020 sind die Vertreter für die Vertreterversammlung und die Bewerber ab dem 1. August 2019, die Bewerber für die Wahlbezirke frühestens nach der öffentlichen Bekanntgabe der Einteilung des Wahlgebietes in Wahlbezirke zu den Kommunalwahlen 2020 zu wählen.

Zusatz:
(Artikel 3 des Gesetzes zur Weiterentwicklung der
politischen Partizipation in den Gemeinden und
zur Änderung kommunalverfassungsrechtlicher
Vorschriften vom 19. Dezember 2013 (GV. NRW.
S. 878))

Übergangsregelung
Für die zum Zeitpunkt des Inkrafttretens dieses Gesetzes bereits
bestehenden Integrationsräte und Integrationsausschüsse ist
§ 27 der Gemeindeordnung für das Land Nordrhein-Westfalen
in der bis dahin geltenden Fassung bis zum Ende der laufenden
Wahlperiode weiter anzuwenden.

Anmerkungen

Fn 1   GV. NW. 1994 S. 666, geändert durch Art. III d. Gesetzes zur Einführung des Kommunalwahlrechts für Unionsbürger/-innen v. 12. 12. 1995 (GV. NW. S. 1198), durch Art. III d. Gesetzes zur Regelung der Zuweisungen des Landes Nordrhein-Westfalen an die Gemeinden und Gemeindeverbände im Haushaltsjahr 1996 und zur Regelung des interkommunalen Ausgleichs der finanziellen Beteiligung der Gemeinden am Solidarbeitrag zur Deutschen Einheit im Haushaltsjahr 1996 und zur Änderung anderer Vorschriften v. 20. 3. 1996 (GV. NW. S. 124), Art. I d. Gesetzes zur Stärkung der wirtschaftlichen Betätigung von Gemeinden und Gemeindeverbänden im Bereich der Telekommunikationsleistungen v. 25.11.1997 (GV. NW. S. 422; ber. 1998 S. 210), Art. III des Gesetzes zur Regelung der Zuweisungen des Landes NRW an die Gemeinden und Gemeindeverbände im Haushaltsjahr 1998 und zur Regelung des interkommunalen Ausgleichs der finanziellen Beteiligung der Gemeinden … v. 17.12.1997 (GV. NW. S. 458), Artikel III d. Gesetzes zur Regelung der Zuweisungen des Landes NW an die Gemeinden und Gemeindeverbände im Haushaltsjahr 1999 … v. 17.12.1998 (GV. NW. S. 762), Art. 1 d. Ersten Gesetzes zur Modernisierung von Regierung und Verwaltung in NRW v. 15.6.1999 (GV. NRW. S. 386), Art. 7 d. Gesetzes zur Gleichstellung von Frauen und Männern … v. 9.11.1999 (GV. NRW. S. 590), Art. IV d. Gesetzes zur Regelung der Zuweisungen des Landes NRW … v. 17.12.1999 (GV. NRW. S. 718), Artikel I d. Gesetzes zur weiteren Stärkung der Bürgerbeteiligung in den Kommunen v. 28.3.2000 (GV. NRW. S. 245), Artikel 3 Nr. 4 d. Schulentwicklungsgesetzes v. 27.11.2001 (GV. NRW. S. 811); geändert durch Artikel 1 des Gesetzes v. 30.4.2002 (GV. NRW. S. 160), in Kraft getreten am 1. Januar 2003; geändert durch Artikel 1 d. Gesetzes v. 29.4.2003 (GV. NRW. S. 254), in Kraft getreten am 15. Mai 2003; Artikel 2 d. Gesetzes v. 16.12.2003 (GV. NRW. S. 766), in Kraft getreten am 1. Januar 2004; Art. II des Gesetzes vom 3.2.2004 (GV. NRW. S. 96), in Kraft getreten am 21. Februar 2004; Art. 2 des Gesetzes v. 16.11.2004 (GV. NRW. S. 644, ber. GV. NRW. 2005 S. 15), in Kraft getreten am 1. Januar 2005; Artikel 21 des Dritten Befristungsgesetzes vom 5.4.2005 (GV. NRW. S. 306);

in Kraft getreten am 28. April 2005; Artikel 1 (Erster Teil) des Gesetzes v. 3.5.2005 (GV. NRW. S. 498), in Kraft getreten am 26. Mai 2005; Artikel I des Gesetzes zur Stärkung der kommunalen Selbstverwaltung – GO-Reformgesetz v. 9. Oktober 2007 (GV. NRW. S. 380), in Kraft getreten am 17. Oktober 2007 und am 20. Oktober 2009; Artikel 2 des Gesetzes über die Zusammenlegung der allgemeinen Kommunalwahlen mit den Europawahlen vom 24. Juni 2008 (GV. NRW S. 514), in Kraft getreten am 16. Juli 2008; Artikel I des Gesetzes zur Förderung der politischen Partizipation in den Gemeinden vom 30. Juni 2009 (GV. NRW S. 380), in Kraft getreten am 18. Juli 2009; Artikel 4 des Transparenzgesetzes vom 17. Dezember 2009 (GV. NRW. S. 950), in Kraft getreten am 31. Dezember 2009; Artikel 1 des Gesetzes vom 21. Dezember 2010 (GV. NRW. S. 688), in Kraft getreten am 29. Dezember 2010; Artikel 1 des Gesetzes vom 24. Mai 2011 (GV. NRW. S. 270) und durch Gesetz vom 24. Mai 2011 (GV. NRW. S. 271), jeweils in Kraft getreten am 4. Juni 2011; Artikel 1 des Gesetzes vom 25. Oktober 2011 (GV. NRW. S. 539), in Kraft getreten am 22. November 2011; Artikel 1 des Gesetzes vom 13. Dezember 2011 (GV. NRW. S. 685), in Kraft getreten am 21. Dezember 2011; Artikel 1 des Gesetzes vom 18. September 2012 (GV. NRW. S. 432), in Kraft getreten am 29. September 2012; Artikel 1 des Gesetzes vom 18. September 2012 (GV. NRW. S. 436), in Kraft getreten am 29. September 2012; Artikel 7 des Gesetzes vom 23. Oktober 2012 (GV. NRW. S. 474), in Kraft getreten am 31. Oktober 2012; Artikel 1 des Gesetzes vom 9. April 2013 (GV. NRW. S. 194), in Kraft getreten am 27. April 2013 und 26. Mai 2014 (§ 65 Absatz 6); Artikel 3 des Gesetzes vom 1. Oktober 2013 (GV. NRW. S. 564), in Kraft getreten am 19. Oktober 2013; Artikel 1 des Gesetzes vom 19. Dezember 2013 (GV. NRW. S. 878), in Kraft getreten am 31. Dezember 2013; Gesetz vom 3. Februar 2015 (GV. NRW. S. 208), in Kraft getreten am 11. Februar 2015; Artikel 2 des Gesetzes vom 25. Juni 2015 (GV. NRW. S. 496), in Kraft getreten am 4. Juli 2015.

Fn 2   SGV. NRW. 2023.

Fn 3   § 25 zuletzt geändert durch Artikel 1 des Gesetzes vom 18. September 2012 (GV. NRW. S. 436), in Kraft getreten am 29. September 2012.

Fn 4   § 58 zuletzt geändert durch Artikel 1 des Gesetzes vom 18. September 2012 (GV. NRW. S. 436), in Kraft getreten am 29. September 2012.

Fn 5   § 41 zuletzt geändert durch Art. I d. Gesetzes v. 9.10.2007 (GV. NRW. S. 380), in Kraft getreten am 17. Oktober 2007.

Fn 6   § 50 zuletzt geändert durch Art. I d. Gesetzes v. 9.10.2007 (GV. NRW. S. 380), in Kraft getreten am 17. Oktober 2007 und am 20. Oktober 2009.

Fn 7   § 65 Absatz 6 angefügt durch Artikel 1 des Gesetzes v. 9. April 2013 (GV. NRW. S. 194), in Kraft getreten am 26. Mai 2014 (s. Artikel 6 des Gesetzes vom 9. April 2013).

Fn 8   § 74 zuletzt geändert durch Art. I d. Gesetzes v. 9.10.2007 (GV. NRW. S. 380), in Kraft getreten am 17. Oktober 2007.

Fn 9   § 96 (alt) wird § 98 und zuletzt geändert durch Art. I d. Gesetzes v. 9.10.2007 (GV. NRW. S. 380), in Kraft getreten am 17. Oktober 2007.

Fn 10   §§ 101 – 104 neu gefasst durch Art. 2 des Gesetzes v. 16.11.2004 (GV. NRW. S. 644); in Kraft getreten am 1. Januar 2005.

Fn 11   § 112 Abs. 3 gestrichen durch Art. 2 des Gesetzes v. 16.11.2004 (GV. NRW. S. 644); in Kraft getreten am 1. Januar 2005 und Überschrift geändert durch Art. I d. Gesetzes v. 9.10.2007 (GV. NRW. S. 380), in Kraft getreten am 17. Oktober 2007.

Fn 12   § 116 Abs. 2 (alt, jetzt § 119) eingefügt durch Art. III d. Gesetzes v. 20. 3. 1996 (GV. NW. S. 124); in Kraft getreten am 30. März 1996.

Fn 13   § 120 Abs. 1 (alt, jetzt § 123) geändert durch Art. III d. Gesetzes v. 20. 3. 1996 (GV. NW. S. 124); in Kraft getreten am 30. März 1996.

Fn 14   § 97 (alt § 95) neu gefasst durch Art. I d. Gesetzes v. 9.10.2007 (GV. NRW. S. 380), in Kraft getreten am 17. Oktober 2007; zuletzt geändert durch Artikel 1 des Gesetzes vom 18. September 2012 (GV. NRW. S. 432), in Kraft getreten am 29. September 2012.

Fn 15   § 7, § 27, § 44, § 45 und § 65 zuletzt geändert durch Artikel 1 des Gesetzes vom 19. Dezember 2013 (GV. NRW. S. 878), in Kraft getreten am 31. Dezember 2013.

Fn 16   § 107 neu gefasst durch Artikel 1 des Gesetzes vom 21. Dezember 2010 (GV. NRW. S. 688), in Kraft getreten am 29. Dezember 2010; geändert durch Artikel 1 des Gesetzes vom 18. September 2012 (GV. NRW. S. 436), in Kraft getreten am 29. September 2012.

Fn 17 § 115 zuletzt geändert durch Artikel 4 des Gesetzes vom 17. Dezember 2009 (GV. NRW. S. 950), in Kraft getreten am 31. Dezember 2009.

Fn 18 § 114a eingefügt durch Art. 1 d. Gesetzes v. 15.6.1999 (GV. NRW. S. 386); in Kraft getreten am 14. Juli 1999, zuletzt geändert durch Artikel 2 des Gesetzes vom 25. Juni 2015 (GV. NRW. S. 496), in Kraft getreten am 4. Juli 2015.

Fn 19 § 133 neu gefasst durch Art. 2 des Gesetzes v. 16.11.2004 (GV. NRW. S. 644); in Kraft getreten am 1. Januar 2005; zuletzt geändert durch Artikel 1 des Gesetzes vom 18. September 2012 (GV. NRW. S. 436), in Kraft getreten am 29. September 2012.

Fn 20 § 105 zuletzt geändert durch Art. 2 des Gesetzes v. 16.11.2004 (GV. NRW. S. 644, ber. GV. NRW. 2005 S. 15); in Kraft getreten am 1. Januar 2005.

Fn 21 § 106 Überschrift neu gefasst und zuletzt geändert durch Art. 2 des Gesetzes v. 16.11.2004 (GV. NRW. S. 644); in Kraft getreten am 1. Januar 2005.

Fn 22 § 108 zuletzt geändert durch Artikel 1 des Gesetzes vom 18. September 2012 (GV. NRW. S. 432), in Kraft getreten am 29. September 2012.

Fn 23 § 26 Abs. 10 Satz 2 angefügt durch Artikel 12 d. Gesetzes v. 16.12.2003 (GV. NRW. S. 766): in Kraft getreten am 1. Januar 2004.

Fn 24 § 3 Abs. 2 Satz 2, Abs. 5 u. 6 angefügt durch Art. II des Gesetzes vom 3.2.2004 (GV. NRW. S. 96); in Kraft getreten am 21. Februar 2004.

Fn 25 § 128 zuletzt geändert durch Art. 2 des Gesetzes v. 16.11.2004 (GV. NRW. S. 644); in Kraft getreten am 1. Januar 2005.

Fn 26 § 37, § 59, § 62 Abs. 2, § 127 u. § 130 geändert durch Art. 2 des Gesetzes v. 16.11.2004 (GV. NRW. S. 644), in Kraft getreten am 1. Januar 2005.

Fn 27 Der 8. Teil Haushaltswirtschaft wird neu gefasst und die §§ 75–94 (alt) werden neue §§ 75–96 durch Art. 2 des Gesetzes v. 16.11.2004 (GV. NRW. S. 644); in Kraft getreten am 1. Januar 2005.

Fn 28   12. Teil (§§ 116–118) neu eingefügt durch Art. 2 des Geset-
         zes v. 16.11.2004 (GV. NRW. S. 644); in Kraft getreten am
         1. Januar 2005.

Fn 29   Der bisherige 12. Teil wird 13. Teil und die §§ 116–125 (alt) wer-
         den neue §§ 119–128 durch Art. 2 des Gesetzes v. 16.11.2004
         (GV. NRW. S. 644); in Kraft getreten am 1. Januar 2005.

Fn 30   Der bisherige 13. Teil wird 14. Teil und die §§ 126–131 (alt) wer-
         den neue §§ 129–134 durch Art. 2 des Gesetzes v. 16.11.2004
         (GV. NRW. S. 644); in Kraft getreten am 1. Januar 2005.

Fn 31   Inhaltsverzeichnis redaktionell an die Änderung durch Art. 2
         des Gesetzes v. 16.11.2004 (GV. NRW. S. 644) und Art. I
         d. Gesetzes v. 9.10.2007 (GV. NRW. S. 380) angepasst.

Fn 32   § 134 Satz 2 angefügt durch Artikel 21 des Dritten Befristungs-
         gesetzes vom 5.4.2005 (GV. NRW. S. 306); in Kraft getreten
         am 28. April 2005; aufgehoben durch Artikel 7 des Gesetzes
         vom 23. Oktober 2012 (GV. NRW. S. 474), in Kraft getreten am
         31. Oktober 2012; neu angefügt durch Gesetz vom 3. Februar
         2015 (GV. NRW. S. 208), in Kraft getreten am 11. Februar
         2015.

Fn 33   § 31 zuletzt geändert durch Artikel 1 (Erster Teil) des Gesetzes
         v. 3.5.2005 (GV. NRW. S. 498); in Kraft getreten am 26. Mai
         2005.

Fn 34   § 40, § 43, § 70 und § 114 zuletzt geändert durch Artikel I
         d. Gesetzes v. 9.10.2007 (GV. NRW. S. 380), in Kraft getreten
         am 17. Oktober 2007.

Fn 35   Abkürzung im Normkopf sowie § 1, § 29, § 34, § 43, § 53, § 55,
         § 56, § 68, § 71, § 73, § 79, § 80, § 83, § 93, § 98, § 104 und
         § 111 geändert durch Artikel I d. Gesetzes v. 9.10.2007 (GV.
         NRW. S. 380), in Kraft getreten am 17. Oktober 2007.

Fn 36   § 4 neu gefasst durch Artikel 1 des Gesetzes vom 9.10.2007
         (GV. NRW. S. 380), in Kraft getreten am 17. Oktober 2007;
         geändert durch Artikel 1 des Gesetzes vom 18. September
         2012 (GV. NRW. S. 436), in Kraft getreten am 29. September
         2012.

Fn 37   § 36 und § 47 zuletzt geändert durch Artikel 3 des Gesetzes
         vom 1. Oktober 2013 (GV. NRW. S. 564), in Kraft getreten am
         19. Oktober 2013.

Fn 38   § 113 zuletzt geändert durch Artikel 4 des Gesetzes vom 17. Dezember 2009 (GV. NRW. S. 950), in Kraft getreten am 31. Dezember 2009.

Fn 39   §§ 107a und 108a eingefügt durch Artikel 1 des Gesetzes vom 21. Dezember 2010 (GV. NRW. S. 688), in Kraft getreten am 29. Dezember 2010.

Fn 40   § 66 zuletzt geändert (neu gefasst) durch Artikel 1 des Gesetzes vom 24. Mai 2011 (GV. NRW. S. 270), in Kraft getreten am 4. Juni 2011.

Fn 41   § 76 neu gefasst durch Gesetz vom 24. Mai 2011 (GV. NRW. S. 271), in Kraft getreten am 4. Juni 2011; geändert durch Artikel 1 des Gesetzes vom 18. September 2012 (GV. NRW. S. 432), in Kraft getreten am 29. September 2012.

Fn 42   § 13 zuletzt geändert durch Artikel 1 des Gesetzes vom 18. September 2012 (GV. NRW. S. 436), in Kraft getreten am 29. September 2012.

Fn 43   § 26 zuletzt geändert durch Artikel 1 des Gesetzes vom 18. September 2012 (GV. NRW. S. 436), in Kraft getreten am 29. September 2012.

Fn 44   § 75, § 81, § 87 und § 117 geändert durch Artikel 1 des Gesetzes vom 18. September 2012 (GV. NRW. S. 432), in Kraft getreten am 29. September 2012.

Fn 45   § 3, § 39, § 64, § 67, § 124 und § 129 zuletzt geändert durch Artikel 1 des Gesetzes vom 18. September 2012 (GV. NRW. S. 436), in Kraft getreten am 29. September 2012.

Fn 46   § 19, § 22, § 35, § 42, § 46, § 60, § 69, § 82, § 120, § 125 und § 131 geändert durch Artikel 1 des Gesetzes vom 18. September 2012 (GV. NRW. S. 436), in Kraft getreten am 29. September 2012.

Fn 47   §§ 2 und 5 der Übergangsregelungen (Artikel 5 des Gesetzes zur Stärkung der kommunalen Demokratie vom 9. April 2013 (GV. NRW. S. 194)) geändert durch Artikel 2 des Gesetzes vom 1. Oktober 2013 (GV. NRW. S. 564), in Kraft getreten am 19. Oktober 2013.

Fn 48   § 52 geändert durch Artikel 1 des Gesetzes vom 19. Dezember 2013 (GV. NRW. S. 878), in Kraft getreten am 31. Dezember 2013.

Fn 49 § 108a neu gefasst und § 108b eingefügt durch Gesetz vom 3. Februar 2015 (GV. NRW. S. 208), in Kraft getreten am 11. Februar 2015.

Verfassung für das Land Nordrhein-Westfalen
Grundgesetz für die Bundesrepublik Deutschland
Mit einer Einführung von Professor Dr. Jörg Engelbrecht
200 Seiten | 11,5 × 16,5 cm
Broschur
5,00 Euro
ISBN 978-3-7743-0439-0

*»Das Buch macht Lust
auf Geschichte, Lust auf
historisches Denken.«*
(WDR)

*»Ein rundherum
empfehlenswertes politisches
Kinderbuch«*
(Deutschlandradio)

Das Schokoladenproblem
Die Verfassung von Nordrhein-Westfalen
jungen Menschen erzählt
Ewald Frie (Text)
Thomas Plaßmann (Illustration)
104 Seiten | 13 × 21 cm
42 farbige Illustrationen
Gebunden mit Schutzumschlag
14,90 Euro
ISBN 978-3-7743-0433-8

 GREVEN VERLAG KÖLN
Einfach schöne Bücher

Umweltgeschichte von Nordrhein-Westfalen
Christoph Nonn
Markus Köster, Sabine Mecking (Hg.)
160 Seiten | 13 × 21 cm
Gebunden mit Schutzumschlag
19,00 Euro
ISBN 978-3-7743-0691-2

 GREVEN VERLAG KÖLN
Einfach schöne Bücher